KB145044

헬스케어 빅데이터 분석의 정석

헬스케어 빅데이터 분석의 정석

한 권으로 끝내는 실사례에 기초한
헬스케어 빅데이터 분석 기술

김선일 지음

에이콘출판의 기틀을 마련하신 故 정완재 선생님 (1935-2004)

항상 곁에서 응원해 주는
아내에게

"대부분의 헬스케어 및 빅데이터 분석 관련 도서들은 동향과 사례를 중심으로 작성됐습니다만, 『헬스케어 빅데이터 분석의 정석』은 기초 프로그래밍부터 응용 예제까지 실제 서비스 개발에 필요한 모든 내용을 담은 개발 안내서로 활용될 것입니다. 헬스케어 관련 개발자뿐 아니라, 실전 서비스 구성에 관심 있는 모든 분들이 꼭 한 번 읽어야 할 책입니다."

– 홍기현 이사(공학박사), 인텔리콘 AI법률연구소

"빅헤브솔루션㈜의 김선일 대표가 최근 출간한 책은 '헬스케어와 빅데이터'가 주제로, 저자가 낙상 솔루션 기반의 헬스케어 사업을 진행하며 겪은 다양한 경험을 바탕으로 IT 기술 활용 방법을 소개하고 있습니다. 이 책은 헬스케어 분야의 IT 기술 활용에 어려움을 겪고 있는 종사자들에게 큰 도움이 될 것으로 예상됩니다. 저자인 김선일 대표와는 한때 LG전자 소프트웨어 센터에서 함께 일한 적이 있습니다. 센터 연구원으로서 단순히 주어진 업무를 수행하는 것에 만족하지 않고 끊임없이 새로운 것을 추구하는, 진정한 기술자다운 김 대표의 모습이 저에게 인상 깊게 남아 있습니다. 최근 헬스케어 분야에서 빅데이터가 중요한 주제로 주목받고 있습니다. 이 기술서가 헬스케어 분야의 빅데이터 활용이 더욱 활성화되는 데 중요한 역할을 할 것으로 기대합니다."

– 민경오 前부사장(공학박사), (前) LG전자 CTO부문 소프트웨어센터장

"이 책은 컴퓨터 비전공자와 보건 의료 종사자를 대상으로, 파이썬 기본 문법부터 헬스케어 산업에서 활용 가능한 데이터 분석 및 시각화 기법에 이르기까지 다양한 내용을 실용적으로 다루고 있습니다. 초보자도 쉽게 이해할 수 있도록 다양한 사례와 실습이 포함돼 있으며, 헬스케어 산업의 미래를 탐험하려는 독자들에게 소중한 안내서가 될 것입니다."

— 정우성 교수(공학박사), 서울교육대학교 교육전문대학원

| 지은이 소개 |

김선일 (suninno@bighavesolution.com)

경남 마산 출생, 일본 문부성 및 NTT 도코모[NTT Docomo]의 장학금 지원을 받아 일본 국립 야마가타(山形)대학 공학부 정보과학과와 동경(東京)대학 대학원 전자정보학 석사 과정을 수료했다. 두 학과 모두 컴퓨터공학에 해당하며, 일본에서는 '컴퓨터'보다 '정보'라는 표현이 더 일반적이다. 졸업 이후 삼성테크윈(現 한화에어로스페이스)과 NHN, LG전자 CTO부문 소프트웨어센터에서 연구원 및 소프트웨어 개발자로 경력을 쌓았다.

2021년 상반기에는 헬스케어 IT 벤처기업 빅헤브솔루션㈜을 창업했으며, 한국과 일본에서 IoT기반의 헬스케어 사업을 성공적으로 진행하고 있다. 또한, 한국과 일본의 기업들을 대상으로 데이터 분석 관련 컨설팅과 강연도 전문적으로 진행하고 있다. 저자의 회사 웹사이트(https://bighavesolution.com/)에서 더 많은 정보를 확인할 수 있다.

저자는 2021년에 헬스케어 IT 벤처기업 빅헤브솔루션㈜을 창업해 기술 개발을 총괄하고 있다.

업무를 수행하면서 빅데이터 분석 및 시각화 관련 컨설팅 및 구축 의뢰를 종종 받게되며, 고객들의 주요 고충은 다음과 같다.

- 파이썬이 어렵다.

- numpy와 pandas에 대한 이해가 부족하다.

- 데이터 정제 방법이 막연하다.

- 데이터 시각화 방법을 잘 모르겠다.

- 보고서 및 논문 작성 시, 데이터 정제 및 분석에 많은 시간이 소요된다.

- 사이렌케어(저자가 근무하는 회사의 헬스케어 솔루션 상표, 호메로스가 지은 오디세이아 책 속 세이렌 자매에 영감을 받아, 솔루션 이름을 사이렌케어로 지었다) 데이터 가운데 의미 있는 정보만 요약 추출하고 싶다.

저자 역시 헬스케어 빅데이터 분석 및 시각화 개발 과정에서 파이썬에 기초한 빅데이터 분석 및 머신러닝 책을 다수 읽었다. 하지만 헬스케어 분야에 특화된 유용한 책을 찾기는 어려웠다. 특히 헬스케어 빅데이터 관련 서적의 저자 대부분은 컴퓨터공학 전공자가 아닌 의료 종사자였고, 이들 저서는 데이터 처리 알고리듬 및 시각화에 관해 상세하게 다루지 않았고, 대부분 의료 관련 내용으로 채워져 있었다. 특히 예제 코드를 주목해 살펴볼 때, 인터넷에 공개된 데이터를 예시로 사용해 데이터 정제 및 조작, 그리고 일부 시각화에 그치는 경우가 많았으며, 실제 업무에 큰 도움이 되지 않았다.

저자의 아내는 국내 유명 경제연구소에서 연구원으로 근무하는 경제학 박사인데, 때때로 빅데이터 분석 및 딥러닝 구현 방법에 관해 저자에게 조언을 구한다. 이럴 때마다 저자는 참고할 만한 서적 또는 웹사이트를 소개해준다. 아내는 바쁜 경제학자들도 쉽게 이해하고 따라갈 수 있는, 표보다는 차트가 많고 일목요연하게 정리된 책이 필요하다고 강조했다. 또한, 저자의 고객 중 보험사 및 병원 의료진, 카드사 직원들로부터도 파이썬을 이용한 분석 방법에 관한 많은 질문을 받았다. 이에 저자는 컴퓨터 전문가가 아닌 분들도 현업에서 파이썬을 이용해 쉽게 빅데이터 분석과 시각화를 할 수 있는 책을 출판하기로 결심했다.

최근 헬스케어 분야는 IoT^{Internet of Things, 사물인터넷}에서 IoB^{Internet of Bodies, 신체인터넷} 영역까지 확대되는 중이다. 따라서 피보호자의 움직임 및 활동 정보에 기초한 분석 내용을 다루는 이 책이 관련 분야 종사자들에게 도움이 될 것이라 생각한다. 이와 더불어, 주변 사람들의 의견을 충분히 참고해 여러 책을 참조하지 않아도 헬스케어 빅데이터 분석이 가능하도록 책을 구성했다. 또한, 이 책 하나만으로 입문자와 중간 수준의 파이썬 데이터 분석가들이 분석 업무를 수행할 수 있게 작성했다. 이 책이 독자들의 본업에 도움이 되기를 바란다.

| 차례 |

추천의 글 6

지은이 소개 8

지은이의 말 9

들어가며 19

1장   헬스케어 개론   23

1.1 헬스케어란 무엇인가? 23

　　1.1.1 헬스케어 비용 23

　　1.1.2 헬스케어 기술의 진보와 질병 25

　　1.1.3 인간의 수명 연장과 기대 27

　　1.1.4 현대인의 고질병인 걱정과 두려움, 스트레스 28

　　1.1.5 환자 정보와 프라이버시 보호 30

1.2 헬스케어의 종류와 최신 기술 트렌드 31

　　1.2.1 디지털 헬스케어의 종류 31

　　1.2.2 최신 기술 트렌드 및 사례 34

1.3 헬스케어 기업들의 특징 39

1.4 헬스케어 빅데이터란 무엇인가? 40

　　1.4.1 헬스케어 빅데이터 분석의 위치 41

1.5 향후 전망 43

마치며 43

2장   빅데이터 분석, 알고리즘, 머신러닝, 인공지능 개론   45

2.1 빅데이터 분석 45

     2.1.1 빅데이터와 정보의 중요성 45

     2.1.2 빅데이터 분석 47

     2.1.3 빅데이터 분석가와 데이터 과학자 49

     2.1.4 빅데이터 처리 과정 50

2.2 알고리즘 51

2.3 인공지능, 머신러닝, 딥러닝 54

     2.3.1 머신러닝의 3가지 학습 방법 59

     2.3.2 ChatGPT 61

향후 전망 61

마치며 63

3장   파이썬 설치 및 환경 구축하기   65

3.1 파이썬 설치하기 65

3.2 IPython 알아보기 66

3.3 주피터 랩 알아보기 69

     3.3.1 주피터 랩 설치 69

     3.3.2 주피터 노트북의 명령 모드 71

3.4 VSCode를 주피터처럼 사용하기 72

3.5 데이터 분석용 필수 라이브러리 설치하기 74

     3.5.1 NumPy 74

     3.5.2 pandas 74

     3.5.3 matplotlib 75

     3.5.4 scikit-learn 75

     3.5.5 statsmodels 76

3.6 권장 시스템 76

마치며 76

4장   파이썬 기본 문법과 빌트인 자료형 알아보기   77

    4.1 파이썬 문법 77

         4.1.1 주석 78

         4.1.2 함수 79

         4.1.3 익명 함수: 람다 함수 80

         4.1.4 흐름 제어문 81

    4.2 자료형 86

         4.2.1 리스트 88

         4.2.2 튜플 93

         4.2.3 딕셔너리 95

         4.2.4 집합 97

    마치며 99

5장   NumPy 알아보기   101

    5.1 파이썬 리스트와 배열 101

    5.2 NumPy 알아보기 103

    5.3 ndarray(다차원 배열 객체) 다루기 103

         5.3.1 생성하기 104

         5.3.2 표준 데이터 타입 107

         5.3.3 속성: 차원 수와 모양새, 데이터 타입 108

         5.3.4 전치 108

         5.3.5 인덱싱과 슬라이싱 109

         5.3.6 배열 모양새 바꾸기 110

         5.3.7 팬시 인덱싱 110

         5.3.8 배열의 산술 연산 111

         5.3.9 배열 합치기 및 나누기 112

         5.3.10 조건문으로 배열 추출하기(데이터 마스킹) 113

    5.4 유니버설 함수 114

         5.4.1 대표적인 단항 유니버설 함수 116

         5.4.2 대표적인 이항 유니버설 함수 120

         5.4.3 합, 평균, 표준편차, 분산, 누적값 구하기 123

　　　　5.4.4 난수 생성하기 124

　　　　5.4.5 그 외 유니버설 함수 125

　　5.5 배열 정렬하기 125

　　5.6 배열 집합 메서드 127

　　5.7 저장하기 및 불러오기 128

　　5.8 1차원 배열로 변형하기 130

　　5.9 브로드캐스팅 131

　　5.10 구조화된 배열 133

　　5.11 그 외 유용한 함수 134

　　마치며 135

6장　　pandas 알아보기　　　　　　　　　　　　　　　　　137

　　6.1 데이터 타입 139

　　6.2 시리즈 141

　　　　6.2.1 딕셔너리로부터 시리즈 생성하기 143

　　　　6.2.2 명시적 인덱싱과 암묵적 인덱싱 144

　　　　6.2.3 조건문으로 배열 추출: 마스킹 146

　　　　6.2.4 벡터 연산 146

　　　　6.2.5 그 외 147

　　6.3 데이터프레임 148

　　　　6.3.1 전치 152

　　　　6.3.2 슬라이싱 152

　　　　6.3.3 슬라이싱으로 역순 정렬하기 154

　　　　6.3.4 마스킹 154

　　　　6.3.5 데이터 연산하기 155

　　6.4 누락된 데이터 다루기 155

　　　　6.4.1 결측치 관련 메서드 156

　　　　6.4.2 결측치 데이터 조사하기 156

　　　　6.4.3 결측치 데이터 추출하기 157

　　　　6.4.4 결측치 집계 구하기 158

　　　　6.4.5 결측치를 특정값으로 채워넣기 158

　　　　6.4.6 결측치 데이터 처리하기 161

　　　　6.4.7 결측치 제거하기 162

6.5 Index 164
    6.5.1 멀티(계층적)인덱스 165
    6.5.2 인덱스로 데이터 접근하기 168
    6.5.3 인덱스 설정 및 해제하기 172
    6.5.4 간단한 집계 및 통계 176
6.6 데이터 합치기 178
    6.6.1 concat 함수 178
    6.6.2 append 메서드 183
    6.6.3 insert 메서드 186
    6.6.4 merge 함수와 메서드 187
    6.6.5 join 메서드 196
    6.6.6 combine 메서드 198
    6.6.7 combine_first 메서드 200
    6.6.8 update 메서드 201
6.7 집계 및 통계 구하기 204
    6.7.1 rolling 및 expanding 메서드 207
6.8 groupby 메서드 216
    6.8.1 aggregate/agg 메서드 219
    6.8.2 filter 메서드 219
    6.8.3 apply 메서드 220
    6.8.4 map 메서드 221
    6.8.5 applymap 메서드 221
    6.8.6 transform 메서드 222
6.9 상관관계 및 공분산 구하기 222
    6.9.1 corr 메서드 223
    6.9.2 corrwith 메서드 224
    6.9.3 cov 메서드 225
6.10 중복, 유일 요소 다루기 226
6.11 데이터 피벗과 피벗테이블 구하기 228
    6.11.1 pivot 메서드 228
    6.11.2 pivot_table 함수와 메서드 230
    6.11.3 melt 메서드 233
6.12 문자열 다루기 234
    6.12.1 정규표현식 235
6.13 query 및 eval 메서드 237
    6.13.1 query 메서드 238

6.13.2 eval 메서드 239

6.14 시계열 데이터 다루기 241

6.14.1 date_range 함수 242

6.14.2 DatetimeIndex 만들기 243

6.14.3 PeriodIndex 만들기 244

6.14.4 TimedeltaIndex 만들기 245

6.14.5 리샘플링하기 246

6.14.6 shift 및 tshift 메서드 252

6.15 카테고리(범주형) 데이터 다루기 256

6.16 파일로부터 읽어오기 및 저장하기 262

6.16.1 파일로부터 읽어오기 263

6.16.2 파일로 저장하기 267

6.17 그 외 메서드와 속성 268

마치며 274

7장 데이터 수집과 전처리하기   277

7.1 데이터 전처리에 앞서 278

7.2 데이터 수집하기 279

7.2.1 웹 크롤링 282

7.2.2 DBMS로부터 CSV 파일 만들기 283

7.3 데이터 전처리 286

7.3.1 정제하기 289

7.3.2 정규표현식으로 치환하기 290

7.3.3 열 선택해서 수정하기 295

마치며 297

8장 사례#1-데이터를 시각화해 보기   299

8.1 MySQL 테이블에서 CSV 파일 추출하기 299

8.1.1 MySQL shell 접속하기 299

8.1.2 MySQL 사용자 권한 부여하기 300

8.1.3 쿼리 결과를 CSV 파일로 저장하기 301

8.2 히트맵 그래프로 시각화해 보기 302

8.2.1 CSV 파일 내용 살펴보기 302

8.2.2 시각화해 보기 303

8.2.3 여러 그래프를 만들어 보기 308

8.2.4 일부 데이터 제외한 그래프 만들어 보기 310

마치며 312

9장 사례#2-시계열 데이터 다루기

313

9.1 쿼리 결과를 CSV 파일로 저장하기 314

9.2 시계열 데이터 시각화 314

9.2.1 데이터의 정제 314

9.2.2 활동지수 평가 함수 만들기 317

9.2.3 10분 단위로 그룹화하기 320

9.2.4 1시간 단위로 그룹화하기 323

9.2.5 1일 단위로 그룹화하기 325

9.3 1일 데이터 시각화 327

9.3.1 데이터 정제 및 시각화 333

9.3.2 그래프를 4개로 나열하기 337

마치며 344

10장 사례#3-누적 막대그래프와 회귀 분석해 보기

345

10.1 CSV 파일 살펴보기 345

10.2 센서 29개의 한 달간 상태별 집계 데이터 시각화 346

10.3 특정 센서의 활동 누적 데이터 비교 351

10.4 주의와 낙상의 상관관계 355

10.5 주의와 낙상 회귀 분석해 보기 357

마치며 361

11.1 배치 프로그램이란? 364

11.2 구글 파이어베이스 다루기 365

　11.2.1 파이어베이스 실시간 DB 프로젝트 설정하기.................................370

　11.2.2 분석한 데이터를 파이어베이스 실시간 DB에 업로드하기 372

11.3 웹 대시보드 만들기 375

　11.3.1 자바스크립트에서 파이어베이스 연동하기...................................376

　11.3.2 라인 차트 그래프 만들기 378

　11.3.3 누적 막대그래프 만들기 386

11.4 자동화 시스템 구축하기 392

　11.4.1 크론탭으로 자동화하기 392

　11.4.2 파이썬 scheduler 라이브러리로 자동화하기.................................393

　11.4.3 윈도우 작업 스케줄러로 자동화하기...394

마치며 394

찾아보기 397

이 책에서 다루는 내용

- 헬스케어와 빅데이터, AI(인공지능) 개론
- IPython, 주피터 노트북, VSCode 사용법
- 파이썬의 기본 문법
- NumPy 라이브러리 사용법
- 데이터 분석의 핵심 pandas 라이브러리 사용법
- 사례에 기초한 데이터 수집과 전처리
- DBMS로부터 분석 대상 데이터를 파일로 추출
- 사례에 기초한 시계열 데이터 정제 및 분석, 그룹화, 시각화
- 사용자 정의 함수로 데이터 분석 고도화
- 자동화를 위한 배치 프로그램 작성 및 크론탭, scheduler 라이브러리 사용법
- 간단한 웹 대시보드 제작

이 책의 대상 독자

컴퓨터공학 전공자 및 보건 의료 종사자, 카드사, 보험사 직원 등으로, 파이썬을 활용한 빅데이터 분석 경험이 풍부하지 않은 사람을 대상으로 한다. 파이썬 지식이 부족한 독자들도 쉽게 따라올 수 있도록 구성했다.

- 파이썬으로 빅데이터를 분석하고 싶은 입문자
- 시계열 데이터를 다양한 기법으로 분석, 그룹화, 시각화하기를 원하는 독자

- 실제 IT기업에서 빅데이터 분석 및 시각화를 어떻게 구현하는지 궁금한 독자

- 상업용 빅데이터 분석과 자동화 시스템 구축, 웹 대시보드를 만들고 싶은 독자

- 파이썬의 기초부터 pandas 라이브러리 사용법 레퍼런스가 필요한 독자

이 책의 구성

처음 책을 기획할 때에는 사례 중심으로 책을 구성하고, 파이썬 문법 및 pandas에 대해서는 간략하게 다룰 계획이었다. 그러나 책을 집필하는 과정에서 다른 서적의 pandas 내용에 대한 불만족감을 느껴 생겨, 이 책이 분석 업무를 수행할 수 있는 완결된 가이드가 되도록 NumPy와 pandas를 상세하게 다루게 됐다. 다만, matplotlib은는 이번에는 포함하지 않았다. matplotlib의 사용 방법은 어렵지 않아, 다른 서적이나 인터넷 자료를 참조하면 충분할 것이다.

코드 예제

책에서 사용된 코드는 아래와 같이 IPython 코드셀 또는 주피터 노트북에서와 같은 입력과 출력 형식을 보여준다.

```
In [1]: print('hello healthcare_bigdata_analysis_playbook')
Out [1]: hello healthcare_bigdata_analysis_playbook
```

다만, 책의 여백 등을 고려해서 일부 코드는 파이썬 셀 프롬프트에서와 같이 '>>>'와 '...'로 표시돼 있는 코드는 실행 가능한 파이썬 코드를 가리키며, 출력과 구분하기 위해 사용됐다.

```
>>> 실행 코드#1
... 실행 코드#2
실행코드의 결과
```

코드 블록 가운데 강조할 부분은 볼드체로 표시한다. 예를 들어, set_index(), resample(), agg() 메서드를 강조할 때, 아래와 같이 볼드체로 표시한다.

```
In [9]: # 인덱스 만들고, 10분단위로 리샘플링하기
        cleaned1 = cleaned1.set_index('timestamp')
        result1 = cleaned1.resample('10min')
        result1 = result1['calc_act'].agg(['mean', 'min', 'max'])
        result1.fillna(0, inplace=True)
```

예제 코드 및 데이터

이 책에서는 소개하는 코드 예제와 관련 데이터는 저자의 깃허브 저장소(https://github.com/suninno/healthcare_bigdata_playbook_kr.git)에서 다운로드할 수 있다. 만약 예제 코드에 오류가 있거나 누락이 있다면, 저자에게 이메일(suninno@bighavesolution.com)을 보내길 바란다.

문의

정오표는 에이콘출판사의 도서정보 페이지(http://www.acornpub.co.kr/book/healthcare-big-data)에서 찾아볼 수 있으며, 이 책과 관련해 질문이 있다면 편집 팀(editor@acornpub.co.kr)으로 문의해주길 바란다.

헬스케어 개론

1장에서는 헬스케어가 생소한 독자를 대상으로 전반적인 헬스케어의 내용과
종류, 질병, 사례 등을 살펴보면서 헬스케어에 대해 알아보고, 헬스케어의 기술 및
빅데이터 분석에 관한 기초적인 개념을 이해할 수 있도록 할 것이다.

1.1 헬스케어란 무엇인가?

1.1.1 헬스케어 비용

주요 선진국을 필두로 한국에서의 헬스케어 비용은 매년 꾸준히 증가하고 있다. 비
용이 증가하는 대표적인 요인은 다음과 같다.

▌첫째는 고령 인구 증가 및 평균 기대 수명 증가

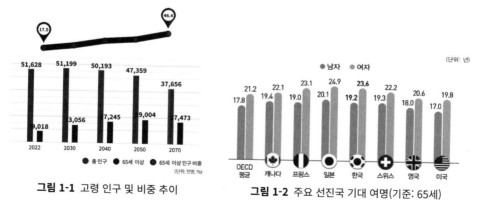

그림 1-1 고령 인구 및 비중 추이   **그림 1-2** 주요 선진국 기대 여명(기준: 65세)

(출처: 통계청 2022 고령자 통계)

그림 1-1에서 볼 수 있는 것처럼 국내 65세 이상 노인 인구는 점진적으로 증가하고 있다. 특히 저출산 및 고령화로 인해 노인 인구 비율의 증가가 두드러진다. 2022년 기준으로 노인 인구는 901만 8천 명으로 전체 인구의 17.5%를 차지하지만, 2040년에는 노인 인구가 약 1,724만 5천 명으로 전체 인구의 34%까지 증가할 것으로 예상돼 매우 심각한 상황이다. 결국 인건비 및 의료복지 비용 증가는 불가피하다.

그림 1-2와 같이 주요 선진국에서도 65세부터의 기대 여명이 증가하는 추세를 보이고 있다. 2020년 기준으로 한국의 경우 남성의 기대 수명은 84.2세, 여성은 88.6세이고 일본의 경우 남성의 기대 수명은 85.1세, 여성은 89.9세로 한국보다 1세 정도 높다. OECD 평균 남성의 기대 수명은 82.8세, 여성은 86.8세로 한국보다 1~2세 정도 낮다.

그림 1-3 노인 1인당 연도별 진료 비용 및 본인 부담금(출처: 통계청 2022 고령자 통계)

그림 1-3과 같이 노인 1인당 연간 진료비 역시 매년 꾸준히 증가하는 추세를 보이고 있다. 2019년 기준으로 1인당 진료비는 약 479만 원으로 매년 약 10%씩 증가하고 있다. 인건비 상승 및 물가 상승 또한 이런 증가 요인 중 하나로 볼 수 있다. 2020년에 약간 감소한 것은 코로나19로 인한 생활 패턴 변화에 기인한 것으로 추정된다.

▌둘째는 만성 질환 유병 증가

최근 치매 환자 수가 급증하며 이슈가 되고 있다. 2020년에는 약 91만 명의 치매 환자가 있었다고 추정되는데 중앙치매센터에 따르면 치매 환자 1인당 연간 비용은 약 2천 60만 원이 발생한다. 특히 치매는 최저 시급 상승과 장기요양 비용 증가로 인해 사회적 이슈가 돼 문재인 정부 시절에는 치매 관리법이 개정됐고 의료비 부담 율이 최대 60%에서 10%로 낮춰졌다. 이로써 월 평균 1인당 본인 부담금이 126만 원에서 54만 원으로 평균 72만 원 감소했다고 보건복지부에서 밝혔다. 또한 만성질환 환자 수도 수명 연장 등의 영향으로 매년 증가하고 있고 암, 관절염, 요통 및 좌골 신경통, 심근경색, 뇌졸중, 만성폐쇄성폐질환, 천식, 이상지질혈증, 당뇨병, 고혈압 등의 질환으로 인한 비용 역시 증가하고 있다.

헬스케어 솔루션들이 빠른 시일 내에 대중화돼 돌봄 로봇, 부재 감지 및 낙상 감지 기술이 보급되고, 이를 통해 의료 및 장기요양 비용을 절감하고 더 나은 삶의 질을 제공할 수 있길 기대한다.

▌셋째는 의료시설에서의 과잉 진료 및 인센티브 부작용

이는 법과 제도상의 문제로 간주된다.

1.1.2 헬스케어 기술의 진보와 질병

발병 후보다는 검진 및 조기 진단, 빅데이터 분석과 인공지능[AI]을 활용한 질병 예측과 발병 차단 또는 조기 치료가 비용을 크게 줄일 수 있다는 것이 업계의 일반적인 견해이다. 환자와 보호자가 건강 상태와 진단, 예측을 손쉽게 확인할 수 있다면 병원에 가지 않고도 시간과 비용을 절약할 수 있을 것이다.

최근 국내 상급 종합병원에서는 의료비 중 절반 정도가 인건비로 지출되는 것을 고려해서 비용을 줄이기 위해 키오스크 및 자동화 소프트웨어 솔루션 등을 도입해 단순 반복 업무를 자동화하고 있다. 앞으로 헬스케어 기기 및 AI를 활용해 단순한 업무를 순차적으로 대체하면 전체적인 사회 비용이 절감될 것으로 예상된다.

또한 이전에 IBM 왓슨의 암 진단율이 대장암 98%, 직장암 96%, 방광암 91%, 췌장암 94%, 난소암 95%, 자궁경부암 100% 등 높은 일치율을 보여 세상을 놀라게 한 바 있었다. 하지만 환자 관찰에서 비롯된 복잡한 진단 과정을 완전히 대체하지 못해 현업과 괴리가 있었으며, 실용성이 떨어져 많은 개선이 필요하다는 지적이 있었다. 그러나 이런 문제들도 빅데이터 분석과 AI 기술의 발전으로 하나씩 해결될 것으로 예상된다.

최근 발발한 코로나19 바이러스를 언급하지 않을 수 없다. 2019년 12월에 중국에서 시작된 코로나19 바이러스는 전 세계적으로 엄청난 인명과 경제적 손실을 가져왔다. 2020년 1월에 코로나가 국내에 유입되자마자 IT 강국인 대한민국에서는 질병관리청을 필두로 범정부적으로 IT 기술을 십분 발휘해 피해를 최소화할 수 있었다. 특히 코로나 발생 초기부터 전염병 전문가들의 조언을 바탕으로 감염 동선 추적 및 마스크 착용, 빠른 진단과 격리, 국민들의 적극적인 협조, 선제적인 조치 등에서 디지털 헬스케어 기술이 주요한 역할을 했다고 평가된다. 이 사례는 주요 선진국들에서도 모범 사례로 인정받고 있다.

역사적으로 보면 인류는 평균적으로 10년에 한 번씩 전염병에 노출돼 왔다. 그러나 최근에는 위생 개선, 충분한 영양분, 높은 의료 과학 기술 그리고 디지털 헬스케어 기술의 발전 덕분에 인명 피해를 현저히 줄일 수 있었다. 예를 들어 사마광의 『자치통감』이나 『조선왕조실록』에서도 "전염병" 기록을 심심치 않게 찾아볼 수 있다. 『조선왕조실록』에는 전염병 관련 기록이 무려 1,455건에 달하는데 이는 전염병이 인간에게 어떤 위협을 가해 왔는지를 보여준다.

저자는 '전염병'을 지구 생태계를 보호하기 위해 신이 만들어 놓은 메커니즘으로 생각한다. 유목민과 같이 인구 밀도가 낮거나 거주 지역을 자주 변경하는 인종의 경우 전염병 피해가 상대적으로 적지만, 인구 밀도가 높은 도시에서는 적절한 기온 및 습도, 바람 세기, 많은 숙주 등 전염병 번식에 이상적인 조건이 많아 인명 피해가 크다. 전염병 입장에서 인간은 숙주로 볼 수 있으며 숙주가 너무 빨리 죽으면 전염병도 약성으로 변하는 경향이 있다. 이는 전염병도 적응하지 않으면 죽음을 맞이하기 때문이다.

전염병을 예방하기 위해서는 전염병의 특성 및 감염 경로, 진원지, 대처 방안 마련, 동선 추적, 처방 등 디지털 헬스케어 기술이 반드시 필요하다. 만약 이런 기술이 뒷받침되지 않은 상태에서 전파력과 치사율이 높은 흑사병이나 코로나19와 같은 전염병이 창궐한다면 다시 한 번 많은 사람이 죽음에 이를 수 있다. 따라서 디지털 헬스케어 기술의 발전과 확산이 전염병 예방과 대응에 중요한 역할을 하는 것이 명백하다.

또한 디지털 헬스케어 기술은 전염병뿐만 아니라 다양한 질병의 예방 및 치료에도 활용될 수 있다. 예를 들어 원격 진료, 웨어러블 기기를 통한 건강 모니터링, 개인 맞춤형 건강관리 등 다양한 분야에서 디지털 헬스케어 기술의 활용이 확대되고 있다. 이로 인해 사람들은 보다 편리하고 저렴한 방식으로 건강을 관리하며, 이는 의료 서비스의 질이 향상되는 결과를 가져올 것이다. 빅데이터와 AI를 활용한 의료 분석도 병의 조기 발견과 진단의 정확성을 높여줄 것이다. 이를 통해 의료진들은 환자에게 가장 적합한 치료법을 선택하고 효과적인 치료 결과를 도출할 수 있게 된다. 이런 기술의 도입은 결국 의료 비용 절감뿐만 아니라 환자의 치료 만족도를 높이는 데도 기여할 것으로 예상된다.

결론적으로 디지털 헬스케어 기술은 앞으로 전염병 대응과 예방, 다양한 질병의 조기 발견 및 치료, 의료 서비스의 질 향상 등 여러 면에서 인류의 건강과 안전을 향상시키는 핵심 요소로 자리매김할 것이다.

1.1.3 인간의 수명 연장과 기대

성경 창세기에 따르면 노아의 방주 이전에는 인간이 800~900세까지 살았다고 기록돼 있다. 일부 기독교 신자들은 당시 인간이 육식이 아닌 채소와 풀뿌리를 섭취함으로써 장수할 수 있었다고 주장한다. 또 어떤 이들은 당시 지구에 얼음이 많아서 지구의 공전과 자전 속도가 지금과 다르거나 나이 계산법이 달랐을 수도 있다고 주장한다. 이런 주장들은 일정 부분 공감할 만한 내용이지만, 객관적 사실 확인이 어려워 입증이 쉽지 않다.

저자는 중학생 시절까지 경남 마산에서 생활했으며, 인근에 많은 친인척이 있었다. 당시 친인척 어르신 한 분이 60세 환갑 생신을 기념해 잔치를 열었고, 저자도 그 행사에 참석한 기억이 생생하다. 그 당시에는 60세가 장수로 여겨져 환갑 잔치를 열곤 했다. 지금은 노인 인구가 늘어나 장수의 기준도 달라져 '환갑 잔치'라는 단어는 거의 사라지고 대신 '생신 축하'로 대체된 듯 싶다.

일본의 긴자마루칸銀座まるかん 창업주인 사이토 히토리斎藤一人 회장은 200세 장수를 꿈꾸고 있다. 전 세계 부자들은 노화 방지를 위해 건강관리 및 꾸준한 운동 외에도 줄기세포 및 DNA 치료 등 최신 의료 기술에 투자하고 있다. 앞으로 생명공학 및 의료 기술, 디지털 헬스케어 기술이 발전함에 따라 인간의 수명이 더욱 늘어날 것으로 예상된다. 이런 진보된 기술은 우선 부자들을 중심으로 활용되겠지만, 점차 일반인들에게도 확대 보급될 것으로 기대된다.

1.1.4 현대인의 고질병인 걱정과 두려움, 스트레스

걱정과 두려움, 스트레스는 만병의 근원으로 알려져 있다. O. F. 고버 박사는 "환자의 70%는 두려움과 걱정만 없어도 병이 저절로 낫는다."라고 말한 바 있다. 그리고 W. C. 알바레즈 박사는 위장병 치료를 받는 1만 5천 명을 분석한 결과 5명 중 4명은 위장병의 구체적 원인을 찾을 수 없었고, 대신 걱정과 두려움, 혐오, 극도의 이기심과 같은 부정적인 기운이 위장병 및 위궤양의 주 원인이라고 말한 바 있다(출처:『자기관리론』, 현대지성, 2021).

한국인들은 스트레스가 쌓이면 "머리 아프다"라는 표현을 흔히 사용하지만, 일본인들은 "위가 아프다(胃が痛い)"라는 표현을 더 많이 사용한다. 스트레스는 알려진 바와 같이 위통의 주요 원인이기도 하다. 현대인들은 직장 생활이나 경제적 어려움 등으로 걱정, 두려움, 스트레스가 증가하고 있어 '번아웃 증후군'이라는 신조어까지 등장했다. 스트레스로 인해 말기암에 걸린 사람이 직장 생활을 과감히 포기하고 강원도 등 산골에서 생활한 결과 6개월 만에 병이 완치된 사례가 TV, 유튜브 등 매체에서 종종 소개되기도 한다. 맨발로 숲길을 걷거나 황토, 잔디, 돌멩이, 나무뿌리 등을 밟으면 발바닥 지압 효과뿐만 아니라 대지의 에너지를 흡수할 수 있다. 스티브 잡스

가 맨발로 걸은 것은 잘 알려진 사실이다. 그는 스트레스 해소와 중요한 대화나 결정을 내려야 할 때 생수 한 병을 들고 집 주변을 맨발로 걷곤 했다.

걱정과 두려움은 수면장애 및 불면증을 유발한다. 최근 수면 상태를 모니터링하는 디지털 헬스케어 솔루션이 여럿 출시됐고, 한국 식품의약품안전처는 '솜즈Somzz'라는 불면증 치료 스마트폰 앱을 디지털 치료기기로 인정한 바 있다. 이는 기존 약물 치료에 의존하던 방식에서 벗어난 것이다. 또한 '사이렌케어SirenCare'는 환자의 움직임을 모니터링하는 IoT 레이더 센서를 침실에 설치한 후 환자의 움직임 정도에 기초해 수면 상태를 모니터링하고 수면 품질 평가, 규칙성, 취침 시간 등 불면증 치료에 유용한 데이터 분석 서비스를 제공한다.

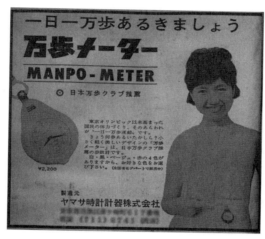

그림 1-4 1965년 일본 야마사(山佐)가 출시한 최초의 만보계(출처: 야마사 홈페이지)

1965년 동경 올림픽을 전후해 일본인들 사이에서 건강과 운동에 관한 관심이 고조되자 일본의 야마사(山佐)가 세계 최초로 야심차게 만보계를 2,200엔(2만 2천 원)에 출시했다(그림 1-4). 당시 일본 물가를 고려하면 현재 가격으로 약 5천 엔(5만 원) 수준으로 결코 저렴하지 않았지만, 하루에 1만 보를 걸으면 건강에 큰 도움이 된다는 하타노 요시로波多野義郎 큐슈보건복지대학九州保健福祉大學 교수의 주장을 마케팅에 활용해 출시 1년 만에 일본에서만 100만 대를 판매했었다. 하지만 아직까지 하루에 1만 보를 걷는 것이 건강에 미치는 긍정적인 영향에 대한 구체적인 과학적

증거는 제시되지 않고 있다(출처: 영국 『가디언』, '18. 09. 03, David Cox, https://www.theguardian.com/lifeandstyle/2018/sep/03/watch-your-step-why-the-10000-daily-goal-is-built-on-bad-science). 하지만 적절한 걷기와 산책은 대지의 에너지를 흡수하고 걱정 및 스트레스 해소에 큰 도움이 되는 것은 분명하다. 저자 역시 저녁식사 후 밤 9시경 40분 정도 인근 공원에서의 산책을 통해 건강과 행복감을 증진하고 있다. 최근에는 토스^{toss} 앱 등에서 인근 공원 및 점포를 방문하거나 1만 보를 걷게 되면 하루 최대 140원 상당의 포인트를 지급해 준다. 삼성화재 다이렉트 앱에서도 6천 보를 걸으면 포인트를 지급해 주므로 건강도 챙기고 돈도 벌고 성취감도 얻을 수 있다. 충분한 수면, 걷기, 걱정 줄이기만으로도 건강한 삶을 누릴 수 있다고 생각한다.

이처럼 스트레스로 인한 질병을 극복하는 사례, 수면 모니터링과 관련된 디지털 헬스케어 솔루션 출시, 만보계의 성공적인 마케팅 등을 통해 건강한 삶을 추구하는 방법은 다양하게 변화하고 있다. 앞으로도 생명공학, 의료 기술, 디지털 헬스케어 기술 등의 발전에 따라 건강한 삶을 누릴 수 있는 방법이 더욱 다양해질 것으로 예상된다.

1.1.5 환자 정보와 프라이버시 보호

주요 선진국을 필두로 환자의 개인정보 및 프라이버시 보호 활동을 강화하고 있다. 환자를 특정할 수 있는 정보는 민감한 개인 정보로 무단 유출 시 개인 사생활 침해가 발생할 수 있다. 환자의 의료 기록, 사생활, 건강 보험, 치료 내역, 청구 내역 등 헬스케어 데이터를 다룰 때는 환자 정보를 매우 신중하게 다뤄야 한다. 원래의 목적과 다른 용도로 개인 정보를 사용하고자 할 때는 반드시 환자로부터 서면 동의를 받아야 한다. 만약 이런 보호 조치에 실패할 경우 윤리적 책임뿐만 아니라 민형사적 책임을 피하기 어려울 것이다. 실제로 대형 병원에서는 병원정보시스템(HIS), 전자의무기록(EMR) 등 개인 정보가 포함된 데이터의 보호를 위해 엄청난 노력을 기울이며, 데이터 유출을 막기 위해 외부 네트워크와의 연결을 최대한 제한한다. 그러나 환자를 특정할 수 없는 정보는 정보 보호 의무 범위에 포함되지 않는다.

1.2 헬스케어의 종류와 최신 기술 트렌드

헬스케어는 일반 헬스케어와 디지털 헬스케어로 분류된다. 헬스케어healthcare는 질병의 예방, 진단, 치료를 위시한 인간의 건강과 수명, 음식, 미용과 관련된 모든 서비스와 제품을 포괄하는 개념이다. 헬스케어는 의학 및 생명공학에 국한되지 않고 환경, 사회, 경제 등 다양한 영역에 영향을 미친다. 심지어 지역 헬스클럽에서도 헬스케어라는 용어가 사용될 정도로 광범위하게 사용되고 있다.

반면에 디지털 헬스케어Digital Healthcare는 최신 IT 기술을 접목한 헬스케어를 의미한다. 예를 들어 AI, 빅데이터, IoT 센서 등 디지털 기술을 활용해 인간의 건강 상태를 모니터링 및 분석, 예측하는 것뿐만 아니라 의료진과의 원격 상담 및 진료, 시술을 가능하게 하는 기술을 제공한다. 대표적으로 스마트 워치 및 밴드처럼, 신체에 착용하는 형식의 인체 건강 모니터링 기기 등이 있다.

1.2.1 디지털 헬스케어의 종류

최근 디지털 헬스케어에서 주목받는 기술 트렌드는 빅데이터 분석과 AI 기술이다. 환자의 과거 진료 및 생활 패턴 데이터를 분석해 환자의 건강 상태을 진단하고 예측할 수 있다. 또한 AI 기술은 의료 진단, 약물 개발, 의료기기 개발 및 효과적인 치료계획을 수립하는 데 활용된다. 게다가 스마트폰 보급 이후로 다양한 헬스케어 디바이스가 출시되고 있는데 대표적으로 스마트 워치 및 밴드를 들 수 있다. '사이렌케어'는 사물 인터넷IoT, Internet of Things 센서를 활용한 헬스케어 솔루션인데 최근에는 신체 인터넷IoB, Internet of Bodies 센서를 활용한 헬스케어 솔루션이 있어 다루고자 한다.

신체 인터넷은 매개형, 삽입형, 섭취형 유형으로 분류된다. 매개형은 뇌 컴퓨터 인터페이스BCI, Brain Computer Interface를 가리키며, 삽입형에는 인공 심장 박동기, 스마트 렌즈, 베리칩VeriChip, 시각장애인용 이미지 센서 등이 있고, 섭취형에는 디지털 알약 등이 있다.

먼저 **매개형** BCI는 쉽게 말해 인간의 뇌와 컴퓨터를 연결하는 인터페이스로 뇌에 장치된 센서가 신경세포 활동을 읽어 무선으로 중앙 컴퓨터에 전달해 역으로 지시를 받는 기술이다. 이는 영화 「킹스맨: 시크릿 에이전트」에서 사무엘 잭슨이 연기한 악당 발렌타인이 BCI칩을 이식한 후 인간을 조정하는 내용으로 연출됐다. 실제로 테슬라 최고경영자^{CEO} 일론 머스크는 2016년에 뉴럴링크^{Neuralink}를 설립해서 BCI 개발을 주요 사업으로 하는 생명공학(뇌신경과학) 스타트업을 선보였다. 2022년 12월 1일에 머스크는 동물 실험이 성공적으로 마무리돼 6개월 내에 인간을 대상으로 실험에 들어갈 예정이라고 발표한 바 있다. 머스크는 BCI 기술을 통해 시각장애인도 앞을 볼 수 있는 날이 올 것이라고 자신감을 드러냈다. 그림 1-5는 뉴럴링크의 개념도를 보여준다.

국내에서 주목받고 있는 헬스케어 스타트업 기업인 셀리코^{CELLICO}는 전맹 상태의 시각장애인에게 이미지 센서를 이식해 시력을 회복할 수 있는 제품을 개발 중이며, 최근 CES 2023 혁신상 에디스어워드를 수상한 바 있다. 셀리코의 창업자 겸 가천대 교수인 김정석 대표이사는 이 기술을 '전자눈' 기술이라고 표현하며, 손상된 시각 세포층에 이미지 센서 칩을 삽입해 끊어진 시신경을 이어줄 수 있는 기술이라고 설명하고 있다. 향후 BCI 기술은 신경 기능 손상으로 인한 질병 치료 및 치매 환자 치료에 큰 도움이 될 것으로 기대된다. 그림 1-6은 셀리코 전자눈 제품의 프로토타입을 보여준다.

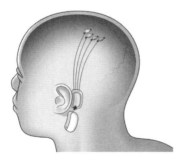

그림 1-5 뉴럴링크 개념도
(출처: 뉴럴링크 홈페이지)

그림 1-6 전자눈 제품
(출처: 셀리코 홈페이지)

다음으로 **삽입형**은 초소형 디지털 기기를 인체 내에 삽입하는 베리칩, 인공 심장 박동기, 스마트 렌즈가 대표적이다. 특히 2016년에 미국 식품의약국(FDA)이 사용 승인한 무선 심장 박동기 미크라^{Micra}는 유명하다(그림 1-8). 또한 스마트 렌즈도 주목할 만한 기술이다. 스마트 렌즈를 통해 눈과 눈물의 성분 분석 및 혈당 수치 측정을 비롯해 눈 깜박임 행동을 이용한 촬영과 모바일폰으로의 콘텐츠 전송 등의 기술이 개발되고 있다. 이런 기술 진보는 앞으로도 계속될 전망이다.

미국의 어플라이드 디지털 솔루션에서 2001년에 선보인 베리칩은 전자 태그(RFID)를 내장한 작은 마이크로 칩인데 생체에 삽입해 신원 및 정보 확인용으로 활용하는 제품이다. 국내에서는 애완견 등록 시 베리칩을 애완견 체내에 삽입해 관리하는 경우가 많다. 베리칩은 위치 추적, 범죄 예방, 결제 수단 등으로 사용되기도 하며, 스웨덴 사람들은 집이나 사무실 출입용, 열차 티켓 및 식료품 구매 결제용으로 베리칩을 사용하는 것으로 알려져 있다. 스웨덴 정부의 무현금 사회 정책 일환으로 4천 명 이상이 베리칩을 임플란트해 사용하고 있으며, 전 세계적으로 약 5만 명이 베리칩을 임플란트한 것으로 추산된다(그림 1-7).

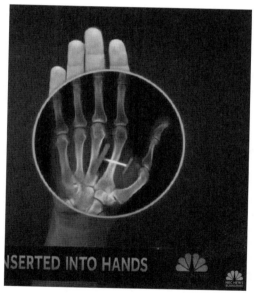

그림 1-7 베리칩의 체내 임플란트 사진(출처: NBC NEWS 유튜브 화면 캡처)

마지막으로 **섭취형**은 입안으로 삼킬 수 있는 기기를 말하는데 그림 1-9와 같은 디지털 알약을 떠올리면 이해하기 쉽다. 주로 체내 진단용으로 사용되며 식도, 위, 소장, 대장 등 내시경 검사에 활용된다. 기존 내시경 검사는 세장제 섭취와 수면 마취 후 항문으로 튜브를 삽입해 받아야 하므로 번거롭고 고통스러운 과정이다. 이에 대한 대안으로 이스라엘의 기븐 이미징^{Given Imaging}사가 의료용 캡슐 내시경 필캠^{PillCam} 제품을 출시했다. 필캠은 카메라와 센서가 부착된 2.6cm 길이의 초소형 디지털 기기로 최장 10시간 동안 초당 35프레임을 촬영 및 전송할 수 있다. 이런 섭취형 기기가 대중화돼 가격이 저렴해지면 향후 대장 내시경 검사는 섭취형 디지털 기기를 먹는 것으로 대체될지도 모를 일이다.

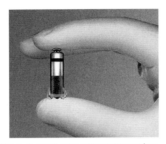

그림 1-8 무선 심장 박동기 미크라(Micra)
(출처: 메드트로닉(Medtronic)사)

그림 1-9 필캠(PillCam)
(출처: 기븐 이미징(Given Imaging)사)

이상과 같이 디지털 헬스케어 기술의 발전은 빅데이터 분석, AI 기술, IoT 센서 등을 활용한 다양한 헬스케어 솔루션을 제공하고 있다. 이를 바탕으로 환자의 건강 상태 진단 및 예측, 의료 진단, 약물 개발, 의료기기 개발 및 효과적인 치료 계획 수립 등에 큰 도움이 되고 있다. 또한 매개형, 삽입형, 섭취형 등의 신체 인터넷 기술을 활용한 헬스케어 솔루션들도 등장하고 있어 향후 디지털 헬스케어의 발전은 더욱 기대된다. 이런 기술들은 건강 관리의 효율성과 정확성을 높이는 데 기여할 것으로 예상되며, 더 나은 삶의 질을 제공하는 데 도움이 될 것이다.

1.2.2 최신 기술 트렌드 및 사례

그 외 눈여겨볼 만한 최신 헬스케어 디바이스 및 솔루션은 다음과 같다.

스마트 벨트

웰트는 스마트 벨트 웨어러블 디바이스로 허리둘레, 앉은 시간, 과식 여부, 걸음 수, 걸음 패턴, 낙상 위험 예측 등을 측정하며 데이터 분석 및 시각화를 제공한다. CES 2020에서 혁신상을 수여한 바 있다(그림 1-10). 저자가 일본 유학 시절 공동 연구자 중 1명인 아라이 준페이[Arai Junpei] 교수가 노약자의 건강을 모니터링하는 벨트를 고안하고 연구용으로 프로토타입으로 제작한 바 있다.

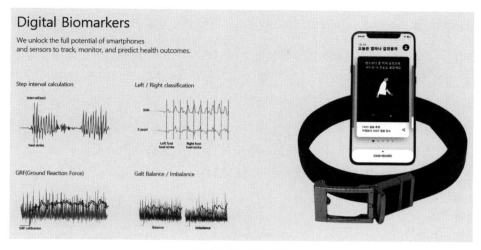

그림 1-10 웰트 제품

수면 관리 및 수면 치료

최근 국내 불면증 환자가 2021년 기준으로 약 68만 명에 이르며, 불면증 및 수면 관리에 대한 관심이 높아지고 있다.

▎슬리프 사이클

슬리프 사이클[Sleep Cycle]은 스마트폰을 이용한 수면 관리 앱으로 예쁜 차트와 데이터 분석을 통해 수면 패턴을 한눈에 파악할 수 있다. 또한 코골이 소리를 녹음하는 등 참신한 기능을 제공한다. 전용 헬스케어 디바이스 없이도 순수하게 스마트폰이 움직임과 코골이 소리를 감지해 수면의 질을 평가할 수 있다. 하지만 머리맡에 스마트폰을 놔야 하고, 전용 헬스케어 디바이스가 없어서 정확도가 떨어질 수 있다는 한계가 있다.

▎솜즈

2023년 2월 16일에 식품의약품안전처가 불면증 치료제 앱 솜즈[Somzz]를 국내 최초로 디지털 치료기기로 품목 허가한 바 있다. 식약처장은 기존 약물 치료법 이외에 새로운 치료 수단을 제공한 것이라고 밝혔다. 솜즈는 불면증 인지 행동 치료법에 기초해 구현된 모바일 앱이다.

▌사이렌케어

저자가 근무하는 빅헤브솔루션㈜에서는 2021년부터 IoT 레이더 센서에 기초해 낙상, 재실, 부재, 기상 감지 및 알림 발송 등의 빅데이터 분석 및 시각화 서비스를 제공해 오고 있다. 최근 수면에 대한 관심이 높아지면서 2023년 상반기에는 움직임 기반의 수면 질과 패턴, 수면 점수, 수면 중 이탈 정도 등을 빅데이터 분석 및 평가하는 서비스를 출시할 예정이다. 이는 기존 수동 입력의 불편함과 소리를 기반으로 하는 다른 솔루션과 차별화된 방식으로 구현된 것이다.

케어 로봇

일본 기업인 아이올러스 로보틱스^{Aeolus Robotics}는 CES 2023에서 활용도가 높은 양팔 휴머노이드 로봇 아이오^{aeo}를 선보였다(그림 1-11). 이 로봇은 배달, 보안, 노인 돌봄, 방역 작업 등 다양한 분야에 사용될 수 있다. 또한 삼성전자도 'EX1'이라는 케어 로봇을 2023년에 출시할 예정이며, 노약자의 움직임을 돕는 '시니어 케어'에 특화돼 있다고 밝혔다. 고령화 사회에서 인건비 상승과 노동력 부족이 현실화되는 시점에 반드시 필요한 제품이지 않을 수 없다.

그림 1-11 케어 로봇 아이오가 노약자의 낙상을 감지(출처: 아이올러스 로보틱스사)

그림 1-11은 케어 로봇 아이오가 노약자의 낙상을 감지한 장면이다. 참고로 저자가 근무하는 빅헤브솔루션㈜의 '사이렌케어'는 센서를 사용해 낙상을 감지하거나 데이터 분석 후 낙상이 감지되면 의료 종사자 및 보호자에게 알림을 발송하고 있다. 다양한 기술을 융합해 기술의 완성도를 높이고, 타 기업과의 협업을 통해 노약자의 낙상 문제를 해결해 나가야 할 것이다.

밴드 및 스마트 워치

최근 국내 체성분 분석 의료기기를 만드는 인바디에서 스마트 워치인 인바디 밴드를 출시했다. 첨단 바이오 센서를 장착해 헬스케어 기능을 대폭 강화했으며, 기존 스마트 워치 및 밴드 제품과의 차별점은 '체성분 분석'이라고 인바디 측에서 설명한다. 애플 워치, 갤럭시 워치, 갤럭시 핏, 핏빗 등과 같은 잘 알려진 기존 제품은 설명을 생략하겠다.

낙상 감지

낙상 사고는 모든 연령대에서 발생할 수 있으나, 특히 노약자에게는 대퇴부 골절 및 머리 손상 등 심각한 부상으로 이어질 수 있고 경우에 따라서는 사망 원인이 될 수 있다. 따라서 우선 낙상 예방 활동이 중요하며, 만약 낙상이 발생하면 조기 발견 및 적절한 조치가 필수적이다. 낙상 감지 기술은 여러 가지 방법이 있지만, 대표적으로 높이와 움직임 정도로 판단하는 방법과 기압 및 심박, 가속도 센서로 판단하는 방법이 있다.

사이렌케어

사이렌케어는 IoT 레이더 센서를 활용해서 노약자의 높이와 움직임에 기초해 낙상을 감지하는 솔루션이다. 노약자의 높이 40~50cm 이하 상태에서 미동 이하의 움직임이 일정 시간 이상 지속되면 '낙상'으로 간주하고, 보호자 및 의료 종사자 등에게 알람을 발생시켜 알린다.

애플 워치 및 갤럭시 워치에도 '낙상'을 감지하는 기능이 있으나, 신체 자세 및 높낮이로 판단하는 것이 아니라 기압 및 가속도 센서로 판단하므로 감지 능력에 제한이 있다. 그러나 이 기능은 가끔씩 유용한 경우가 있으며, 기술 진보로 더욱 고도화될 것으로 기대된다.

치매

중앙치매센터에서 발표한 『대한민국 치매현황 2021』에 따르면 2020년 기준으로 65세 이상 노인 인구 840만 명 중 약 88만 명, 즉 10.33%가 치매 환자로 추정되고 있다. 더욱 놀라운 점은 치매 환자 중 80세 이상이 63%를 차지하며, 2050년에는 전체 노인 인구 약 1,900만 명 중 치매 환자 비율이 15.9%로 더욱 증가할 것으로 예상되고 있다. 또한 치매 환자의 증가로 사회경제적 부담이 커지고 있다. 우선 비용 측면에서 2020년 기준으로 치매 환자 1인당 연간 관리 비용이 2,061만 원이 소요돼 65세 이상 치매 환자의 연간 관리 비용 총액은 약 18조 원으로 추산된다. 다음으로 돌봄 부담이 사회적 문제로 대두되고 있다. 주로 가족이 치매 환자를 돌보는 경우가 많으나, 돌보는 가족들 역시 신체적, 정서적, 경제적 부담을 겪어 사회적 지원 체계 구축이 시급하다.

2023년 3월에 삼성전자가 스위스 의료 기술 전문 스타트업인 '보트뉴로Bottneuro AG'와 함께 갤럭시 탭 S8+를 활용한 '알츠하이머 진단 솔루션'을 공동 개발 중이라는 발표를 했다(그림 1-12). 보트뉴로는 3D MRI 및 PET 데이터에 기초해 병증 뇌 부위를 식별해서 전기 표적 치료 기술을 제공하고, 갤럭시 탭 S8+는 신경자극기 제어 및 치료 데이터를 전송하는 데 집중하는 방향으로 개발 중이다. 삼성전자는 2023년 중으로 진단 솔루션을 탑재한 갤럭시 탭 S8+ 제품 100대를 스위스 내 병원 임상 환자에게 공급할 계획이다.

그림 1-12 삼성 갤럭시 탭S8+의 알츠하이머 질환 디지털 진단(출처: 삼성뉴스룸)

이상으로 최근 유행하고 있는 참신한 헬스케어 디바이스에 대해 알아봤다. 향후 세상에 나올 다양한 헬스케어 디바이스는 개인 건강관리와 의료 서비스를 개선할 것이며, 미래 헬스케어 분야에서 매우 중요한 역할을 할 것으로 기대된다.

각 기술들의 장단점

디지털 헬스케어 기술들은 각각 장단점이 있다. 우선 빅데이터 및 AI 기술의 장점은 진단 및 치료 계획의 정확도를 향상시키고 의료 비용을 절감하는 효과가 있다. 반면에 단점은 이런 기술이 인간의 의사 결정을 완전히 대체할 수 없다는 점이다. 헬스케어 디바이스의 장점은 건강 모니터링과 진단에 대한 보다 과학적이며 실시간 정보를 제공하지만, 디바이스 사용으로 인한 불편함과 개인 정보 유출 등의 단점이 있을 수 있다.

1.3 헬스케어 기업들의 특징

헬스케어 및 헬스케어 빅데이터 기업의 창업자 절반은 의료인(의사) 및 약사이고, 나머지 절반은 컴퓨터공학 등을 전공한 석박사급 인재이다. 의료인 가운데서도 연구보고서를 작성하는 중 헬스케어 빅데이터 일에 흥미를 느껴 데이터 분석가로 전향한 사례도 심심치 않게 발견할 수 있다. 하지만 디지털 헬스케어 분야는 개인 정보 보호와 관련된 문제가 잠재돼 있어 늘 주의를 기울이지 않으면 안 된다. 따라서 기술의 진보와 더불어 기술의 안정성을 함께 높여 나가는 것이 중요하다.

1.4 헬스케어 빅데이터란 무엇인가?

'빅데이터^{BigData}'란 용어는 2010년대 초반 영국 『이코노미스트』지를 필두로 널리 사용돼 오고 있다. 흔히 빅데이터는 이전 아날로그 환경이 아닌 디지털 환경에서 생성되는 규모가 방대한 데이터를 가리키는데 생성 주기가 짧고 형태가 정형 또는 비정형 데이터를 가리지 않고 수치 및 문자, 영상 데이터를 포함하는 대규모 데이터를 포함한다. 미국의 리서치 전문업체 가트너에서는 빅데이터를 3V로 정의하는데 3V란 데이터량이 많고^{Volume}, 데이터 형태가 다양^{Variety}하며, 데이터 속도^{Velocity}가 빠른 빅데이터의 특징을 가리킨다. 가치^{Value}를 더해 4V라고 주장하는 경우도 있다.

정형 데이터는 구조화된 데이터, 즉 엑셀과 데이터베이스의 테이블과 같이 일정한 규칙과 서식에 맞게 구조화된 데이터를 말한다. 비정형 데이터는 이런 규칙 없이 자유 형식의 데이터를 말한다. 반정형 데이터는 완전 구조화된 데이터는 아니지만, 비정형 데이터보다는 일정한 규칙을 갖는 데이터를 말한다.

데이터량의 많고 적음을 판단하는 것은 추상적이고 주관적이지만, 일반적으로 대용량이면서 다양한 유형의 데이터라면 빅데이터로 이해하면 된다. 이를 정량적으로 표현하기 위해 테라바이트^{terabyte}(10^{12}) 이상의 데이터를 빅데이터라고 말하는 경우도 있지만, 이 역시 고정된 기준은 없으며 상황에 따라 다르다. 따라서 빅데이터는 일반적으로 대규모의 데이터를 다루는 기술과 방법론을 가리키는 개념으로 사용된다.

IT 기업에서 생성되는 데이터는 정형화된 데이터가 많은 반면에 병원에서 의료진이 사용하는 병원정보시스템(HIS), 전자의무기록(EMR), 처방전달시스템(OCS) 등에서의 데이터는 비정형이나 반정형 데이터가 많다. 반정형이나 비정형 데이터를 분석하기 위해서는 반드시 전처리 과정을 거쳐 정형 데이터로 변환해야 한다.

무어의 법칙에 따라 18~24개월마다 세계 디지털 데이터량은 2배씩 커질 것으로 예상된다. IDC^{International Data Corporation}의 발표에 따르면 세계 디지털 정보량 추이는 표 1-1과 같으며 2년마다 거의 2배 가까이 데이터가 증가하고 있다.

연도	용량
2018년	33 ZB
2019년	41 ZB
2020년	59 ZB
2021년	74 ZB
2022년	103 ZB
2023년	143 ZB
2024년	197 ZB
2025년	262 ZB

표 1-1 세계 디지털 정보량(출처: IDC), * ZB: 제타바이트(zettabyte, 10^{21})

2010년 이전에는 데이터 마이닝^{Data Mining}이라는 용어를 더 많이 사용해 왔다. 하지만 데이터 마이닝은 데이터 분석의 일부분이며, 빅데이터 분석^{BigData Analysis}은 보다 방대한 양의 데이터와 그 처리 기술을 중심으로 한 분석 방법론으로 보다 최근에 등장한 용어이다. 따라서 최근에는 빅데이터 분석이라는 용어를 사용하는 것이 좀 더 적절할 것이다.

1.4.1 헬스케어 빅데이터 분석의 위치

정부 정책 및 현장의 요구에 따라 많은 병원에서 종이 차트를 전자 차트로 대체하고 있으며, 다양한 헬스케어 앱을 통해 수집된 심박수, 체중, 수면 정도 등 헬스케어 정보가 데이터베이스에 저장되고 있다. 의료진은 이 데이터로부터 유의미한 정보를 추출하고 개선점을 찾아내기 위해 빅데이터 분석을 필요로 한다. 그러나 의료인은 빅데이터 분석 전문가가 아니기 때문에 결코 이런 분석 작업이 쉽지 않다. 따라서 일부 병원에서는 헬스케어 빅데이터 전문가 팀을 구성해 이를 처리하고 있다. 이런 상황에서 저자도 의료 종사자로부터 빅데이터 수집 및 분석과 관련된 질문을 받게 되면서 이에 대한 책 출판 필요성을 느꼈다.

'빅데이터 분석'이 컴퓨터과학과 수학(특히 통계학)에 기초한 분야라면, '헬스케어 빅데이터 분석'은 헬스케어 분야에 특화된 빅데이터 분석이라고 할 수 있다. 그림 1-13은 헬스케어 빅데이터 분석에 관한 지식 범위를 잘 묘사하고 있다. 이 분야를 잘 활용한다면 빠른 질병 진단, 신약 개발 시간 단축, 노약자 돌봄 자동화, 인체 정보 변화 추이로 건강 상태 모니터링, 위험 감지 등 인간이 하기에는 비용적인 측면, 단순 지식 및 고된 노동이 필요한 곳에서 인간을 대체할 수 있으며, 정보를 정형화해 놓음으로써 빠른 검색과 대응이 가능한 점 등 헤아릴 수 없을 만큼 우리에게 많은 이점을 가져다준다. 이전 IBM 왓슨의 암 진단 능력이 일반 의사들보다 높았던 실제 사례도 있다. 하지만 우리 인간만이 갖고 있는 '직관', '통찰력'까지 빅데이터 및 AI에게 기대하기에는 아직 한계가 있다.

그림 1-13 헬스케어 빅데이터의 위치

빅데이터 분석을 위해서는 우선 수학, 특히 확률과 통계학에 관한 지식이 절대적으로 필요하다. 물론 추가로 미적분학, 선형대수 지식이 있으면 금상첨화이다. 고교 수학이나 학부생 교과서도 나쁘지 않지만, 만약 책 추천을 원한다면 돈 그리피스Dawn Griffiths의 『Head First Statistics』(한빛미디어, 2012)과 마이클 밀튼Michael Milton의 『헤드 퍼스트 데이터 분석(Head First Data Analysis)』(한빛미디어, 2013) 책을 추천한다.

컴퓨터과학과 관련해서는 우선 데이터베이스 및 SQL문을 익혀야 하고 프로그래밍 언어, 특히 파이썬을 자유자재로 다룰 수 있어야 한다. 추가로 알고리듬 및 머신러닝, AI 관련 지식을 습득하면 좋다. AI 관련 책을 추천하자면 페드로 도밍고스^{Pedro Domingos}의 『마스터 알고리즘』(비즈니스북스, 2016)과 제프 호킨스^{Jeffrey Hawkin}의 『천 개의 뇌』(이데아, 2022)을 읽어보길 권한다. 흥미로운 이론을 많이 제시할 것이다.

헬스케어와 관련해서는 시중 책방에서 바이오 및 헬스케어 관련 서적 및 의료 잡지를 읽으면 전체적인 개념을 충분히 익힐 수 있을 것이다.

1.5 향후 전망

디지털 헬스케어 기술의 발전에 따라 개인화된 건강관리가 더욱 쉬워질 것이다. 빅데이터 분석 및 AI 기술 발전으로 인해 질병 예방 및 조기 진단이 가능해질 뿐만 아니라 개인 맞춤형 치료 계획을 수립하는 것도 더욱 쉬워질 것으로 예상된다.

또한 비대면 의료 서비스인 텔레메디신^{Telemedicine} 시장도 더욱 발전할 것으로 예상되는데 이런 서비스를 통해 의료 서비스의 접근성이 좋아지며, 각 개인들이 의료 서비스를 더욱 쉽게 이용할 수 있는 날이 곧 실현되리라 생각된다.

마치며

1장에서는 헬스케어, 특히 디지털 헬스케어에 관한 전반적인 개념을 살펴봤다. 또한 최신 기술 사례를 알아보고 장단점을 소개했다. 그리고 헬스케어 빅데이터에 관해서도 간략하게 알아봤다.

2장에서는 빅데이터 분석, 머신러닝, AI에 대해 살펴볼 것이다.

빅데이터 분석, 알고리듬, 머신러닝, 인공지능 개론

2장에서는 빅데이터 분석과 알고리듬, 머신러닝, 인공지능(AI)에 관한 전반적인
내용을 살펴보고, 그 차이점을 알아볼 것이다.

2.1 빅데이터 분석

먼저 빅데이터와 빅데이터 분석에 대해 알아보고, 최근 각광받는 빅데이터 분석가
및 데이터 과학자와 빅데이터 처리 과정을 알아보자.

2.1.1 빅데이터와 정보의 중요성

빅데이터란 무엇일까? 빅데이터는 우리 주변에서 매일 엄청나게 생성되고 있다. 잠
자리에서 일어나자마자 헬스케어 디바이스와 스마트폰이 우리의 행동을 감지해 클
라우드 서버로 전송하고, 서버에서는 데이터를 정제한 후 데이터베이스에 저장한다.
이렇게 저장된 데이터는 과거의 데이터와 비교 분석돼 그 결과를 알려준다. 대중교
통 이용, 회사 건물 출입, 심지어 사무실 의자에 앉은 시간까지 모두 데이터로 기록
돼 데이터베이스화된다. 만난 사람들, 음식점에서 먹은 음식 등 우리의 모든 활동이
데이터로 생성되고 저장된다. 이처럼 데이터는 우리가 남긴 세상의 모든 흔적이 될
수 있다.

이렇게 무작위로 생성된 데이터를 수집하고, 수집된 데이터로부터 표본 추출(샘플링)하고, 특정 의미를 찾아내기 위해 데이터를 분석하는 과정을 흔히 '빅데이터 분석'이라고 한다. 때로는 수집된 데이터를 이해할 수 있는 형태로 정제하는 전처리 과정을 거친다. 간단히 말해 빅데이터 분석은 현실 세계에서 무작위로 수집된 데이터를 전처리 및 샘플링 과정을 거친 후 정제된 데이터로부터 현실 세계의 특징, 의미, 정보 등을 통계적으로 추론하는 과정이다.

통계에서는 현실 세계의 모집단에서 추출한 표본을 통해 의미, 정보, 특징을 찾고 모집단의 특성을 추론할 수 있다. 그러나 표본 추출의 중요성을 간과하는 경우가 많다. 예를 들어 더불어민주당 당원 모집단에서 무작위로 1/20을 추출한 후 그들의 학력, 소득 수준, 거주 지역, 재산 정도, 네이버 댓글 수 표본을 구한 다음 더불어민주당 당원 전체 모집단에 관한 특성과 경향을 분석하는 경우와 더불어민주당 당원 모집단에서 국민의힘 당원이 많은 서울 강남 3구에 거주하는 당원을 무작위로 1/20을 추출한 후 동일한 지표를 분석하면 상이한 결과가 나올 것이다. 이는 잘못된 편향과 표본 추출의 결과라고 할 수 있다.

이런 이유로 통계는 종종 '기술'이 아닌 '예술'로 불린다. 앙드레 코스톨라니는 "투자는 과학이 아닌 예술이다."라고 말한 바 있다. 빅데이터 분석 역시 마찬가지이다. 표본을 추출하고 추출된 표본 데이터로 모집단의 특성과 성질을 파악하는 일은 과학보다는 예술에 가깝다. 다만, 의도적으로 표본을 치우치게 추출하거나 기준을 변경해 모집단과 다른 의미를 추출하게 되면 이는 통계 왜곡 행위에 해당한다. 지난 정부 통계청에서 집값, 소득, 고용 등 민생 경제와 관련된 부문에서 통계 데이터를 왜곡, 조작했다는 의혹으로 감사원 감사가 진행되고 있는 것은 안타까운 일이다. 그러므로 데이터가 항상 객관적이라는 믿음에 관해 어느 정도 의문을 갖고 접근하는 것이 바람직하다.

정보, 즉 데이터의 중요성은 과거와 현재를 막론하고, 특히 전쟁에서 정보는 전쟁의 승패를 좌우하는 매우 중요한 요소이다. 조선시대에 무관 선발을 위한 무과 시험 과목 중 하나인 '무경칠서(武經七書)'에서도 『손자병법』, 『오자병법』이 으뜸가는데 이 책들에서는 정보와 관련된 내용을 상당히 많이 다룬다. 『손자병법』의 시계편에서는 "근자, 궤도야(兵者, 詭道也)", 즉 "용병의 요체는 적을 속이는 궤도에 있다."라는 내용이 있다. 또한 『손자병법』의 모공(謀攻)편에서 자주 인용되는 "지피지기 백전불태(知彼知己 百戰不殆)"라는 구절은 "상대를 알고 나를 알면 백 번 싸워도 위태롭지 않다"라는 뜻을 담고 있다. 즉, 상대의 상황과 전략, 전술 정보를 잘 파악해야 전쟁에서 패하지 않는다는 것이다. 특히 『손자병법』의 용간(用間)편에서는 간자(間者), 즉 스파이의 활용(活用)에 대한 내용을 다루고 있는데 이는 현대의 첩보전과 하등 다를 바 없다.

현대 대표적인 첩보전으로는 '미드웨이 해전'과 '민스미트^{Mincemeat} 작전'을 들 수 있다. 특히 연합군은 제2차 세계대전의 향방에 큰 영향을 끼친 '민스미트 작전'을 통해 독일의 동맹국인 이탈리아로부터 항복을 이끌어 냈다. 히틀러는 이 작전의 허위 정보에 속아 시칠리아에 주둔하고 있던 독일군을 그리스로 이동시켰고 이후 연합군은 성공적으로 시칠리아에 상륙하게 됐으며 결국 이탈리아는 항복했다. '민스미트 작전'의 골자는 스페인 해변에 영국군 장교 시체와 시체 오른손에는 수갑으로 연결된 서류 가방이 발견됐고 이 가방에는 기밀 문서가 있었는데 그 내용은 "연합군이 조만간 그리스를 침공할 것이니 만반의 준비를 하라는 명령"이었다. 그러나 이 모든 것은 영국 해군 정보장교 이웬 몬태규^{Ewen Montagu} 중령의 계책이었다. 이탈리아와 독일에 우호적인 스페인 정부에 허위 기밀 정보를 유출해 히틀러를 속였던 것이다.

이순신 장군께서 작성한 『난중일기』의 "필사즉생 필생즉사(必死則生 必生則死, 죽고자 하면 살고, 살고자 하면 반드시 죽는다.)"는 『오자병법』의 "필사즉생 행생즉사(必死則生 幸生則死, 죽고자 하면 살고, 살려고 요행을 바라면 반드시 죽는다.)"를 병사들이 이해하기 쉽게 달리 표현한 것이다. 무경칠서는 21세기 리더십을 십분 발휘해야 하는 기업인과 정치인, 고위 공직자에게 좋은 귀감이 될 만하다.

2.1.2 빅데이터 분석

빅데이터 분석은 대량의 데이터를 수집, 저장, 정제한 후 분석해 유용한 정보를 추출하는 과정이다. 이를 통해 기업이나 조직은 경영 전략을 수립하거나 의사 결정을 내리는 데 활용할 수 있다. 최근 빅데이터 분석은 기업과 조직의 경쟁력 향상에 있어서 핵심 요소로 자리잡고 있다.

최근 수십 년간 컴퓨터 기술 발전으로 대규모 데이터 처리와 분석 기술이 급속하게 발전했다. 데이터 저장 기술, 컴퓨팅 성능 향상, 머신러닝 및 AI 기술 발전 등이 이런 발전의 주요 원동력이었다. 특히 클라우드 기술은 빅데이터 분석의 비약적 발전을 이끌었다. 과거에는 데이터 저장 및 분석을 위한 서버 관리 및 인력이나 전력 공급 등에 상당한 비용이 발생했지만, 클라우드 기술은 이런 비용 문제와 유연성 및 확장성을 개선했다. 결과적으로 기업들은 클라우드 인프라 구축 및 유지보수에 크게 신경 쓰지 않고 클라우드상에서 데이터 수집 및 분석에 집중할 수 있게 됐으며 이로 인해 빅데이터 분석 기술의 발전이 가속화되고 있다.

빅데이터 분석 기술은 계속해서 진화하고 있으며, 최근 AI 기술과의 융합으로 더욱 정교한 예측과 분석이 가능해지고 있다. 특히 머신러닝 기반 예측 모델링 연구가 활발해지면서 예측 정확도 향상과 비용 및 시간 단축이 이뤄지고 있다. 머신러닝 기술을 활용한 빅데이터 분석은 이미지 인식, 음성 인식, 자연어 처리 등 다양한 분야에 걸쳐 활용되고 있는데 이를 'AI 기반 빅데이터 분석'이라고 한다. 최근 출시된 GPT-4는 텍스트뿐만 아니라 이미지를 해석하는 능력까지 갖추고 있으며, 이는 AI 기술의 놀라운 발전 속도를 입증하는 것이다.

빅데이터 분석은 기업 경영 전반에 걸쳐 널리 활용되고 있다. 마케팅 분야에서는 고객 데이터를 기반으로 한 타깃 마케팅이 활발히 진행되고 있고, 제조업에서는 머신러닝을 통해 불량률 감소와 생산성 향상을 이루고 있다. 금융업에서는 대출 상환 여부 예측 모델을 만들어 리스크 관리에 사용하고 있고, 헬스케어 분야에서는 환자 데이터 분석을 통해 낙상 예방 및 감지, 질병 예방 및 조기 진단에 활용하고 있다.

그러나 빅데이터 수집 및 분석 과정에서 개인 정보 침해 및 부적절한 데이터 이용으로 인한 사회적 혼란과 윤리적 문제를 고려해야 한다. 데이터 수집, 정제, 저장, 분석 등의 과정에서 발생할 수 있는 이런 문제점들은 빅데이터 분석에 있어 중요한 고려 사항이다.

빅데이터 분석은 급속한 발전을 거듭하고 있으며, 머신러닝 기술과 함께 더욱 성장할 것으로 전망된다. 이로 인해 기업, 조직, 개인의 삶에 많은 변화가 예상되며 간단한 업무와 지식은 곧 AI로 대체될 것으로 보인다.

마지막으로 실제 데이터를 분석할 때 데이터에 대한 직관을 얻기 위해 산점도나 히스토그램, 요약 통계를 구해본다. 처음에는 데이터 분석을 너무 어렵고 멋있게 하려는 것보다는 단순하게 접근하는 것이 좋다. 충분하지 않은 데이터로부터 확률 분포를 구할 때 일부 데이터의 영향으로 감마 분포나 지수 분포를 구하는 경우를 종종 발견하는데 대부분의 경우 데이터가 충분히 많으면 정규 분포에 수렴하는 경우가 많다. 그러므로 처음에는 단순하고 빠른 결과를 도출하는 방향으로 분석해 가면서 점차 고도화해 나가는 편이 바람직하다.

2.1.3 빅데이터 분석가와 데이터 과학자

최근 빅데이터 분석가$^{BigData\ Analyst}$ 또는 데이터 과학자$^{Data\ Scientist}$라고 불리는 직업이 생겨났고, 학교 및 기업에서는 데이터과학연구소를 만들어 운영하고 있다. 도대체 데이터 과학자란 무엇이며, 막대한 예산을 들여가며 데이터과학연구소를 만드는 이유는 무엇일까?

데이터 과학자는 데이터를 수집하고 분석한 후 분석된 결과로부터 유의미한 가치를 찾고 의사 결정에 도움을 주는 전문가라고 할 수 있는데 이에 필요한 기술과 역량은 다음과 같다.

1. **수학 및 통계 지식**: 수학과 통계 지식에 기초해 데이터를 분석해야 한다.

2. **데이터 처리 및 분석 기술**: 데이터 수집, 전처리, 분석, 머신러닝 등을 활용한 모델 개발 역량이 필요하다.

3. **약간의 프로그래밍 기술**: 데이터 분석을 위한 파이썬^{Python}, pandas 라이브러리, SQL, R, 셸 스크립트 등을 사용할 수 있어야 한다.

4. **데이터 시각화 기술**: 분석 결과를 이해관계자 및 의사 결정자 등이 이해하기 쉽게 시각화할 수 있어야 한다.

5. **문제 해결 능력**: 문제를 정의하고, 문제 해결을 위해 분석된 데이터에 기초한 해결책을 마련할 수 있어야 한다.

6. **커뮤니케이션 및 협업 역량**: 현실 문제와 타인의 애로 사항을 청취하고, 이를 문서화할 수 있어야 하며, 해결책을 마련한 후 이해관계자들에게 오해 없이 잘 전달할 수 있는 커뮤니케이션 능력과 협업 역량이 필요하다.

향후 머신러닝 및 AI 기술 발전과 함께 데이터 과학자에 대한 수요가 점차 증가할 것이다. 기계가 처리하기 어려운 부분에서 유능한 인재의 직관과 통찰력에 기초한 의사 결정도 한 부분을 차지하겠지만, 수많은 기업들은 더 많은 데이터를 수집할 것이고, 이렇게 수집된 데이터를 분석한 후 그 분석 결과에 기초해 비즈니스 전략을 수립하고 고객 경험을 최적화하며 새로운 상품 및 서비스를 개발할 것으로 예상된다.

2.1.4 빅데이터 처리 과정

데이터 과학자들의 빅데이터 처리 과정에 대해 살펴보자.

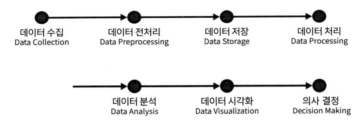

그림 2-1 빅데이터 처리 과정

빅데이터 처리 과정은 그림 2-1과 같이 7단계로 나눠 설명할 수 있다.

1단계: 데이터 수집(Data Collection)

먼저 다양한 경로로부터 원시raw 데이터를 수집한다. 일반적으로 IoT 센서, 웹사이트, 서버 로그 파일 등으로부터 수집할 수 있다.

2단계: 데이터 전처리(Data Preprocessing)

수집된 원시 데이터를 적절한 형태로 가공한다. 예를 들어 결측치 및 이상치 처리, 데이터 정규화, 중복값 제거 등을 한다.

3단계: 데이터 저장(Data Storage)

전처리된 데이터를 효율적으로 저장한다. 대용량 데이터를 저장하는 데이터베이스 및 분산 파일 시스템 등이 주로 사용된다.

4단계: 데이터 처리(Data Processing)

저장된 데이터를 정렬, 집계, 필터링 등의 연산 과정을 거친 후 원하는 정보를 추출한다.

5단계: 데이터 분석(Data Analysis)

처리된 데이터를 기술 통계, 시각화, 머신러닝 등의 방법을 사용해 분석한다. 분석 과정에서 데이터의 유용한 패턴이나 인사이트를 찾아낸다.

6단계: 데이터 시각화(Data Visualization)

분석된 결과를 차트, 그래프, 지도 등 다양한 시각화 도구를 사용해 이해하기 쉬운 형태로 표현한다.

7단계: 의사 결정(Decision Making)

데이터 분석 결과 및 시각화에 기초해 의사 결정을 내린다. 데이터 분석 결과를 실제 비즈니스 문제에 적용해 가치를 만들어 낸다.

위와 같은 빅데이터 분석 과정을 거쳐 유의미한 정보를 추출하고, 이를 실제 문제 해결에 활용한다. 필요한 경우 유의미한 결과 도출을 위해 해당 단계를 반복할 수 있다.

2.2 알고리듬

알고리듬algorithm이란 어떤 문제를 해결하기 위한 일련의 절차나 방법을 의미하는데 우리말로 산법, 셈법, 조리법, 공정, 계산 절차 등으로 표현할 수 있다. 알고리듬은 컴퓨터과학 분야의 핵심 개념 중 하나로 컴퓨터 프로그래밍, 데이터 분석, AI 등 다양한 분야에서 활용된다. 이제 알고리즘의 역사와 기술 유형 및 최신 동향에 대해 살펴 보자.

알고리즘의 역사

알고리즘이란 용어는 8~9세기 페르시아 수학자 무하마드 알 콰리즈미[Al-Khwarizmi]의 이름에서 유래됐는데 대수학의 영어 앨지브라[Algebra]는 그의 저서 『복원과 동식화 규 칙』이라는 뜻의 아랍어 "al-jabr wa al-muqabala"로부터 기원했다고 전해지고 있다. 참고로 'al'은 아랍어로 정관사이며 아랍어에서 유래된 대표적인 단어에는 알 코올[alcohol], 연금술[alchemy] 등이 있다.

알고리즘의 특징

『THE ART OF COMPUTER PROGRAMMING: 컴퓨터 프로그래밍의 예술』(한빛미디 어, 2008) 책으로 유명한 스탠퍼드 대학교의 명예 교수인 도널드 커누스는 알고리 즘의 특징을 다음과 같이 정의했다.

1. **유한성**: 알고리즘은 유한한 횟수의 단계에서 종료돼야 한다.

2. **명확성**: 알고리즘의 각 단계는 명확하게 정의돼야 한다.

3. **입력**: 알고리즘은 0 이상의 입력을 가진다.

4. **출력**: 알고리즘은 하나 이상의 출력을 가진다.

5. **효과성**: 일반적으로 알고리즘은 효과적이어야 한다.

알고리즘의 종류

알고리즘은 다양한 종류로 분류될 수 있으며, 주요한 알고리즘은 다음과 같다.

- **정렬 알고리즘**: 데이터를 정렬하는 데 사용되는 알고리즘으로 대표적으로 선택 정렬, 버블 정렬, 퀵 정렬, 병합 정렬 등이 있다.

- **검색 및 탐색 알고리듬**: 데이터에서 특정값을 찾는 데 사용되는 알고리듬으로 대표적으로 순차 검색, 이진 검색 등이 있다.

- **그래프 알고리듬**: 그래프에서 최단 경로, 최소 스패닝 트리 등을 찾는 데 사용되는 알고리듬으로 대표적으로 다익스트라^{Dijkstra} 알고리듬, 프림^{Prim} 알고리듬 등이 있다.

- **분할 정복^{Divide and Conquer} 알고리듬**: 문제를 작은 단위로 분할해 해결하는 알고리듬으로 대표적으로 이진 검색, 병합 정렬 등이 있다.

- **해시^{Hash} 알고리듬**: 특정한 값을 입력하면 고정된 길이의 값으로 변환시켜 주는 알고리듬으로 암호 처리할 때 많이 사용된다. 대표적으로 MD5, SHA-1 등이 있다.

- **머신러닝 알고리듬**: 데이터를 학습해 패턴을 찾는 데 사용되는 알고리듬으로 대표적으로 의사결정나무, KNN, SVM, 신경망 등이 있다.

- **그리디^{Greedy} 알고리듬**: 현재 상황에서 가장 최적 또는 최선의 선택을 하는 알고리듬으로 대표적으로 다익스트라 알고리듬, 거스름돈, 최소신장트리 등이 있다.

- **백트래킹^{Back Tracking} 알고리듬**: 해를 찾아가는 도중에 지금의 경로가 해가 될 가능성이 없으면 되돌아가서 다른 경로를 찾는 알고리듬으로 대표적으로 DFS(깊이 우선 탐색), BFS(너비 우선 탐색) 등이 있다.

최근 AI와 머신러닝 분야에서는 더욱 고도화된 알고리듬이 등장하고 있다. 특히 딥러닝 영역에서는 신경망 기반 알고리듬이 주목받고 있으며 이미지 인식, 음성 인식, 자연어 처리 등 다양한 분야에 적용되고 있다. 더불어 강화학습, 전이학습 등 새로운 알고리듬들이 연구돼 AI 기술 발전에 속도를 내고 있다.

2.3 인공지능, 머신러닝, 딥러닝

인공지능AI, Artificial Intelligence은 인간의 지능을 모방해 기계가 인간과 유사한 일을 수행하도록 하는 기술을 의미하며 이를 구현하는 방법 중 하나가 머신러닝Machine Learning이다. 딥러닝Deep Learning은 머신러닝의 구현 방법 중 최근 가장 주목받는 기술이다. 그림 2-2는 인공지능과 머신러닝, 딥러닝의 관계를 나타낸다. 머신러닝은 주어진 데이터를 활용해 컴퓨터가 스스로 학습하는 과정을 말한다. 당연히 머신러닝이 좋은 성능을 발휘하기 위해서는 고품질의 데이터가 필수적인데 이런 데이터는 높은 가격에 거래된다. 딥러닝은 인간 뇌의 동작 방식을 모방한 머신러닝 기법으로 텐서플로TensorFlow, 파이토치PyTorch, 케라스Keras 등의 프레임워크를 통해 구현된다. 2016년에 알파고AlphaGo(Go는 바둑을 뜻하는 일본어 igo(囲碁)에서 유래)와 프로 바둑기사 이세돌의 역사적인 대국에서 상금 100만 달러를 걸고 치러진 바둑 경기를 통해 많은 사람들이 머신러닝, 딥러닝, 텐서플로 등의 용어를 처음 접하게 됐다.

그림 2-2 인공지능, 머신러닝, 딥러닝의 관계

인공지능 연구는 1956년 미국 다트머스 대학Dartmouth College의 존 매카시John McCarthy 교수를 중심으로 시작됐다. 매카시 교수는 람다 대수를 활용한 LISP 프로그래밍 언어를 만든 과학자이다. 2000년 중반까지 머신러닝이라는 개념은 상대적으로 생소한 것이었다. 당시 체스와 바둑, 장기 프로그램은 프로그래머가 하드코딩한 알고리듬(규칙과 절차)을 기반으로 실행됐으며, 프로그래머들은 명시적으로 알고리듬과 규칙, 절차를 충분히 만들고 이를 데이터베이스화해 처리할 수 있다면 인공지능을 만

들 수 있다고 믿었다. 이처럼 인간 지식에 기초한 알고리듬, 규칙, 추론 등 지능적인 추론을 수행하는 AI 기술을 심볼릭^{symbolic} AI라고 부르는데 이는 이전 세대의 지배적인 연구 패러다임이었다.

저자의 학부 시절 지도 교수님은 네덜란드 출신으로 일본 장기(한국 장기보다 복잡한 게임) 프로그래머로 유명하셨다. 특정 상황에서 장기 말을 놓을 수 있는 모든 위치를 점수로 평가해 데이터베이스화한 후 가장 높은 점수를 가진 위치를 선택하는 방식이 주류였다. 이는 전형적인 심볼릭 AI 접근법이라고 할 수 있다. 그러나 이런 방식은 한정된 논리적인 문제를 푸는 데는 적합하지만, 음성 인식, 언어 번역, 이미지 인식 등 복잡한 문제를 해결하는 데는 프로그래머가 알고리듬과 규칙을 일일이 정의하기에는 매우 어려웠다. 이런 한계를 극복하기 위해 머신러닝이 등장하게 됐다.

최근에는 데이터 기반 처리 방식의 단점인 해석 가능성의 부족과 대량의 데이터 학습의 문제점을 해결하고자 기존 심볼릭 방식을 개선한 '뉴로 심볼릭^{Neuro-symbolic} AI' 연구가 주목받고 있다. 전통 프로그래밍과 머신러닝의 차이점은 그림 2-3과 같다.

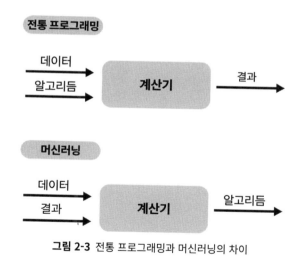

그림 2-3 전통 프로그래밍과 머신러닝의 차이

전통 프로그래밍에서는 프로그래머가 알고리듬 및 규칙, 절차를 작성한 후 입력 데이터를 제공하면 원하는 결과가 생성된다. 반면에 머신러닝에서는 데이터와 결과를 제공하면 알고리듬이 생성되며, 이 알고리듬은 반복적인 데이터와 결과 입력을 통해 개선된다. 이 과정을 일반적으로 훈련Training 또는 학습Learning이라고 표현한다. 엄밀히 말하면 훈련, 검증Validation, 시험Test 과정을 반복적으로 개선해 진화시킨다.

1997년에는 IBM의 딥블루Deep Blue가 체스 우승자 가리 카스파로프Gary Kaspárov와의 대결에서 승리한 바 있다. 체스는 경우의 수가 상대적으로 적어 당시 심볼릭 AI 기술로도 구현할 수 있었지만, 경우의 수가 많은 바둑에서는 거의 불가능하다고 여겨졌다. 그러나 2016년에 텐서플로 프레임워크를 사용한 딥러닝 기반의 알파고AlphaGo가 등장해 세계 최고의 바둑기사 이세돌과의 바둑 대국에서 4승 1패로 승리했다. 당시 알파고는 48개의 TPUTensor Processing Unit로 구성된 컴퓨터였으며, 이세돌과 대결한 알파고는 특별히 알파고 리AlphaGo Lee로 불렸다. 그림 2-4와 2-5는 대국 당시 사용한 알파고 서버와 TPU이다.

그림 2-4 2016년 3월 이세돌과 대국한 알파고가
사용한 서버(출처: 구글 클라우드 플랫폼)

그림 2-5 구글 TPU
(출처: 구글 클라우드 플랫폼)

(출처: https://cloud.google.com/blog/products/ai-machine-learning/google-supercharges-machine-learning-tasks-with-custom-chip?hl=en)

딥블루 시대에는 프로그래머가 알고리듬을 직접 작성했지만, 딥마인드 시대에는 인터넷 바둑 서버로부터 사람이 둔 3천만 개 기보를 내려받아 알파고에 학습시켰다.

알파고의 학습량은 프로 바둑 기사가 1년에 최대 1,000번 대국을 치른다고 가정하면, 알파고의 학습량은 하루도 쉬지 않고 매일 대국해야만 3만년 동안 이어지는 엄청난 양에 해당한다.

기존 바둑 알고리듬에서는 긴 계산 시간이 주요 문제였지만, 알파고는 몬테카를로 트리 탐색(MCTS) 알고리듬을 도입함으로써 이 문제를 해결했다. 이를 통해 무작위 값 사용으로 함수의 값을 확률적으로 계산할 수 있게 돼 알파고의 느린 예측 문제와 수 선택 문제를 해결할 수 있었다.

알파고는 '몬테카를로 트리 탐색'을 통해 두 단계를 거쳐 다음 수를 결정했다. 첫 번째 단계에서는 '느린 수 예측 신경망'을 실행해 미래의 수에 대한 확률을 충분히 계산한 후 가중치 랜덤 함수를 사용해 다음에 둘 수를 결정했다. 두 번째 단계에서는 승률을 예측하는 신경망의 평가 함수를 사용해 현재 상황을 평가하고 '빠른 수 예측 신경망'을 활용해 대국을 시뮬레이션했다. '빠른 수 신경망'은 '느린 수 신경망'에 비해 절반 정도의 정확도를 보였다.

이처럼 주어진 문제를 여러 부분으로 분할한 후 각 부분에 대한 해답을 찾고, 이들을 결합해 전체 문제의 해답을 도출하는 알고리듬을 분할 정복Divide and Conquer 알고리듬 이라고 한다.

결과적으로 프로 기사는 다음 수를 놓을 때 초당 100개 정도의 경우의 수를 고려하는 것으로 알려져 있지만, 알파고는 초당 10만 개의 경우의 수를 검색할 수 있다고 하니 아무리 뛰어난 인간이라도 알파고를 이기기는 쉽지 않은 것이 당연한 일이다. 대국 당시 이세돌의 1승은 인간의 승리라고밖에 생각되지 않는다. 아직도 네 번째 대국에서 이세돌의 '신의 한 수'로 인해 알파고가 이해되지 않는 악수를 둔 기억이 생생하다.

네 번째 대국을 마친 후 알파고 개발 팀은 이런 상황이 발생한 이유를 분석했는데 알파고가 이세돌이 해당 수를 둘 확률이 매우 낮다고 판단해 충분한 검색을 하지 않았다는 사실을 발견했다. 당시 알파고는 이세돌이 그 수를 둘 확률을 1만 분의 1로 평가했다고 한다(출처: wired.com, 2016. 3. 16, Cade Metz, 'In Two Moves, AlphaGo and Lee Sedol Redefined the Future').

그림 2-6 2016년 이세돌과 알파고의 대국 인터넷 생중계 유튜브 화면
(출처: DeepMind 유튜브 채널, https://www.youtube.com/watch?v=vFr3K2DORc8)

구글 딥마인드^{Deep Mind}는 알파고 이후에 스타크래프트 게임에서 AI가 프로게이머를 이길 것이라고 발표한 적이 있었다. 실제로 2019년 1월 25일에 유럽 프로게이머와 11번의 대결에서 알파스타^{AlphaStar}(알파고의 스타크래프트 버전)가 10번 승리했다. 또한 2019년 10월에 스타크래프트2 배틀넷에서 '그랜드 마스터' 레벨에 등극한 사실이 2019년 10월 30일의 『네이처』지에 게재됐다. 알파스타는 스타크래프트 개발사인 블리자드가 공개한 플레이들의 게임 기록을 학습했다. 이를 통해 지상 유닛과 공중 유닛을 활용하는 기본 개념을 배웠고, 이후 알파고와 유사한 방식으로 자신과의 1억 2천만 번의 게임을 통해 스스로를 업그레이드했다. 이는 생물학적 인간에게는 도저히 학습할 수 없는 양을 소화해 진화한 것이다.

그림 2-7 알파스타와 프로게이머의 대결 유튜브 중계 화면
(출처: DeepMind 유튜브 채널, https://www.youtube.com/watch?v=cUTMhmVh1qs)

일반적으로 벡터와 행렬 계산을 하기 위해 CPU보다는 GPU^{Graphic Processing Unit}를 선호한다. 초기 GPU는 그래픽 처리에 필요한 대량 연산을 수행하기 위한 보조 프로세서^{Co-processor} 형태로 시작됐다. 그래픽 처리 과정에서 픽셀 렌더링 등의 벡터 및 행렬 연산이 많이 발생하게 되는데 GPU는 이런 연산에 최적화돼 개발됐기 때문에 범용 프로세서인 CPU보다 엄청난 속도를 자랑한다. 간단히 말하면 GPU는 대량의 벡터 데이터를 병렬 연산 처리해 준다.

비트코인을 필두로 한 암호화폐 채굴 때문에 GPU나 그래픽 카드가 일반인에게도 많이 알려졌고, 암호화폐 채굴을 위해 그래픽 카드 수요가 증가해 가격이 급등했다. 암호화폐 '이더리움' 채굴 업자들이 2020년 말부터 약 1년 동안 구매한 그래픽 카드 구매액이 150억 달러(약 20조 원)에 달한다고 2022년 6월 17일에 블룸버그가 발표한 바 있다.

NPU^{Neural Processing Unit}는 뉴럴 네트워크^{Neural Network}(신경망)와 같이 동시다발적으로 데이터를 처리하는 딥러닝 연산에 최적화된 프로세서이다. TPU^{Tensor Processing Unit}는 구글에서 AI 연구를 위해 자체 개발한 NPU의 일종이다.

CPU가 연산 및 통제에, GPU가 이미지 구현에 주로 사용됐다면, NPU는 방대한 빅데이터를 인간 신경망처럼 빠르게 처리하는 목적을 갖고 있다. 최신 스마트폰에도 NPU 칩이 탑재돼 있으며, 주로 생체 인식이나 카메라 등에 사용된다고 알려져 있다.

2.3.1 머신러닝의 3가지 학습 방법

머신러닝의 학습 방법은 흔히 지도학습, 비지도학습, 강화학습으로 분류된다.

지도학습

입력 데이터와 출력 데이터를 함께 제공해 학습하는 방식을 지도학습^{Supervised Learning}이라고 한다. 미리 정해진 정답^{label}에 기초해 학습하므로 분류^{classification}와 회귀^{regression} 문제에 적합하다. 분류는 이진 분류, 다중 분류로 구분되는데 이진 분류는 '예/아니요'와 같이 답할 수 있는 문제이고, 다중 분류는 식물 이미지로부터 식물 종류를 분류하는 등의 문제에 해당한다. 회귀는 연속된 값을 예측할 때 사용하는데 특정값 및 패턴, 트렌드를 파악할 때 유용하다.

AI에서 데이터 라벨링labeling은 머신러닝에 정답을 알려주는 데이터 전처리 과정의 중요한 부분이다. 테슬라에서 지난해 데이터 라벨링 직원 200명을 해고한 바 있는데 이는 머신러닝의 완성도가 상승함에 따라 사람의 라벨링 작업이 덜 필요해진 것을 시사한다.

비지도학습

정답label 없이 입력 데이터만을 이용해 학습하는 방식을 비지도학습Unsupervised Learning이라고 한다. 대표적으로 클러스터링clustering, 차원 축소Dimensionality Reduction, 이상치 탐지Outlier Detection, 비지도 변환Unsupervised Transformation을 들 수 있다.

비지도 변환은 데이터를 인간이나 다른 머신러닝 알고리듬이 더 쉽게 이해할 수 있는 형태로 변환하는 것을 의미한다. 데이터 시각화, 차원 축소, 지도학습에 더 적합한 데이터 생성 등에 유용하다. 클러스터링은 유사한 정보를 찾아 그룹핑하는 과정을 말한다. 예를 들어 고양이와 개, 사람의 사진을 머신러닝에 입력하면 클러스터링 분석을 통해 각각을 분류하게 된다.

강화학습

데이터가 부족하거나 데이터는 존재하지만 정답이 명확하지 않은 경우에 유용한 방법이 강화학습Reinforcement Learning이다. 강화학습에서는 특정 환경environment에서 동작하는 주체인 에이전트agent가 상태state를 관찰하고 가능한 행동action 중에서 최대 보상reward을 얻을 수 있는 행동을 학습한다. 주로 게임, 바둑, 로봇 제어 등의 분야에서 활용된다. 그림 2-8은 이런 강화학습의 개념을 잘 나타내고 있다.

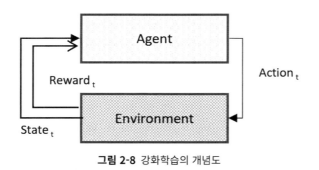

그림 2-8 강화학습의 개념도

2.3.2 ChatGPT

최근 챗GPT^{Chat Generative Pre-trained Transformer}가 인터넷 검색 시장 등에서 큰 변화를 일으키고 있다. 챗GPT는 대형 언어 모델을 튜닝한 모델로 지도학습과 강화학습을 사용한다. 사람과의 대화 내용이나 사람과 AI 간의 대화 내용을 바탕으로 지도학습을 진행하며, 사람과 대화하면서 사람의 피드백에 기초해 강화학습을 진행한다.

챗GPT는 GPT-3 기반의 대화형 AI 서비스이다. GPT-3는 1,750억 개의 파라미터(매개변수)를 사용하는데 파라미터란 AI가 학습과 관련된 모델의 가중치와 편향을 나타내는 값이다.

2023년 3월 출시된 GPT-4는 더 많은 파라미터를 사용한다고 알려져 있지만, 정확한 수치는 공개되지 않았다. 약 100조 개라는 추측이 있지만, 이는 openAI의 CEO인 샘 올트만^{Sam Altman}에 의해 부정됐다.

계산 비용 등을 고려할 때, 100조 개의 파라미터 주장은 현실적으로 불가능해 보인다. 그러나 AI 모델의 성능을 향상시키기 위해 파라미터 수를 계속 증가시키는 추세는 분명하다. 참고로 인간의 뇌에는 1,000억 개의 뉴런과 100조 개의 시냅스가 존재한다고 알려져 있다.

최근 광고 업계에서 가상 인간이 뜨거운 감자로 떠오르고 있다. 가상 인간은 연예인 모델보다 경제적이며 스캔들이나 부적절한 사건이 거의 발생하지 않기 때문이다. 기업들은 이미지 제고를 위해 가상 인간을 적극 활용하고 있다. 최근 기술 발전 추세를 고려하면 SF 영화에서나 볼 법한 일들이 현실화돼 가고 있다. 육체적으로 힘든 작업과 간단한 업무는 기계가 대신 수행하며, 사람은 관리와 감독 역할을 하는 세상이 곧 도래할 것으로 예상된다.

향후 전망

앙드레 코스톨라니와 아인슈타인은 "상상력은 지식보다 중요하다."라고 말한 바 있다. 전자는 20세기를 대표하는 투자자이고, 후자는 20세기를 대표하는 과학자이다 (출처: 『돈, 뜨겁게 사랑하고 차갑게 다루어라』, 미래의창, 2015). 제임스 카메론 감독은 20대에 트럭 운전사로 일하면서 1977년에 「스타워즈」를 보고 SF 영화감독의 꿈을 키웠다고 한다. 현재 많은 과학자와 엔지니어들은 어릴 적 SF 영화에서 본 것을 현실로 만들려는 경향이 있다. 2001년 스티븐 스필버그 감독의 「A.I.」 영화를 통해 AI라는 단어가 널리 알려졌으며, 이런 영화 및 소설 속의 상상한 모습이 머지않은 미래에 반드시 실현될 것으로 기대된다.

최근 AI로 가장 주목받는 것으로는 챗GPT와 자율주행차량을 들 수 있다. 저자도 처음 챗GPT를 접했을 때 반신반의하는 마음으로 간단한 법률 질문을 해봤는데, 의외로 매우 정확한 법률적 해석을 제공해 놀랐다. 이를 통해 앞으로 간단한 지식 노동자들의 일자리가 위협받을 것이라는 생각이 들었다.

자율주행차량 개발의 기폭제는 미국 국방부 최고 연구 기관인 국방고등연구계획국 DARPA, 다르파에서 2004년 개최한 세계 최초 무인 자동차 장거리(200km) 경주 대회라고 할 수 있다. 당시에는 GPS 장치, 레이더Radar, 라이다Lidar 등을 활용해 자율주행차를 제작했으며, 카네기멜론 대학Carnegie Mellon University, CMU의 레드 팀이 선도적인 역할을 했다. 레드 팀은 참가 팀 중 가장 먼거리인 11.78km 주행에 성공했다. 당시는 대개 출발지와 목적지 등 경로를 지정하면 설정된 경로를 따라 주행하고, 지형을 입력하면 회피하는 기능이 있었다. 레드 팀의 '험비'는 출발지로부터 11km 떨어진 지점에서 바위와 충돌해 결국 도로변 아래로 떨어졌다. 최근에는 테슬라를 위시해 머신러닝 기반의 자율주행 기술이 급속도로 발전하고 있으며, 인간의 개입이 없는 완전 자율주행도 머지않은 미래에 실현될 것으로 기대된다. 머신러닝 성능 향상은 시간과 자금 문제로 귀결되며, 우수한 소프트웨어 개발 인력을 많이 확보한 미국은 앞으로도 세계 패권국 지위를 유지할 것으로 보인다.

삼국통일 전쟁 시기에 신라는 1천 보를 날려 보내는 '천보노'를 개발했다. 당 고종의 요구로 당나라로 끌려간 천보노 기술자 구진천은 천보노를 만들 것을 강요받았지만, 신라의 위기를 예상해 끝까지 60보 밖에 나가지 않는 노(弩)를 만들어서 고국을 전쟁의 위험으로부터 지켰다(출처: 『삼국사기』 신라본기 문무왕편). 칭기즈칸 군대는 병사뿐만 아니라 기술자를 고상하게 대우했으며, 호라즘 정복 후 많은 기술자 포로를 생포해 수도 카라코룸으로 데려가 집단촌을 만들고 지속적으로 신기술을 개발하게 했다. 이렇게 개발된 공성 무기로 여러 난공불락 요새를 함락한 바 있다. 일본은 조선에서

처우가 낮았던 도공들을 납치해 갔다. 그들로부터 제대로 대우받은 조선 도공들은 우수한 도자기를 만들어 일본이 유럽으로 수출하는 '도자기의 길'을 열어 줬다. 특히 일본의 사무라이들은 조선 도공이 만든 막사발 같은 다완을 소중히 여겼는데 심지어 일부 다완은 일본의 국보로 지정됐다.

이처럼 기술은 나라의 존망을 결정짓는 중요한 요소이다. 우수한 과학자와 엔지니어를 육성하고, 해외 우수 인재 확보를 위해 민간과 정부는 2인 3각으로 협력해 법과 제도를 개선하고 노력해야 할 것이다.

마치며

2장에서는 빅데이터 분석, 알고리듬, AI 및 머신러닝에 관한 전반적인 내용과 개념을 살펴봤다.

3장에서는 본격적으로 파이썬 설치 및 환경 구축에 대해 다룰 예정이다.

파이썬 설치 및 환경 구축하기

3장에서는 데이터 분석 작업을 위해 필요한 파이썬 및 라이브러리 설치와
환경 설정에 대해 알아볼 것이다. 이미 파이썬과 관련 라이브러리 설치 및
환경 설정이 완료돼 있다면 4장으로 넘어가도 무관하다.

3.1 파이썬 설치하기

파이썬을 설치하는 방법에는 크게 두 가지가 있다. 첫 번째 방법은 파이썬 공식 웹
사이트(python.org)에서 파이썬 설치 파일을 직접 내려받아 설치하는 것이고, 두 번
째 방법은 아나콘다^{Anaconda} 공식 웹사이트(anaconda.com)에서 아나콘다 배포판을
내려받아 설치하는 것이다. 초보자라면 아나콘다 배포판 설치를 추천한다. 아나콘
다는 개인 및 상업용이 무료일 뿐만 아니라 수백 개의 파이썬 패키지 관리가 잘 돼
있어 아주 편리하다. 3장을 쓰고 있는 시점에 아나콘다 최신 버전은 Anaconda3
2022.10이다.

설치 경로는 사용자마다 다를 수 있지만, 저자는 C:\dev\Anaconda3에 설치했다.
작업 위치는 C:\works\healthcare_bigdata이며 책 내용을 수월하게 따라오기
위해서는 해당 디렉터리(폴더)를 만들어 두는 편이 좋다. 명령 프롬프트에서 mkdir
C:\works\healthcare_bigdata 명령어를 실행해 디렉터리를 만들면 된다.

아나콘다 배포판을 설치한 후 C:\dev\Anaconda3와 C:\dev\Anaconda3\ Scripts를 시스템 환경 변수 Path에 추가해야 한다. Path 환경 변수 설정 경로는 다음과 같다.

> 윈도우 10의 경우 '시작' → '설정' → '시스템' → '정보' → '고급 시스템 설정' → '환경 변수' → '시스템 변수'에 Path 변수가 있다.

설치를 완료했다면 명령 프롬프트(cmd)에서 파이썬을 실행해 보자. 다음과 같이 화면이 표시되면 파이썬 및 아나콘다가 성공적으로 설치된 것이다.

```
c:\works>python
Python 3.9.13 (main, Aug 25 2022, 23:51:50) [MSC v.1916 64 bit (AMD64)] ::
Anaconda, Inc. on win32

Warning:
This Python interpreter is in a conda environment, but the environment has
not been activated.  Libraries may fail to load.  To activate this
environment
please see https://conda.io/activation

Type "help", "copyright", "credits" or "license" for more information.
>>> ^Z
c:\works>
```

파이썬 인터프리터에서 빠져나오려면 **Ctrl+Z**(^z)키를 누르면 된다. 일반적으로 파이썬 개발자들은 python 인터프리터를 자주 실행하는 반면에 데이터 분석가 및 과학자는 파이썬 대화형 인터프리터인 IPython 또는 주피터 노트북이나 랩을 주로 사용한다.

3.2 IPython 알아보기

IPython은 '아이파이썬'으로 읽으며 Interactive Python의 약어이다. 아이파이썬은 콜롬비아 출신 페르난도 페레즈가 2001년에 미국 콜로라도 대학 박사 과정 중에 시작한 프로젝트로 개발된 툴이다. 기존 파이썬 명령어 셸로는 데이터 분석하는 일이 불편해 대화형 셸이 필요했던 것이 그 발단이다. '코드 편집 → 컴파일 → 실행 → 결과 리뷰'라는 기존 개발 흐름이 아니라 '코드 편집 → 실행 → 분석 결과'라는 데이터 분석 흐름을 위한 대화형 인터페이스가 필요했기 때문이다. 그의 활동과 노력의 결과 IPython은 데이터 분석가들의 필수 애용 툴이 됐으며, 이후 페르난도는 2014년부터 모든 환경을 웹상에서 실행하는 것이 편리하다는 생각에 기초해 주피터^{Jupyter} 프로젝트를 시작했다. 그는 이와 같은 공로로 2017년에 ACM Software System Award를 수상했다.

이제 IPython(C:\dev\Anaconda3\Scripts\ipython)을 실행해 보고, 간단한 인사말('Hello HealthCare BigData Analysis PlayBook')을 출력해 보자.

```
c:\works>ipython
Python 3.10.4 (tags/v3.10.4:9d38120, Mar 23 2022, 23:13:41) [MSC v.1929 64 bit (AMD64)]
Type 'copyright', 'credits' or 'license' for more information
IPython 8.7.0 -- An enhanced Interactive Python. Type '?' for help.

In [1]: print('Hello HealthCare BigData Analysis PlayBook')
Hello HealthCare BigData Analysis PlayBook

In [2]: exit # IPython 종료 명령어
c:\works>
```

IPython을 실행하면 화면에 표시되는 In [n]:의 오른쪽 영역을 '코드셀'이라고 부르는데 각 셀에 파이썬 코드를 입력하고 Enter키를 누르면 입력된 코드가 실행되고, 그 결과가 Out [n]:의 오른쪽 영역에 표시된다. 각 변수 내용 확인을 위해 굳이 print() 함수로 감싸지 않고 변수명을 입력하면 변수 내용이 출력된다.

```
 In [1]: a = 'Hello BigData'
 In [2]: a
Out [2]: 'Hello BigData'
```

다음과 같이 변수명에 .를 입력하면 직전에 입력한 코드 등을 후보군으로 표시해 준다. 또는 변수명에서 메서드명 일부를 입력한 후 Tab키를 누르면 해당 후보군이 화면에 표시되며 선택할 수 있어 코드 작성 시 아주 편리하다.

```
In [3]: a.keys() # 키 객체 반환
In [4]: a.r<tab>
    removeprefix()  rfind()        rpartition()
    removesuffix()  rindex()       rsplit()
    replace()       rjust()        rstrip()
```

IPython 셸에서의 주요 키보드 단축키는 표 3-1과 같다.

단축키	설명
↑ / Ctrl + p	히스토리 이전 탐색
↓ / Ctrl + n	히스토리 최신 탐색
Ctrl + r	검색어로 히스토리 검색
← →	글자 하나씩 좌우 이동
Ctrl + ← →	단어 단위 좌우 이동
Ctrl + a	구문 서두 이동: emacs 및 bash에서와 같음
Ctrl + e	구문 말미 이동: emacs 및 bash에서와 같음
Ctrl + b	한 글자 앞으로 이동: ← 및 emacs 및 bash에서와 같음
Ctrl + f	한 글자 뒤로 이동: → 및 emacs 및 bash에서와 같음
Ctrl + u	현재 커서 앞 글 모두 지우기
Ctrl + k	현재 커서 뒤 글 모두 지우기
Ctrl + c	현재 셀 실행 정지 및 셀 코드 지우기
Ctrl + o	셀 새로운 라인 추가

표 3-1 IPython 셸에서의 주요 단축키

IPython에서는 매직 명령어라는 특수 명령어를 제공하고 있으며, 대표적인 매직 명령어는 표 3-2와 같다.

매직 명령어	설명
%quickref	매직 명령어들에 대한 설명
%magic	사용이 가능한 모든 매직 명령어들에 대한 자세한 설명
%debug	대화형 디버거로 진입
%hist	이전에 입력했던 명령어 출력
%pdb	예외 발생 시 자동으로 디버거 실행
%paste	클립보드 파이썬 코드 실행
%cpaste	1행씩 붙여넣기한 코드를 수정 가능한 특별한 프롬프트 열기
%reset	모든 변수와 이름 삭제
%page 객체	객체를 보기 좋게 출력
%run script.py	IPython 코드셀에서 script.py 파일 실행

매직 명령어	설명
%prun 구문	구문 실행 후 프로파일러 출력
%time 구문	구문에 대한 실행 시간 출력
%timeit 구문	구문을 여러 번 실행해 평균 실행 시간 출력
%who, %who_ls, %whos	정의된 변수를 다양한 방법으로 표시
%xdel 변수	변수 삭제 및 변수를 참조하는 모든 객체 제거
%memit 구문	메모리 프로파일링: 이전에 %load_ext memory_profiler 외부 모듈을 호출해야 함

표 3-2 IPython 주요 매직 명령어

3.3 주피터 랩 알아보기

빅데이터 분석 시 가장 흔히 사용되는 개발환경을 만들어 보자. 주로 주피터 노트북을 사용하지만, 최근 주피터 랩이라는 더 강력한 툴이 나와서 소개한다.

3.3.1 주피터 랩 설치

새로운 가상 환경을 생성한다. 가상 환경 이름은 jupyter로 명명하고, 파이썬 버전은 아나콘다와 함께 설치된 파이썬 버전인 3.9로 한다.

```
$> conda create -n jupyter python=3.9
```

생성된 가상 환경을 활성화한다.

```
$> conda activate jupyter
```

conda 명령어로 주피터 랩을 설치한다. 꽤 많은 관련 라이브러리가 함께 설치될 것이다.

```
$> conda install -c conda-forge jupyterlab
```

우선 작업 공간으로 이동한 후 주피터 랩을 실행한다.

```
$> cd c:\works\healthcare_bigdata
$> jupyter lab
```

다음과 같이 주피터 랩 초기 화면이 브라우저상에서 표시되면 성공적으로 주피터 랩이 설치된 것이다.

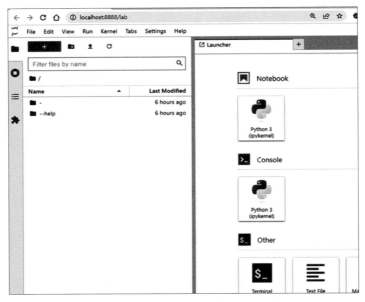

그림 3-1 주피터 랩 실행 화면(웹 브라우저)

만약 기본 브라우저로 주피터 랩 초기 화면을 표시하고 싶지 않을 경우에는 --no-broswer 옵션을 부여해 주피터 랩을 실행하고, 선호하는 브라우저에서 http://localhost:8888/lab으로 주피터 랩에 접속하면 된다.

```
$> jupyter lab --no-browser
```

주피터 랩을 종료하려면 우선 주피터 랩이 실행 중인 브라우저를 모두 닫고 주피터 랩이 실행 중인 명령 프롬프트에서 Ctrl+C키를 두 번 누르면 된다.

이제 주피터 랩에서 'Hello HealthCare BigData Analysis PlayBook'을 출력해 보자. 그림 3-1에서 오른쪽 Notebook 그룹의 Python3를 클릭하면 IPython과 유사한 화면이 표시된다. 코드셀을 클릭하고 print('Hello HealthCare BigData Analysis PlayBook')을 입력한 후 Shift+Enter키를 누르면 그림 3-2와 같이 IPython에서와 동일한 실행 결과를 확인할 수 있다.

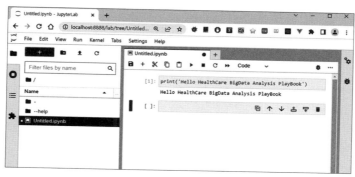

그림 3-2 주피터 랩에서 코드 입력과 실행

노트북 파일을 저장하려면 상단 메뉴의 디스크 모양 아이콘을 클릭하거나 파일 메뉴의 **Save Notebook**을 선택해 파일을 저장할 수 있다. 확장자 .ipynb는 파이썬 노트북 Python Notebook 파일을 나타내며 파이썬 코드와 실행 결과의 메타 정보를 포함한다.

사용자의 상황과 선호에 따라 IPython이나 주피터 랩, 주피터 노트북 중 적절한 툴을 선택해 사용할 수 있다. 만약 주피터 랩보다 가벼운 인터페이스를 원한다면 주피터 노트북을 설치하는 것이 좋다.

3.3.2 주피터 노트북의 명령 모드

주피터 노트북에는 두 가지 모드, 즉 편집 모드Edit Mode와 명령 모드Command Mode가 있다. 코드셀에 커서가 있고 코드를 수정할 수 있는 상태라면 '편집 모드' 상태이며 그림 3-3과 같이 셀이 녹색으로 변경된다. 또한 상단 우측 메뉴에 '연필' 아이콘이 보인다.

그림 3-3 편집 모드의 코드셀

커서가 셀에서 나오거나 ESC키를 누르면 '명령 모드'로 진입하며 그림 3-4와 같이 셀이 파란색으로 변경된다. 그리고 상단 우측 메뉴에 있던 '연필' 아이콘이 사라진다.

그림 3-4 명령 모드의 코드셀

표 3-3에는 주피터 노트북에서 자주 사용되는 명령 모드의 단축키가 열거돼 있다. 익혀두면 작업 효율성을 높일 수 있다.

단축키	설명
a	현재 셀 위로 셀 추가
b	현재 셀 아래로 셀 추가
d,d	현재 셀 삭제
z	직전 행위 취소 및 복원
c	선택 셀 복사
v	복사된 셀 붙여넣기
m	코드셀을 마크다운 셀로 변경
y	마크다운 셀을 코드셀로 변경

표 3-3 주피터 노트북에서 명령 모드의 단축키

3.4 VSCode를 주피터처럼 사용하기

최근 SW 개발자에게 가장 인기 있는 무료 개발 IDE 중 하나는 단연 VSCode^Visual Studio Code이다. 주피터 UI보다는 VSCode가 개발자 및 분석가들이 사용하기 더 편리한 UI를 제공한다(그림 3-5). 주피터 UI가 불편하거나 VSCode에 익숙한 경우

VSCode 사용을 권장한다. 특히 대용량의 파일을 다룰 때 아주 편리하다. 다만, VSCode에서 Python 확장extension 팩을 설치하고 ipykernel, jupyter 파이썬 패키지가 설치돼 있어야 한다.

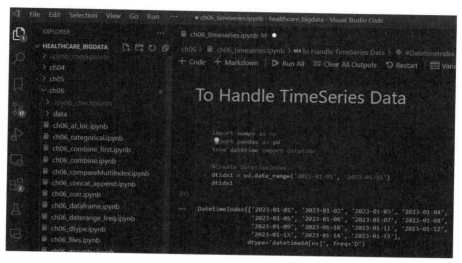

그림 3-5 VSCode 실행 화면

주피터 노트북의 대부분의 단축키는 VSCode에서도 호환되며 각 코드셀 단위로 코드 작성과 검증이 용이해 유지보수성 높은 코드를 작성할 수 있다. 일부 파이썬 개발자들은 데이터 분석뿐만 아니라 애플리케이션 개발에도 주피터를 활용하고 있다. 예를 들어, ipynb로 코드 스니핏Code Snippet을 작성하고 코드를 검증한 후 .py 파일로 코드를 정리하는 경우가 있다. 또한 최근에는 세계적으로 가장 핫한 챗GPT를 연동해 사용할 수 있다. VSCode 확장 프로그램인 Code GPT를 설치한 후 코드 생성을 명기한 주석을 작성한 다음 OpenAI API를 호출해 챗GPT가 작성한 코드를 받을 수 있다(그림 3-6). Code GPT 설치와 사용 방법에 관한 더 상세한 정보는 인터넷 및 유튜브를 참조하길 바란다.

그림 3-6 VSCode Code GPT 확장 프로그램

3.5 데이터 분석용 필수 라이브러리 설치하기

파이썬에서 데이터를 분석할 때 필요한 대표적인 라이브러리는 다음과 같다.

3.5.1 NumPy

'넘파이'로 읽으며 NUMerical Python의 약어이다. C 언어로 구현돼 고성능 수치 연산에 최적화돼 있다. 넘파이는 행렬과 다차원 배열 처리에 뛰어나며 내부적으로 C 언어로 구현된 반복문을 사용하기 때문에 파이썬 코드로 작성된 반복문보다 비약 적으로 빠른 속도를 보인다.

```
$>conda install -c conda-forge numpy 또는 $>pip install numpy로 설치할 수 있다.
```

3.5.2 pandas

'판다스'로 읽으며 PANel DAta의 약어이다. 『파이썬 라이브러리를 활용한 데이터 분석』(한빛미디어, 2023)의 저자 웨스 맥키니가 개발을 시작한 데이터 분석용 라이브 러리로 대용량의 데이터를 행과 열로 이뤄진 데이터 객체로 다룰 때 아주 편리하다. 판다스의 주요 자료 구조에는 테이블 형태(행, 열 조합)인 데이터프레임^{DataFrame}과 1차원 배열 객체인 시리즈[Series]가 있으며 DBMS에서 제공하는 고급 SQL문(groupby 등)을 지원해 복잡한 연산에 뛰어나고 검색, 분할, 취합 등을 수월하게 할 수 있다.

특히 판다스는 금융과 비즈니스 관련 데이터를 분석할 목적으로 개발됐기 때문에 시계열 데이터에 특화된 다수 기능이 있다. 2000년대 데이터 분석에 널리 사용되던 R언어를 참조해 개발했으며, 데이터 분석에 있어서 매우 활용도가 높지만 메서드 및 함수 종류가 방대해 익히는 데 시간이 필요하다.

```
$>conda install -c conda-forge pandas 또는 $>pip install pandas로 설치할 수 있다.
```

3.5.3 matplotlib

'맷플롯립'으로 읽으며 데이터 시각화 및 그래프 작성으로 유명하고 가장 널리 사용되는 파이썬 라이브러리이다. 존 D. 헌터[John D. Hunter]가 개발을 시작했으며 그 외 시각화 라이브러리로는 Seaborn, Bokeh, Folium 등이 있다. Seaborn은 matplotlib 기반으로 개발됐으며 더욱 세련된 디자인을 제공한다. Bokeh는 그래프의 드래그, 확대 등 사용자 상호작용이 가능하다는 장점이 있다. Folium은 지도 시각화에 특화돼 있다.

```
$>conda install -c conda-forge matplotlib 또는 $>pip install matplotlib으로
설치할 수 있다.
```

3.5.4 scikit-learn

'사이킷런'으로 읽으며 2010년부터 개발돼 온 파이썬 머신러닝 라이브러리 중 가장 많이 사용되는 라이브러리이다. 사이킷런은 예측에 특화돼 있다. 간단하고 일관성 있는 API를 제공하며 머신러닝을 위한 다양한 알고리듬과 풍부한 예제, 많은 관련 정보를 제공한다. 전처리, 분류, 회귀, 클러스터링, 모델 선택 등 다양한 기능을 제공해 다양한 환경에서 검증받은 신뢰성 높은 라이브러리이다.

```
$>conda install -c conda-forge scikit-learn 또는 $>pip install scikit-learn으로
설치할 수 있다.
```

3.5.5 statsmodels

'스태츠모델스'로 읽으며 통계 분석 패키지이다. 스키퍼 시볼드와 요세프 퍼크톨드가 2010년부터 개발을 시작했으며 통계 추론에 특화돼 있다. 회귀 모델, 분산 분석, 시계열 분석, 통계 모델 시각화 등 다양한 기능을 제공한다.

> `$>conda install -c conda-forge statsmodels` 또는 `$>pip install statsmodels`로 설치할 수 있다.

데이터 분석가로서 필요한 기술 중 pandas, matplotlib, scikit-learn, statsmodels는 반드시 숙달해야 할 라이브러리이다. 특히 딥러닝 분야에서는 케라스Keras와 텐서플로TensorFlow를 추가로 학습해야 한다. 텐서플로는 구글에서 개발한 딥러닝 프레임워크로 알파고를 비롯한 많은 인공지능 모델들이 이를 기반으로 만들어졌다. 케라스는 텐서플로 위에 구축된 파이썬용 딥러닝 API로 텐서플로보다 간결하게 모델을 만들고 학습시킬 수 있다. 즉, 텐서플로는 저수준 텐서 컴퓨팅에 적합하고 케라스는 고수준 딥러닝에 적합하다고 할 수 있다.

3.6 권장 시스템

대용량의 데이터를 분석하는 경우 유닉스 계열 워크스테이션 사용을 권장한다. PC라면 윈도우가 아니라 우분투 등 리눅스에서 분석하길 추천한다. 메모리 사용량이 적고 연산 속도가 빨라 예산 및 시간을 절약할 수 있다.

마치며

3장에서는 데이터 분석을 위해 필요한 기본 환경 구축(파이썬과 필수 라이브러리 설치와 주피터, VSCode 등)을 했다. 이제부터는 파이썬의 기본 문법과 데이터 처리 관련 라이브러리 사용법에 대해 알아보자.

CHAPTER 04

파이썬 기본 문법과
빌트인 자료형 알아보기

파이썬은 간결하고 읽기 쉬운 문법을 갖춰 초보자도 쉽게 배울 수 있는 인기 있는 프로그래밍 언어이다.

다양한 분야에서 널리 활용되며, 프로그래밍 인기 순위에서 상위권에 자리하고 있다.

2022 TIOBE 프로그래밍 언어 순위에서 1위를 차지했으며 C와 Java 등이 그 뒤를 잇는다.

4장에서는 데이터 분석 과정에 필요한 파이썬의 기본 문법과 빌트인(built-in, 내장) 자료형에 대해 간략하게 소개할 것이다.

4.1 파이썬 문법

파이썬으로 두 줄 이상의 코드를 작성할 때 다른 프로그래밍 언어와 달리 중괄호({})가 아닌 공백문자^{whitespace}(탭 또는 스페이스)로 종속된 블록 코드를 작성한다. `if`, `for`, `while` 구문의 말미에 콜론(:)으로 코드 블록의 시작을 알리고 마지막 코드 블록까지 코드를 같은 크기의 탭이나 스페이스로 들여쓰기를 해야 한다.

TIP

> 탭보다는 스페이스 4개 또는 2개를 사용하는 편이 일관성 유지에 용이하다. 탭을 사용하는 경우 같은 코드를 여러 개발자가 함께 사용할 때 에디터에 따라 탭을 표현하는 것이 제각기 다르기 때문이다. 에디터의 설정에 따라 탭이 스페이스 2개 또는 4개로 표현되기 때문에 코드의 일관성 유지가 어려워진다. 심지어 코드를 전혀 수정하지 않았음에도 불구하고 에디터에 따라 탭을 스페이스 2개로 치환해 저장하는 등 버전 관리 툴(git, svn)이 코드가 수정된 것으로 인식되는 경우가 있다. 물론 공백문자를 무시하는 옵션도 있지만, 여러 개발자가 동시에 코드를 수정하는 경우 이런 일이 비일비재하다. 따라서 처음부터 코드 일관성 유지를 위해 스페이스 4개 또는 2개로 들여쓰기 하도록 설정하는 편이 좋다.

다음은 간단한 Java 예제 코드이다.

```java
int i = 0;
while (i < 50) {
  if (i < 10) {
    System.out.println("i < 10");
  } else {
    System.out.println("i >= 10");
  }
  i++;
}
```

위와 같은 Java 코드는 다음과 같은 파이썬 코드로 작성할 수 있다.

```python
# 변수 i 를 선언 및 초기화함, 한 줄 주석
i = 0

"""
여러 줄 주석
i 가 50보다 작을 때까지 실행하고,
i가 10보다 작으면 "i < 10"을 출력하고,
그 외는 "i >= 10"을 출력한다.
"""

while i < 50 :
  if i < 10:
    print("i < 10")
  else:
    print("i >= 10")
  i +=1
```

4.1.1 주석

파이썬에서 주석 처리하는 방법에는 다음과 같이 2가지가 있다.

하나는 #(샵)으로 시작되는 한 줄 처리 방법이다.

```python
# 변수 i 를 선언 및 초기화함, 한 줄 주석
```

다른 하나는 큰따옴표(")또는 작은따옴표(')3개로 묶어 처리하는 여러 줄 주석 처리 방법이다.

```
"""
여러 줄 주석
i 가 50보다 작을 때까지 실행하고,
i가 10보다 작으면 "i < 10"을 출력하고,
그 외는 "i >= 10"을 출력한다.
"""
```

4.1.2 함수

흔히 코드의 재사용 및 모듈화, 유지보수 용이성을 위해 함수를 만들어서 사용한다. 함수는 다음과 같이 정의한다.

```
def 함수명(인자#1, 인자#2=디폴트값):
    코드#1
    코드#2
    return 반환값
```

y=1.0은 strange_sum() 함수 호출 시 인자 값이 주어지지 않을 때 부여되는 디폴트 값이다.

```
def strange_sum(x, y=1.0):
  return x + y + 9
```

예제 코드를 만들어 보자.

```
>>> def strange_sum(x, y=1.0):
...     return x + y + 9
...
... sum = 0; x = 0; y =1
...
... while x < 3:
...   sum += strange_sum(x, y)
...   x += 1
...   y += 1
...
... print("sum1:{}".format(sum))
```

```
sum1:36

>>> sum=0; x=0; y=1;
... while x < 3:
...     sum += strange_sum(x) # y 인자 값은 디폴트1이 부여
...     x += 1
...     y += 1
...
... print("sum2:{}".format(sum))
sum2:33.0
```

위의 코드와 같이 두 번째 strange_sum() 함수를 호출할 때 y 인자 값이 설정돼 있지 않았으므로 항상 디폴트값 1.0이 부여된다. 그 결과 sum2는 sum1보다 3이 작은 33.0이 됐다.

함수를 사용하지 않고 코드를 작성한다면 첫 번째 strange_sum() 함수 대신 sum += x + y + 9로 작성하고 두 번째 strange_sum() 함수 대신 sum += x + 1 + 9로 재작성해야 한다. 중복된 코드가 있으면 실수가 잦고 효율이 떨어지며 유지보수 용이성이 떨어진다. 따라서 가급적 함수를 만들어 사용하는 것이 좋다. 좋은 코드를 작성하고 싶다면 마틴 파울러의 『리팩터링』(한빛미디어, 2020)과 로버트 C. 마틴의 『클린 코드』(인사이트, 2013)를 읽어보길 바란다.

4.1.3 익명 함수: 람다 함수

파이썬에서는 특이한 함수인 람다[lambda] 함수를 제공한다. 다음과 같이 정의한다.

```
lambda 매개변수: 표현식
```

직전의 strange_sum() 함수를 람다 함수를 이용해 다음과 같이 표현할 수 있다.

```
>>> sum = 0; x = 0; y =1;
...
... while x < 3:
...     sum += (lambda a, b: a + b + 9)(x,y)
...     x += 1
...     y += 1
```

```
...
... print("sum1:{}".format(sum))
sum1:36
```

특히 람다 함수는 앞으로 살펴볼 파이썬 데이터 분석용 라이브러리 NumPy 및 pandas에서 자주 사용하므로 익혀둘 필요가 있다. 데이터 변형 함수에서 인자로 함수를 요구하는 경우가 많은데, 이때 일일이 def 키워드를 사용해 함수를 정의하는 것보다 람다 함수를 활용하면 코드가 더 간결하고 효율적이다. 이런 람다 함수는 다양한 상황에서 유용하게 사용될 수 있다.

4.1.4 흐름 제어문

파이썬은 다른 프로그래밍 언어와 유사한 흐름 제어문을 제공한다.

if문

파이썬의 if문은 다음과 같이 사용한다. 파이썬의 if문은 if, elif, else로 구성되며 if문의 표현식이 True이면 if문 블록 내부 코드가 실행된다. elif는 if문 이외의 또 다른 if문(다른 언어에서 if~else문)으로 이해하면 된다.

```
if 표현식:
   코드
elif 표현식:
   코드
...
else:
   코드
```

4장 서두에서 살펴본 코드를 if, elif, else문으로 변경해 보자.

```
>>> i = 0
... while i < 50 :
...    if i < 10:
...      print("i < 10")
...    elif i < 20:
...      print("10 < i < 20")
...    else:
...      print("i >= 20")
```

```
...
...    i +=5
i < 10
i < 10
10 < i < 20
10 < i < 20
i >= 20
i >= 20
i >= 20
i >= 20
i >= 20
i >= 20
```

switch문

다른 프로그래밍 언어에서의 switch~case문이 원래 파이썬에는 없었다. 저자도 처음 파이썬을 익힐 때 switch~case문이 없어서 깜짝 놀랐다. 그래서 if, elif, else문 또는 '딕셔너리(dict)'로 switch~case문을 구현했다. 하지만 파이썬 버전 3.10부터 match~case문이 도입됐다. 다른 언어에서의 switch문과 조금 다르기는 하지만, 구현하는 데는 지장이 없다. 파이썬에서는 match~case문이라고 칭하며 사용 방법은 다음과 같다.

```
match 변수:
    case 패턴#1:
        코드
    case 패턴#2:
        코드
    case _: # 디폴트, 다른 언어의 default: 과 유사함
        코드
```

다음 예제 코드로 그 사용 방법을 살펴보자.

```
>>> co = 4
... match co:
...     case 1:
...         print('Hello one')
...     case 2:
...         print('Hello two')
...     case 3:
```

```
...        print('Hello three')
...     case _:
...         print('default')
default
```

co값이 4이므로 case _: 블록이 실행돼 'default'가 출력됐다.

for문

for문은 리스트와 같은 컬렉션 요소에 대해 반복 작업을 수행하는 데 사용되며 다음과 같이 사용한다.

```
for val in 컬렉션:
    코드
```

for문으로 0부터 3까지 출력하는 코드를 적어보자.[1]

```
>>> for i in range(4):
...     print(i)
0
1
2
3
```

range 빌트인 함수는 시작, 종료, 증가 값을 인자로 받아 반복이 가능한 이터레이터 iterator를 만들어 준다. 2가지 사용 방법이 있는데 인자는 모두 정수형만 사용할 수 있다.

```
range(종료) # 0부터 종료까지, 1씩 증가
range(시작, 종료, 증가 값)
```

---

1 인덱스가 0부터 시작하는 유래는 컴퓨터공학 알고리듬에서 제일 유명한 최단 경로(Dijkstra) 알고리듬을 창시한 독일 컴퓨터 과학자 다익스트라(Dijkstra) 교수가 numbering을 1이 아닌 0에서부터 시작해야 하는 이유를 학회에서 제안했고, 그의 주장이 받아들여져 zero-based numbering이 채택됐다. 1 <= i < n+1보다는 0 <= i < n이 직관적이고 간결하다는 주장이다. 10진수에서는 0~9가 범위이기 때문이다. 좌우지간 프로그래밍 언어에서 인덱스의 시작점은 1이 아닌 0이라는 점을 외워두면 된다.

while문

while문은 표현식이 True일 때까지 블록 내부 코드가 실행된다. 구문은 다음과 같다.

```
while 표현식:
    코드
```

앞서의 for문 예제를 다음과 같이 while문으로 재작성할 수 있다.

```
>>> i = 0
... while i < 4:
...    print(i)
...    i+=1
```

pass문

파이썬 코드를 작성하다 보면 특정 블록에서 아무 작업도 수행하지 않거나 나중에 코드를 작성할 계획으로 코드 골격을 작성해 둬야 할 때가 있다. 이런 경우에 pass문이 유용하다. 예를 들어 if문에서 elif 블록의 코드를 주석 처리한 후 코드를 실행하면 에러가 발생할 것이다.

```
>>> i = 0
... while i < 50 :
...    if i < 10:
...       print("i < 10")
...    elif i < 20:
...       #print("10 < i < 20")
...    else:
...       print("i >= 20")
...
...    i +=5

line 7
    else:
    ^
IndentationError: expected an indented block after 'elif' statement on line
5
```

이런 경우 다음과 같이 pass 키워드로 elif 코드 블록을 실행하지 않도록 할 수 있다.

```
>>> i = 0
... while i < 50 :
...    if i < 10:
...       print("i < 10")
...    elif i < 20:
...       #print("10 < i < 20")
...       # TODO 나중에 구현
...       pass
...    else:
...       print("i >= 20")
...
...    i +=5
i < 10
i < 10
i >= 20
i >= 20
i >= 20
i >= 20
i >= 20
i >= 20
```

Java 또는 C 언어와 같은 경우에는 else if (i<20) { }와 같이 코드 블록을 공란으로 작성하면 되지만, 파이썬에서는 코드 블록을 중괄호로 묶지 않고 공백문자로 구분하기 때문에 pass 키워드를 사용해 공란의 코드 블록을 표현할 필요가 있다.

삼항 연산식

눈치가 빠르다면 if, elif, else문이 불필요하게 장황해 보일 수 있다. 사실 여러 줄의 if문 코드를 삼항 연산식을 활용해 깔끔하게 한 줄로 표현할 수 있다. 다음과 같이 삼항 연산식을 사용한다.

```
참-표현식 if 조건 else 거짓-표현식
참#1-표현식 if 조건#1 else (참#2-표현식 if 조건#2 else: 거짓-표현식) <- 중첩이 가능하다
```

위의 if, elif, else 코드를 삼항 연산식으로 한 줄로 표현해 보자.

```
>>> i = 0
... while i < 50 :
...     print("i < 10") if i < 10 else ( print("10 < i < 20") if i < 20 else
print("i >= 20"))
...
...     i +=5
```

다소 복잡해 보일 수 있지만, 코드의 라인 수를 크게 줄일 수 있다. 간단한 조건문의
경우 삼항 연산식으로 표현하길 권장하며 이를 통해 코드가 더 간결해진다.

4.2 자료형

파이썬에서는 C/C++와 Java 언어에서의 원시 자료형Primitive Data Type은 없고, 자료
형을 모두 클래스 객체Object로 취급한다. 달리 말해 int, long, float, double, char,
boolean과 같은 자료형이 아니라 이런 데이터를 포함한 클래스 객체를 지닌다. 다음
코드와 같이 i 변수의 타입은 int이지만, sys.getsizeof()로 10의 값을 지닌 정수형의
크기를 확인해 보면 그 크기가 28바이트인 점을 확인할 수 있다. 원시 자료형이라면
4 또는 8(바이트)이 출력돼야 하지만, 이보다 확연히 많은 메모리를 차지하고 있다.
이와 같이 파이썬에서는 모든 자료형이 파이썬 객체로 취급되며, 각 객체는 내부 데
이터뿐만 아니라 관련 메타 정보를 함께 포함하고 있다.

TIP

sys.getsizeof() 함수는 객체의 메모리 사이즈를 바이트 단위로 반환하는 함수이다.

```
>>> type(i)
int

>>> import sys
>>> i = 10
>>> print(sys.getsizeof(i))
28
```

수치형 자료형에는 정수^int, 부동소수점^float, 복소수^complex가 있으며 시퀀스^sequence(순서열) 형태로는 문자열^str, 리스트^list, 튜플^tuple이 있다. 또한 매핑형 자료형에는 딕셔너리^dict, 집합형 자료형에는 집합^set이 있으며 불리언^bool 자료형도 사용할 수 있다. 수, None(null값), 불리언값과 같은 단일값 자료형을 특별히 '스칼라형^Scalar Type'이라고 부른다. 파이썬의 주요 자료형은 표 4-1과 같다.

자료형	설명	타입 출력
None	null값	`>>> print(type(None))` `<class 'NoneType'>`
int	정수	`>>> print(type(i))` `<class 'int'>`
float	부동소수점	`>>> print(type(1.2))` `<class 'float'>`
complex	복소수	`>>> print(type(1+2j))` `<class 'complex'>`
str	문자열	`>>> print(type("happy world"))` `str`
list	리스트	`>>> print(type(['happy', 'world', '!']))` `<class 'list'>`
tuple	튜플	`>>> print(type(('happy', 'world', '!')))` `<class 'tuple'>`
dict	딕셔너리	`>>> print(type({'happy': 1, 'world': 2, '!': 3}))` `<class 'dict'>`
set	집합	`>>> print(type({'happy', 'world', '!'}))` `<class 'set'>`
bool	불리언(참, 거짓)	`>>> print(type(True))` `<class 'bool'>`

표 4-1 파이썬의 주요 자료형

파이썬에서는 기본적으로 제공되는 데이터 구조(구조체)가 있는데 이를 자료 구조, 컬렉션^collection, 컨테이너 시퀀스^Container Sequence라고도 부른다. 이런 구조체는 여러 변수 및 객체를 저장하는 역할을 한다. 대표적으로 리스트, 튜플 딕셔너리^dict, 집합이 있으며, 4장에서 이런 데이터 구조들을 살펴보고 그 사용 방법을 알아보자.

4.2.1 리스트

임의 객체들의 순서열인 리스트는 대괄호(`[]`) 또는 `list()` 함수를 이용해 생성할 수 있다. 리스트는 생성된 후 동적으로 변경이 가능하며 데이터 분석에서 가장 자주 사용되는 자료형 중 하나이다. 리스트는 다음과 같이 생성할 수 있다.

```
>>> list1 = ["health","care"]
>>> list2 = list(range(10))
```

리스트의 주요 함수 및 메서드, 연산자 등은 표 4-2와 같다.

함수/메서드/연산자	설명
`[]`	리스트 생성 및 초기화
`list()`	리스트 생성 및 초기화
`list[idx]`	인덱스 요소 반환
`list.append(val)`	마지막에 요소 추가
`list.insert(i, val)`	지정한 인덱스 i 에 val 삽입 ※ append보다 계산량이 많다. 인덱스 i에 삽입되는 위치 요소를 전부 옮겨야 하기 때문이다.
`c = a + b`	리스트 a와 b를 결합해 리스트 c에 대입함
`a.extend(b)`	리스트 a에 리스트 b를 추가함
`b = a[x : y]`	리스트 b에 리스트 a의 인덱스 x부터 y까지의 요소 리스트를 대입함
`a[x : y] = b`	리스트 a의 인덱스 x부터 y까지의 요소를 새로운 리스트(b)로 대체함
`list.pop(i)`	인덱스 i의 값을 추출하고 리스트에서 삭제함
`list.remove(요소 내용)`	요소 내용으로 요소를 삭제함
`del list[i]`	인덱스 i의 요소를 삭제함
`list.clear()`	리스트의 모든 요소를 삭제함
`list.sort()`	리스트의 요소를 정렬함

표 4-2 리스트의 주요 함수 및 메서드와 연산자

다음 예제 코드로 사용 방법을 살펴보자.

```
# []로 감싸서 리스트를 생성
>>> list1 = ["health","care"]
>>> list1
['health', 'care']

# list 함수로 리스트를 생성
>>> list2 = list(range(10))
>>> list2
[0, 1, 2, 3, 4, 5, 6, 7, 8, 9]

# 첫 번째 요소 반환
>>> list1[0]
'health'

# 동적으로 마지막 요소로 'data' 문자열 추가
>>> list1.append("data")
>>> list1
['health', 'care', 'data']

# 동적으로 세 번째 요소에 'big' 문자열 추가
>>> list1.insert(2, "big")
>>> list1
['health', 'care', 'big', 'data']

# + 연산자로 새로운 리스트를 추가함
>>> list1 = list1 + ["analysis"]
>>> list1
['health', 'care', 'big', 'data', 'analysis']

# extend로 새로운 리스트를 추가함
>>> list1.extend(["playbook"])
>>> list1
['health', 'care', 'big', 'data', 'analysis', 'playbook']

# 0번째에서 네 번째 요소까지를 a 리스트에 대입
>>> a = list1[0:4]
>>> a
['health', 'care', 'big', 'data']

# list1의 첫 번째 요소를 'Health', 두 번째 요소를 'Care'로 교체
>>> list1[0:2] = ['Health', 'Care']
>>> list1
['Health', 'Care', 'big', 'data', 'analysis', 'playbook']
```

```
# 인덱스5(6번째) 요소를 추출하고 리스트에서 삭제함
>>> list1.pop(5)
'playbook'

# 6번째 요소 'playbook'이 삭제됐음
>>> list1
['Health', 'Care', 'big', 'data', 'analysis']

# 'big' 문자열 요소를 찾아 삭제함. 찾지 못하면 ValueError 발생
>>> list1.remove('big')
>>> list1
['Health', 'Care', 'data', 'analysis']

# 네 번째 요소를 인덱스로 삭제함
>>> del list1[3]
>>> list1
['Health', 'Care', 'data']

# in 키워드로 요소 검색 가능함
>>> if 'Health' in list1:
>>>     print('existed')
>>> else:
>>>     print('not existed')
existed

# 요소를 모두 삭제한다.
>>> list1.clear()
>>> list1
[]
```

정렬하기

리스트를 정렬하는 방법에는 2가지가 있다. 하나는 list.sort() 메서드^{method}(메서드는 클래스 객체에 종속된 일종의 함수)이고, 다른 하나는 sorted() 빌트인 함수이다. list.sort()는 사본을 만들지 않고(정확히는 None을 반환함) 리스트 내부를 정렬하는 반면에 sorted() 함수는 새롭게 정렬된 리스트를 반환한다.

```
>>> s_list = ['Health', 'Care', 'big', 'data', 'analysis', 'playbook']
>>> s_list.sort() # 오름차순 정렬, 대문자를 우선함(A의 ASCII값은 65, a는 97)
>>> s_list
['Care', 'Health', 'analysis', 'big', 'data', 'playbook']

>>> newlist = s_list.sort(reverse=True) # 내림차순 정렬
>>> s_list
['playbook', 'data', 'big', 'analysis', 'Health', 'Care']
>>> newlist == None # list.sort는 None을 반환함
True

>>> newlist = sorted(s_list, reverse=True) # 내림차순 정렬, sorted 반환값은 새로운
리스트
>>> newlist
['playbook', 'data', 'big', 'analysis', 'Health', 'Care']
```

슬라이싱과 스트라이드

파이썬에서 시퀀스를 여러 부분으로 나눌 때 슬라이싱slicing 구문을 사용한다. 슬라이싱을 사용하면 시퀀스 일부의 내부 요소에 손쉽게 접근할 수 있다. 슬라이싱 구문의 사용 방법은 다음과 같으며 시작 인덱스는 해당 요소를 포함하지만, 종료 인덱스는 포함하지 않는다는 점을 잊지 말자.

```
list[시작:종료]
```

시작 인덱스를 생략하면 파이썬은 자동으로 0을 기본값으로 사용한다. 마찬가지로 종료 인덱스를 생략하면 시퀀스의 마지막 인덱스로 간주된다. 이렇게 인덱스를 생략해 사용하면 간결하게 코드를 작성할 수 있어 편리하다. 또한 음수를 인덱스로 사용하면 리스트의 뒤에서부터 요소를 참조할 수 있다. 다음 예제를 살펴보자.

```
>>> list1 = [1, 2, 3, 5, 6, 8, 10]
>>> list1[:5] == list1[0:5]
True

>>> list1[2:] == list1[2:len(list1)]
True

>>> list1[:-1] # 종료: 뒤에서 첫 번째
```

```
[1, 2, 3, 5, 6, 8]

>>> list1[-2:]  # 시작: 뒤에서 두 번째
[8, 10]

>>> list1[-2:len(list1)] # 위와 같다. 굳이 len(list1)을 안 적어도 된다.
[8, 10]
```

게다가 슬라이싱에서 증가 값을 사용하면 시퀀스를 일정 간격으로 건너뛰며 추출할 수 있는데 이를 통해 슬라이싱 조작이 더욱 유연해진다.

```
list[시작:종료:증가 값]
```

여기서 '증가 값'은 '스트라이드stride'라고 불리며, 스트라이드가 적용된 리스트를 '스트라이딩striding'이라고 한다.

```
>>> list1 = list(range(10))
>>> even = list1[0::2] # 짝수 스트라이딩
>>> print(even)
[0, 2, 4, 6, 8]

>>> odd = list1[1::2] # 홀수 스트라이딩
>>> print(odd)
[1, 3, 5, 7, 9]
```

슬라이싱 구문을 활용해 문자열(문자열도 일종의 문자의 시퀀스)을 역순 정렬 또한 가능하다.

```
>>> a = 'sirencare'
>>> y = a[::-1]
>>> print(y)
eracneris
```

[::-1]은 "시퀀스의 시작부터 끝까지 역순으로 선택한다."는 것을 의미하며, 이를 통해 쉽게 시퀀스를 역순으로 만들 수 있다. 처음에는 슬라이싱 구문이 낯설고 복잡해 보일 수 있지만, 익숙해지면 간결한 코드로 다양한 작업을 수행하는 강력한 도구이다. NumPy 및 pandas에서는 이 구문이 매우 자주 활용되므로 반드시 숙지하길 권장한다.

4.2.2 튜플

튜플은 1차원의 변경 불가능한 순차 자료 구조이다. 리스트와 유사하지만, 변경이 불가한 점이 다르다. 괄호(())로 감싸거나 쉼표(,)로 요소를 구분해 튜플을 생성할 수 있으며 다음과 같은 형태를 가진다.

```
>>> tu1 = ()
>>> tu2 = (1,2,3)
>>> tu3 = ('Health', 'Care', ('big', 'data'))
>>> tu4 = 5,6,7,8
```

튜플은 변경 작업을 수행하지 않기 때문에 리스트에 비해 메서드 수가 적다. 따라서 리스트보다 메모리를 덜 차지하는 장점이 있다. 다음과 같이 동일한 요소로 구성된 경우에도 튜플은 88바이트를 차지하는 반면에 리스트는 152바이트를 차지하는 것으로 확인된다.

```
>>> import sys
>>> tu = ('Health', 'Care', 'big', 'data', 'analysis', 'playbook')
>>> print(sys.getsizeof(tu))
88

>>> list1 = ["health","care", "big", "data", "analysis", "playbook"]
>>> print(sys.getsizeof(list1))
152
```

튜플은 리스트보다 메모리 사용량이 적고 변경 불가능한 특성을 갖고 있다. 그러므로 변경할 필요가 없거나 변경해서는 안 되는 경우에는 리스트 대신 튜플을 사용하면 버그 발생 확률이 낮아진다. 또한 빠른 연산 처리가 필요한 상황에서는 리스트보다 튜플 사용을 권장한다.

```
>>> tu = ('Health', 'Care', 'big', 'data', 'analysis', 'playbook')
>>> tu[0]
'Health'

>>> tu[0] = 'health' # 튜플을 변경해 보자.
---------------------------------------------------------------
TypeError                          Traceback (most recent call last)
Cell In[3], line 1
```

```
----> 1 tu[0] = 'health'

TypeError: 'tuple' object does not support item assignment
<- 대입 불가 에러가 발생함

>>> del tu[0] # 튜플에서 요소를 삭제해 보자.
----------------------------------------------------------------
TypeError                         Traceback (most recent call last)
Cell In[5], line 1
----> 1 del tu[0]

TypeError: 'tuple' object doesn't support item deletion
<- 삭제 불가 에러가 발생함
```

튜플의 언패킹

튜플의 언패킹 기능을 이용해 새로운 변수에 튜플의 요소를 할당할 수 있다. 초과 요소는 *(별표식, starred expression) 키워드로 할당할 수 있다.

```
# 언패킹
>>> a, b, c, d, *rest = tu
>>> a, b, c, d, rest
('Health', 'Care', 'big', 'data', ['analysis', 'playbook'])
```

다만, 별표식을 한번에 두 개 이상 사용할 수는 없다. 이는 어떤 별표식에 언패킹을 적용해야 할지 구분할 수 없기 때문이다.

```
# 언패킹, 별표식 2개 -> 에러
>>> a, b, c, d , *rest1, *rest2 = tu
     ^
SyntaxError: multiple starred expressions in assignment
```

튜플에서 필드명 없는 레코드 활용

다음과 같이 튜플 배열을 name, age, sex 필드명으로 동적 할당해 자유자재로 사용할 수 있다.

```
>>> patients = [
...     ('senior_a', '71', 'Male'),
...     ('senior_b', '78', 'Female'),
...     ('senior_c', '81', 'Male'),
... ]
>>>
>>> for name, age, sex in patients:
...     print("name:{}, age:{}, sex:{}".format(name, age, sex))
name:senior_a, age:71, sex:Male
name:senior_b, age:78, sex:Female
name:senior_c, age:81, sex:Male
```

4.2.3 딕셔너리

파이썬의 딕셔너리^{dictionary, 사전}는 '키'와 키와 매핑된 '값'으로 구성된 데이터 구조이다. 딕셔너리를 직역해 '사전'이라고 부르는 이도 있다. 딕셔너리는 값을 검색할 때 '키'로 검색할 수 있는 강력한 장점을 갖고 있으며, Java 등 다른 프로그래밍 언어에서는 해시 테이블^{Hash Table}이라는 용어로 사용된다. 중괄호(\{\})로 감싸거나 dict 함수로 딕셔너리를 만들며 다음과 같은 모양을 가진다.

```
>>> dict1 = {'key1': 'val1', 'key2': 'val2'}
>>> dict2 = {1: 'val1' ,2:'val2'}
>>> dict3 = {'key1':[10,20,30], 'key2':['a', 'b', 'c']}
>>> dict4 = dict()
>>> dict5 = dict({'k1':'v1','k2':'v2'})
```

딕셔너리의 대표적인 메서드와 연산자는 표 4-3과 같다.

메서드/연산자	설명
dict['키']	'키'로 '값' 검색
dict.get('키')	'키'로 '값' 검색
list(dict)	dict 딕셔너리의 키 목록 리스트 객체 반환
dict.keys()	dict 딕셔너리의 키 목록 dict_keys 객체 반환
dict.values()	dict 딕셔너리의 값 목록 dict_values 객체 반환
dict.items()	dict 딕셔너리의 키, 값 쌍 dict_items 객체 반환

메서드/연산자	설명
del dict['키']	'키' 요소 삭제
dict['키'] = 값	'키' 요소에 값을 대입
dict.clear()	모든 키, 값 쌍 지우기

표 4-3 딕셔너리의 주요 메서드와 연산자

다음 예제 코드로 딕셔너리의 주요 메서드와 연산자 사용 방법을 살펴보자.

```
>>> a = {
... "key1":"val1",
... "key2":"val2",
... "key3":"val3"
... }
>>> a['key1'] # 키로 검색
'val1'

>>> a.get('key1') # 키로 검색
'val1'

>>> a['key1'] == a.get('key1')
True

>>> list(a) # a의 키 목록을 얻는다.
['key1', 'key2', 'key3']

>>> a.keys() # 키 목록 객체 반환
dict_keys(['key1', 'key2', 'key3'])

>>> a.values() # 값 목록 객체 반환
dict_values(['val1', 'val2', 'val3'])

>>> a.items() # 키, 값 쌍 목록 객체 반환
dict_items([('key1', 'val1'), ('key2', 'val2'), ('key3', 'val3')])

>>> del a['key1'] # a에서 키 값 'key1'과 매핑된 값을 삭제함
>>> a
{'key2': 'val2', 'key3': 'val3'}

>>> dict3 = {'key1':[10,20,30], 'key2':['a', 'b', 'c']}
>>> dict3['key3'] = ['z','y','x']
>>> dict3
```

```
{'key1': [10, 20, 30], 'key2': ['a', 'b', 'c'], 'key3': ['z', 'y', 'x']}

>>> dict3.clear()
>>> dict3
{}
```

리스트와 튜플에서는 값을 찾을 때 인덱스를 사용하지만, 딕셔너리에서는 '키'를 사용해 값을 찾는다. 이런 딕셔너리의 특징 때문에 '키' 값으로 집계를 구하거나 자료를 찾을 때 매우 유용하게 활용할 수 있다.

4.2.4 집합

집합은 순서가 없고 유일한 요소(중복 요소 없음)만을 가진 자료형으로 중복된 요소를 제거하거나 고유한 요소를 일괄 정리하는 데 유용하다. 집합은 리스트와 딕셔너리에서와 같은 '키'가 없어 색인할 수 없다. 중괄호({})로 감싸거나 set() 함수를 이용해 집합을 생성할 수 있으며 다음과 같은 형태를 띤다.

```
>>> set_1 = {2,1,2,3,4,5}
>>> set_a = set([3,3,3,1,3,5,7,9])
```

집합의 주요 메서드와 연산자는 표 4-4와 같다.

메서드/연산자	설명
set.add()	요소 추가
set.update()	집합을 추가한 다음, 현 집합에 대입: $x \mathrel{|}= y$
set.remove()	요소를 삭제함
set.pop()	임의 요소 하나(보통 집합의 맨앞 요소)를 추출하고 삭제함
set.clear()	모든 요소 삭제함
set.union()	합집합 구하기: $x \mathrel{|} y$
set.intersection()	교집합 구하기: $x \mathbin{\&} y$
set.difference()	차집합 구하기: $x - y$

표 4-4 집합의 주요 메서드와 연산자

다음 예제 코드로 집합의 주요 메서드와 연산자 사용 방법을 살펴보자.

```
>>> set_1 = {2,1,2,3,4,5}
>>> set_1
{1, 2, 3, 4, 5}

>>> type(set_1)
<class 'set'>

>>> set_a = set([3,3,3,1,3,5,7,9])
>>> set_a # 중복된 3이 하나로 됐다.
{1, 3, 5, 7, 9}

>>> set_b = set([7,11,12,13,14,15])
# | 로 합집합을 구한다.
>>> set_a | set_b
{1, 3, 5, 7, 9, 11, 12, 13, 14, 15}

# 교집합 구하기
>>> bb = set_a.intersection(set_b)
>>> print(bb)
{7}

>>> cc = set_a & set_b
>>> print(cc)
{7}

# 합집합 구하기
>>> bb = set_a | set_b
>>>> print(bb)
{1, 3, 5, 7, 9, 11, 12, 13, 14, 15}

# union 메서드로 합집합 구하기
>>> cc = set_a.union(set_b)
>>> print(cc)
{1, 3, 5, 7, 9, 11, 12, 13, 14, 15}

# 차집합 구하기
>>> diff1 = set_a.difference(set_b)
>>> print(diff1)
{1, 3, 5, 9}

>>> diff2 = set_a - set_b
>>> print(diff2)
```

```
{1, 3, 5, 9}

# update로 집합 추가하기
>>> set_a.update(set_b)
>>> set_a
{1, 3, 5, 7, 9, 11, 12, 13, 14, 15}

# add로 요소 추가하기
>>> set_a.add(10)
>>> set_a
{1, 3, 5, 7, 9, 10, 11, 12, 13, 14, 15}

# remove로 요소 제거하기
>>>> set_a.remove(7)
>>>> set_a
{1, 3, 5, 9, 10, 11, 12, 13, 14, 15}

# pop으로 요소 추출하기
>>> b = set_a.pop()
>>> b
1

# clear로 모든 요소 지우기
>>>> print(set_b)
{7, 11, 12, 13, 14, 15}

>>> set_b.clear()
>>> print(set_b)
set()
```

마치며

4장에서는 파이썬의 기본 문법 및 흐름 제어문, 데이터 분석에서 자주 쓰이는 자료형에 대해 살펴봤다. 파이썬 문법과 기본 사용법에 대해 더 알고 싶다면 다음 책들을 참조한다.

- 『전문가를 위한 파이썬』(한빛미디어, 2016)

- 『파이썬 코딩의 기술 2/e』(길벗, 2020)

- 『파이썬 완벽 가이드』(인사이트, 2012)

- 『점프 투 파이썬 2/e』(이지스퍼블리싱, 2023)

또한 무료로 파이썬 기초 사용법을 학습할 수 있는 사이트도 있다.

- https://wikidocs.net/book/1

5장에서는 파이썬으로 데이터를 분석할 때 자주 사용되는 NumPy 라이브러리에 대해 알아볼 예정이다.

NumPy 알아보기

데이터 분석할 때 흔히 다루는 수치 데이터는 스칼라값이 아니라 배열 및 행렬로 구성된 경우가 대부분이다.
파이썬은 다차원 배열 및 행렬 연산을 효율적으로 처리하며, 수학 함수와 통계 연산에 특화된 NumPy(NUMerical Python, 넘파이)
라이브러리를 제공한다. NumPy는 파이썬 빌트인 자료형 list와 유사하지만, 대량의 데이터를 다룰 때 훨씬 효율적일 뿐만 아니라
데이터과학, 머신러닝 및 과학 연구 분야에서 널리 사용되는 핵심 도구로 알려져 있다.
5장에서는 Numpy의 주요 기능과 사용법에 대해 자세히 알아볼 것이다.

5.1 파이썬 리스트와 배열

4장에서 살펴본 바와 같이 파이썬은 데이터를 자료형이 아니라 클래스 객체로 취급한다. 이로 인해 대량 데이터를 리스트에 저장하고 처리할 때 속도가 느려지고 많은 메모리를 차지하는 문제가 발생한다. 이런 문제를 해결해 최적화하기 위해서는 list 대신 array를 사용해야 한다.

파이썬 버전 3.3부터 제공되는 array는 모든 요소가 단일 데이터 타입이며 요소 길이 변경이 불가한 특징이 있다. 사용 방법은 다음과 같다.

```
import array
arr1 = array.array("i", [1,2,3,4,5])
print(arr1)
```

여기서 "i"는 정수를 의미한다. 예제 코드를 통해 list가 array보다 실제로 더 많은 메모리를 소모하는지 확인해 보자.

```
In [1]: # %memit 매직 명령어 사용을 위해 메모리 프로파일러를 로딩함
        %load_ext memory_profiler
In [2]: # 리스트 1000만 개 요소 반복문 처리
        import numpy as np

        def list_1000man():
          # 1000만 개
          a_list = list(np.arange(10_000_000))
          b = 0
          for a in a_list:
            b += a

In [3]: %memit list_1000man()
Out [3]: peak memory: 467.56 MiB, increment: 382.30 MiB

In [4]: # array로 1000만 개 요소 반복문 처리
        import array

        def arr_1000man():
          # 1000만 개
          a_list = array.array("i", np.arange(10_000_000))
          b = 0
          for a in a_list:
            b += a

In [5]: %memit arr_1000man()
Out [5]: peak memory: 184.94 MiB, increment: 99.66 MiB
```

위의 코드에서 1천만 개의 대량 데이터를 다룰 때 list를 사용하면 약 467MB 메모리를 차지하는(Out [3]) 반면에 array를 사용하면 약 184MB 메모리를 차지하는 (Out [5]) 점이 확인된다. 다시 말해 list가 array보다 2.5배 정도 메모리를 더 차지한 셈이다. 따라서 가능한 한 list보다 더 최적화된 array를 사용하자.

%memit 매직 명령어가 실행되지 않는다면 memory_profiler 라이브러리를 설치한다.

```
$> pip install memory_profiler
```

파이썬 빌트인 array는 효율적인 데이터 저장에 중점을 두지만, NumPy는 이에 더해 효율적인 연산까지 제공한다. 따라서 파이썬 빌트인 array보다 NumPy의 ndarray가 훨씬 더 우수한 성능과 다양한 기능을 제공하므로 사용을 권장한다. 이 제 NumPy의 장단점에 대해 더 상세히 알아보자.

5.2 NumPy 알아보기

NumPy는 파이썬에서 배열과 행렬 연산에 특화된 산술 연산 시 주로 사용되는 라이 브러리이다.

NumPy의 주요 특장점은 다음과 같다.

- NumPy에서 배열 및 행렬을 나타내는 핵심 구조인 ndarray(다차원 배열 객체) 를 사용해 효율적인 메모리 연산이 가능하다.

- 반복문 없이 전체 배열 객체에 대한 빠른 연산을 제공하는 다양한 수학 함수를 제공한다.

- 내부 코드가 C 언어로 최적화돼 있어 고성능 수치 연산에 최적화돼 있다.

- 파이썬 빌트인 array는 데이터를 효율적으로 저장해 주는 반면에 NumPy의 array는 이에 더해 효율적인 연산 기능까지 제공해 준다.

5.3 ndarray(다차원 배열 객체) 다루기

ndarray는 다차원 배열[n-dimentional array]의 약어로 '넘파이 어레이'라고도 부른다. NumPy를 사용하는 사람들 대부분 다음과 같이 NumPy를 import문을 사용해 np라는 별칭으로 선언해 사용한다. 여러분도 이 방식을 따르는 편이 좋다. 오픈 소스 코드를 참조하거나 다른 사람과 코드를 공유할 때 이렇게 일관된 별칭 사용으로 혼선이 줄어들고 작업 효율성을 높일 수 있기 때문이다.

```
import numpy as np
```

5.3.1 생성하기

array의 모든 요소는 동일한 데이터 타입으로 구성돼야 하며, 다음 예제 코드와 같이 dtype 파라미터를 사용해 데이터 타입을 명시적으로 지정할 수 있다. NumPy의 array() 함수를 활용해 ndarray를 생성해 보자.

```
In [1]: import numpy as np

        # numpy 기초
        a = np.array([0,1,2,3,4,5]) # 1차원 배열
        b = np.array([(0,1,2), (3,4,5)]) # 2차원 배열
        c = np.array([[[0,1,2],
                       [3,4,5]],
                      [[6,7,8],
                       [9,10,11]]]) # 3차원 배열 2x2x3

        print("a: ", a)
        print("type(a): ", type(a))
        print("b: ", b)
        print("c: ", c)

        print(len(c)) # 3차원 배열 깊이
        print(len(c[0])) # 3차원 배열 행
        print(len(c[0][0])) # 3차원 배열 열
Out [1]: a:  [0 1 2 3 4 5]
        type(a):  <class 'numpy.ndarray'>
        b:  [[0 1 2]
         [3 4 5]]
        c:  [[[ 0  1  2]
          [ 3  4  5]]

         [[ 6  7  8]
          [ 9 10 11]]]
        2
        2
        3
```

또한 ndarray를 생성하는 나머지 방법으로는 표 5-1과 같이 arange, linspace, ones, zeros, empty, eye, full, random 함수가 있다. random에 관해서는 "5.4.4 난수 생성하기"절을 참조하길 바란다.

함수	설명
array(x)	반복이 가능한 객체를 인자로 받아 배열 생성
arange(s,e,step)	구간 [s, e)에서 step씩 증가하는 1차원 수열 생성. 빌트인 range와 유사. [s는 s를 포함하고, e)는 e를 미포함한다는 뜻
linspace(s,e,n)	구간 범위 [s, e)에서 범위 수 (n)개 생성 * s, e 이외로 n-2개(=총 n개) 생성
ones((N,M))	값을 모두 1로 채운 NxM 배열 생성
zeros((N,M))	값을 모두 0으로 채운 NxM 배열 생성
empty((N,M))	초기화되지 않은 값을 채운 NxM 배열 생성
eye(N)	NxN 단위 행렬 생성
full((N,M), num)	NxM 배열을 생성하고 지정된 값 num으로 모두 채움
random.rand(N,M)	0~1의 균일 분포 '표준정규분포' 난수로 채운 NxM 배열 생성
random.randn(N,M)	평균 0, 표준편차 1의 가우시안 '표준정규분포' 난수로 채운 NxM 배열 생성

표 5-1 ndarray를 생성하는 함수들

사용 방법은 다음과 같다.

```
In [2]: # 배열 생성 함수를 활용한 배열 만들기
        z1 = np.zeros(3) # '0' 3개 요소 1차원 배열
        z2 = np.zeros((3,3)) # '0' 3x3개 요소 2차원 배열
        one1 = np.ones(3)  # '1' 3개 요소 1차원 배열
        one2 = np.ones((3,3)) # '1' 3x3개 요소 2차원 배열

        print("zero1: ", z1)
        print("zero2: ", z2)
        print("one1: ", one1)
        print("one2: ", one2)

        # '0'부터 '6' 미만까지 '1'씩 증가하는 1차원 수열
        # (빌트인 함수 range와 유사)
        ar1 = np.arange(0, 6, 1, dtype=np.int8)
        print("arange " , ar1)
```

```python
lin1 = np.linspace(1, 2, 3)

# 초기화되지 않은 값으로 배열 생성
print("empty(5): ", np.empty(5))
e1 = np.empty((2,3))

# 4x4 단위 행렬 만들기
e2 = np.eye(4)

# 2x3 배열을 만들도록  20값으로 모두 채움
f1 = np.full((2,3),20)

# 표준정규분포 난수
ran1 = np.random.rand(2,3)
# 가우시안 표준정규분포 난수
ran2 = np.random.randn(2,3)


print("linspace: " , lin1)
print("empty: " , e1)
print("eye: " , e2)
print("full: ", f1)
print("random1: ", ran1)
print("random2: ", ran2)
```

```
Out [2]: zero1:  [0. 0. 0.]
         zero2:  [[0. 0. 0.]
          [0. 0. 0.]
          [0. 0. 0.]]
         one1:  [1. 1. 1.]
         one2:  [[1. 1. 1.]
          [1. 1. 1.]
          [1. 1. 1.]]
         arange  [0 1 2 3 4 5]
         empty(5):  [1.45518165e-152 7.35310752e+223 6.12030389e+257
         4.70102847e+180
          1.17567369e+214]
         linspace:  [1.  1.5 2. ]
         empty:  [[-0.83476332 -1.50001634 -0.03837606]
          [ 1.77446475 -1.03406208 -0.04258252]]
         eye:  [[1. 0. 0. 0.]
          [0. 1. 0. 0.]
          [0. 0. 1. 0.]
          [0. 0. 0. 1.]]
         full:  [[20 20 20]
```

```
     [20 20 20]]
random1:  [[0.24879186 0.50455411 0.7774187 ]
 [0.6077348  0.42227087 0.96798524]]
random2:  [[-1.99032833 -0.6890489  -1.43573104]
 [-0.03090094 -0.02896233  1.47795621]]
```

5.3.2 표준 데이터 타입

NumPy에서는 표 5-2와 같은 표준 데이터 타입을 제공한다.

데이터 타입	약어	설명
bool_	'?'	바이트 형태의 Boolean 타입
int_		디폴트 정수 타입
intc		C int와 동일(일반적으로 int32 또는 int64)
intp		인덱싱에 사용되는 정수(일반적으로 int32 또는 int64)
int8	'i1'	정수(-128~127)
int16	'i2'	정수(-32768~32767)
int32	'i4'	정수(-2147483648~2147483647)
int64	'i8'	정수(-9223372036854775808~9223372036854775807)
uint8	'u1'	부호 없는 정수(0~255)
uint16	'u2'	부호 없는 정수(0~65535)
uint32	'u4'	부호 없는 정수(0~4294967295)
uint64	'u8'	부호 없는 정수(0~18446744073709551615)
float_		float64의 약칭
float16	'f2'	5비트를 지수, 10비트를 가수로 사용하는 부동소수점
float32	'f4'	8비트를 지수, 23비트를 가수로 사용하는 부동소수점
float64	'f8'	11비트를 지수, 52비트를 가수로 사용하는 부동소수점
complex_		complex128의 약칭, 복소수
complex64	'c8'	32비트를 실수, 32비트를 허수로 구성하는 복소수
complex128	'c16'	64비트를 실수, 64비트를 허수로 구성하는 복소수

표 5-2 NumPy 표준 데이터 타입들

약어가 잘 생각나지 않으면 다음과 같이 np.dtype() 함수로 쉽게 확인할 수 있다.

```
  In [3]: np.dtype('i4')
 Out [3]: dtype('int32')
  In [4]: np.dtype('?')
 Out [4]: dtype('bool')
```

5.3.3 속성: 차원 수와 모양새, 데이터 타입

앞에서 만든 ndarray의 차원 수와 모양새, 전체 요소 수, 데이터 타입을 살펴보자.

```
  In [5]: # 배열 모양새
          print(a.ndim) # 배열 차원 수 또는 배열의 축 수
          print(a.shape) # 배열 각 차원 크기 표현
          print(a.dtype) # 배열 요소의 데이터 타입

          print(b.ndim)
          print(b.shape)

          print(c.ndim)
          print(c.shape)
 Out [5]: 1
          (6,)
          int32
          2
          (2, 3)
          3
          (2, 2, 3)
  In [6]: # 배열 전체 요소 수
          print(a.size) # 전체 배열 요소 수
          print(b.size)
          print(c.size)
          Out [6]:       6
          6
          12
```

5.3.4 전치

배열을 전치하는 3가지 함수가 제공되며 이들은 T와 transpose, swapaxes이다. 사용 방법은 다음과 같다.

```
In [7]: # 배열의 전치(행과 열을 뒤바꿈)
        print(a.T) # 전치, 동일한 결과
        print(b.T) # 전치, 행과 열이 뒤바뀜
Out [7]: [0 1 2 3 4 5]
        [[0 3]
         [1 4]
         [2 5]]
In [8]: c.transpose(0,2,1) # 첫 번째 차원은 그대로 두고, 두 번째 및 세 번째 축을 변경
Out [8]: array([[[  0,   3],
                 [  1,   4],
                 [  2,   5]],

                [[  6,   9],
                 [  7,  10],
                 [  8,  11]]])
In [9]: c.swapaxes(0,1) # 세 번째 차원은 그대로 두고, 첫 번째 및 두 번째 축을 변경
Out [9]: array([[[  0,   1,   2],
                 [  6,   7,   8]],

                [[  3,   4,   5],
                 [  9,  10,  11]]])
```

5.3.5 인덱싱과 슬라이싱

배열의 인덱싱과 슬라이싱 사용 방법은 다음과 같다.

```
In [10]: # 배열 인덱싱
         print(b[0, 1]) # b 2차원 배열의 첫 번째 행의 두 번째 열
         print(b[1, 2]) # b 2차원 배열의 두 번째 행의 세 번째 열
         print(c[0,1,1]) # c 3차원 배열의 첫 번째 차원의 두 번째 행, 두 번째 열
Out [10]: 1
         5
         4
In [11]: # 배열 슬라이싱
         print(c[0, :2, :2]) # c 3차원 배열의 첫 번째 차원에서 두 번째 행의 두 번째
         열까지
Out [11]: [[0 1]
          [3 4]]
```

슬라이싱에 관한 더 자세한 정보는 4장을 참조하길 바란다.

5.3.6 배열 모양새 바꾸기

reshape() 메서드로 배열의 모양새를 변경할 수 있다.

```
 In [12]: b = np.array([(0,1,2), (3,4,5)] , dtype="uint8") # 2차원 배열
          print(b)
Out [12]: [[0 1 2]
           [3 4 5]]
 In [13]: # 배열 모양을 변경
          b.reshape(3,2)
Out [13]: array([[0, 1],
                 [2, 3],
                 [4, 5]], dtype=uint8)
```

5.3.7 팬시 인덱싱

앞에서 살펴본 배열의 인덱스는 기본적으로 스칼라값에 접근하는 방법이다. 그러나 종종 한번에 여러 배열 요소 및 배열값의 하위 집합에 접근할 필요가 있다. 이럴 때 팬시 인덱싱Fancy Indexing을 사용한다.

```
 In [14]: import numpy as np
          fancy_arr = np.arange(3*3*2, dtype="uint8")
          fancy_arr = fancy_arr.reshape(3,2,3)
          fancy_arr

Out [14]: array([[[ 0,  1,  2],
                  [ 3,  4,  5]],

                 [[ 6,  7,  8],
                  [ 9, 10, 11]],

                 [[12, 13, 14],
                  [15, 16, 17]]], dtype=uint8)
```

우선 fancy_arr 배열의 1차원의 첫 번째 요소의 두 번째 요소에 접근해 보자.

```
 In [15]: # fancy indexing
          # 1차원의 첫 번째 요소에서 두 번째 배열
          fancy_arr[[0],[1]]
Out [15]: array([[3, 4, 5]], dtype=uint8)
```

이어서 1차원의 첫 번째 요소의 두 번째 요소를 역순으로 선택해 보자.

```
 In [16]: fancy_arr[[0],[1],[2,1,0]]
Out [16]: array([5, 4, 3], dtype=uint8)
```

마지막으로 음수 색인을 사용해 보자. 음수는 끝에서부터 인덱싱한다. 1차원의 뒤에서 첫 번째 요소의 첫 번째 요소를 역순으로 선택하면 다음과 같다.

```
 In [17]: fancy_arr[[-1],[0],[2,1,0]]
Out [17]: array([14, 13, 12], dtype=uint8)
```

5.3.8 배열의 산술 연산

NumPy는 배열(벡터) 간의 산술 연산 기능을 제공한다. 긴 배열을 루프로 반복문을 작성하지 않고 간결하게 산술 연산이 가능하다. 예제를 통해 사용 방법을 알아보자.

```
 In [18]: # 배열 산술
          arr1 = np.random.rand(2,3)
          arr1
Out [18]: array([[0.13115032, 0.59188158, 0.80522324],
                 [0.95848593, 0.24341763, 0.95630141]])
 In [19]: arr2 = np.random.randn(2,3)
          arr2
Out [19]: array([[ 2.35350481,  0.66433724,  0.65299155],
                 [-0.53927224,  1.71900713, -0.19648807]])
 In [20]: arr3 = arr1 * arr2
          arr3
Out [20]: array([[ 0.30866292,  0.39320898,  0.52580397],
                 [-0.51688485,  0.41843664, -0.18790182]])
 In [21]: arr4 = np.ones((2,3)) * 2 # 모든 요소를 2로 곱함
          arr4
Out [21]: array([[2., 2., 2.],
                 [2., 2., 2.]])
 In [22]: arr2 ** 2 # 모든 요소를 2로 거듭제곱
Out [22]: array([[5.53898488, 0.44134397, 0.42639796],
                 [0.29081455, 2.95498551, 0.03860756]])
```

NumPy에서 산술 연산을 지원하지 않는다면 2차원 배열은 for문 2개로 감싸서 구현해야 하는 번거로움이 있다. 위에서 '*' 등의 연산자를 유니버설(벡터) 함수라고 한다.

5.3.9 배열 합치기 및 나누기

배열을 합치거나 나누는 함수는 표 5-3과 같다.

함수	설명
np.concatenate(x, y,axis=0)	x, y 배열을 axis축 기준으로 합친 배열을 반환. axis=0은 행 방향을 의미하고, axis=1은 열 방향을 의미함
np.vstack((x,y))	행 기준(수직)으로 x, y 배열 합치기
np.hstack((x,y))	열 기준(수평)으로 x, y 배열 합치기
np.split(x, n, axis=0)	x 배열을 n 부분으로 나누기
np.vsplit(x, n)	x 배열을 행 기준으로 n 부분 나누기. split(axis=0)과 같은 결과
np.hsplit(x, n)	x 배열을 열 기준으로 n 부분 나누기. split(axis=1)과 같은 결과
np.dsplit(x, n)	3차원 배열을 나누기

표 5-3 배열을 다루는 함수들

다음 예제 코드로 그 사용 방법을 살펴보자.

```
 In [23]: # 배열 합치기
          np.concatenate([b,b])
Out [23]: array([[0, 1, 2],
                 [3, 4, 5],
                 [0, 1, 2],
                 [3, 4, 5]], dtype=uint8)
 In [24]: # 배열 합치기(열 기준)
          np.concatenate([b,b], axis=1)
Out [24]: array([[0, 1, 2, 0, 1, 2],
                 [3, 4, 5, 3, 4, 5]], dtype=uint8)
 In [25]: a1 = np.array([(0,1,2,3), (4,5,6,7)] , dtype="uint8") # 2차원 배열
          b1 = np.array([(10,11,12,13), (14,15,16,17)] , dtype="uint8") # 2
          차원 배열
          # 행 기준으로 합치기
          np.vstack((a1,b1))
Out [25]: array([[ 0,  1,  2,  3],
                 [ 4,  5,  6,  7],
                 [10, 11, 12, 13],
                 [14, 15, 16, 17]], dtype=uint8)
 In [26]: # 열 기준으로 합치기
          np.hstack((a1,b1))
Out [26]: array([[ 0,  1,  2,  3, 10, 11, 12, 13],
```

```
                     [ 4,  5,  6,  7, 14, 15, 16, 17]], dtype=uint8)
 In [27]: b2 = np.array([(0,1,2,3), (4,5,6,7)] , dtype="uint8") # 2차원 배열
          # 행 기준으로 2부분으로 나누기
          np.split(b2,2)
Out [27]: [array([[0, 1, 2, 3]], dtype=uint8), array([[4, 5, 6, 7]],
          dtype=uint8)]
 In [28]: # 행 기준으로 2부분 나누기
          np.vsplit(b2,2)
Out [28]: [array([[0, 1, 2, 3]], dtype=uint8), array([[4, 5, 6, 7]],
          dtype=uint8)]
 In [29]: # 열 기준으로 2부분 나누기
          np.hsplit(b2,2)
Out [29]: [array([[0, 1],
                  [4, 5]], dtype=uint8),
           array([[2, 3],
                  [6, 7]], dtype=uint8)]
```

5.3.10 조건문으로 배열 추출하기(데이터 마스킹)

배열에 조건문을 부여해 배열 일부를 추출할 수 있다. 이를 데이터 마스킹^{Data Masking}이라고 부른다. 조건문으로 배열을 추출하는 함수는 표 5-4와 같다.

함수	설명
array(조건)	조건에 부합하는 요소로 구성된 배열 반환
np.where(조건)	조건에 부합하는 인덱스 배열 반환
np.where(조건, 참일 때 반환값, 거짓일 때 반환값)	조건에 부합하는 반환값 배열을 반환하며, 반환값은 '스칼라값'과 '배열' 둘 다 지정이 가능함

표 5-4 조건문으로 배열 추출 관련 함수들

다음 예제 코드로 그 사용 방법을 살펴보자.

```
 In [30]: arr1 = np.random.rand(2,3)
          arr2 = np.random.randn(2,3)
          arr2 = arr2 ** 2


          arr2
Out [30]: array([[ 2.35350481,  0.66433724,  0.65299155],
                 [-0.53927224,  1.71900713, -0.19648807]])
 In [28]: # 조건, arr2 배열 요소 가운데 1보다 큰 수만 추출
          arr2[ arr2 > 1]
```

```
Out [28]: array([2.35350481, 1.71900713])
 In [29]: # 조건에 부합하는 인덱스
          np.where( arr2 > 1)
Out [29]: (array([0, 1], dtype=int64), array([0, 1], dtype=int64))
 In [30]: # 조건에 부합하면 'Yes'를 출력
          np.where( arr2 > 1, 'Yes', arr1)
Out [30]: array([['Yes', '0.5918815805572755', '0.8052232380738338'],
                 ['0.9584859283546826', 'Yes', '0.956301409027685']],
                dtype='<U32')
```

5.4 유니버설 함수

유니버설 함수ufunc, universal function는 범용 함수라고 부르기도 하는데 스칼라값을 받아서 고속 처리한 결괏값을 반환하는 함수라고 생각하면 된다.

파이썬의 연산은 기본적으로 느리다. 컴파일 언어(C, Java 등)와 달리 파이썬은 인터프리터 언어이므로 동적으로 데이터 타입이 결정되는 특징이 있다. 따라서 대량의 데이터를 반복문으로 처리할 경우 반복문마다 매번 데이터 타입을 확인하고 이에 부합하는 함수 및 처리를 동적으로 결정해야 한다. 유연한 만큼 느릴 수밖에 없다.

파이썬에서의 벡터vector는 동일한 데이터 타입의 여러 개의 요소로 구성된 배열이다. 벡터 연산Vectorized Operation은 벡터에서 같은 행 및 열에 위치한 요소들끼리의 연산으로 NumPy에서는 반복문을 사용하지 않고도 반복 연산이 가능한 강력한 연산 기능을 제공한다. 이 연산을 수행하는 함수가 '유니버설 함수'이다. 이와 같이 반복문을 제거하고 '유니버설 함수'로 연산하는 것을 '벡터화vectorization'라고 한다.

반복문과 NumPy의 벡터 연산을 예제 코드로 비교해 보고 반복문이 얼마나 느린지 살펴보자. 1,000×1,000 행렬의 서로 더하는 연산을 파이썬의 반복문 2개로 코드를 만들어 보자.

```
In [1]: import numpy as np

        def cal_add(val1, val2):
          res = np.zeros(val1.shape)
```

```
                rows, cols = val1.shape

                for i in range(rows):
                  for j in range(cols):
                    res[i][j] = val1[i][j] + val2[i][j]

                return res

        """
        파이썬에는 상수가 없다. 그래서 변수와 상수를 구분하기 위해 흔히
        변수는 소문자, 상수는 대문자로 구분해서 사용한다.
        """
        ROWS = 1_000
        COLS = 1_000


        sample1 = np.random.rand(ROWS,COLS)
        sample2 = np.random.rand(ROWS,COLS)

 In [2]: %%timeit
        cal_add(sample1, sample2)
Out [2]: 597 ms ± 7.11 ms per loop (mean ± std. dev. of 7 runs, 1 loop
        each)
 In [3]: %%timeit
        res2 = (sample1 + sample2) # res2 = np.add(sample1, sample2)와 동일
Out [3]: 2.65 ms ± 46.2 µs per loop (mean ± std. dev. of 7 runs, 100 loops
        each
```

파이썬 반복문을 사용한 경우에는 평균 597ms 걸렸고, np.add() 유니버설 함수를
사용한 경우에는 2.65ms가 걸렸다. 코드량도 줄어들 뿐만 아니라 200배 이상의 속
도 차이가 발생한다. 메모리 사용량의 차이점도 한 번 살펴보자.

```
 In [4]: # 모듈을 호출한다.
        %load_ext memory_profiler
 In [5]: %memit cal_add(sample1, sample2)
Out [5]: peak memory: 234.62 MiB, increment: 6.65 MiB
 In [6]: %memit np.add(sample1, sample2)
Out [6]: peak memory: 227.97 MiB, increment: 0.00 MiB
```

현저한 차이가 나지는 않지만, 유니버설 함수가 메모리를 조금 덜 사용하는 것 같다.
코드가 간결하면서도 메모리 사용량이 줄어들며 속도가 현저히 빠르기 때문에 앞으
로 프로그래밍할 때는 반드시 유니버설 함수를 활용하자.

5.4.1 대표적인 단항 유니버설 함수

NumPy에서 제공하는 대표적인 단항 유니버설 함수는 표 5-5와 같다.

함수	설명
np.around(x)/np.round(x)	반올림: 소수점을 반올림
np.ceil(x)	올림: 주어진 값과 같은 정수 또는 큰 가장 가까운 정수 반환
np.floor(x)	내림: 주어진 값과 같은 정수 또는 작은 가장 가까운 정수 반환
np.trunc(x)	버림: 소수점 이하 버림
np.rint(x)	가장 가까운 정수로 반올림
np.fix(x)	0쪽으로 가장 가까운 정수로 반올림
np.abs(x)/np.absolute(x)	절댓값 구하기: 정수, 부동소수점 수, 복소수
np.fabs(x)	절댓값 구하기: 정수, 부동소수점 수(abs보다 빠름)
np.sqrt(x)	제곱근 구하기
np.cbrt(x)	큐브루트(세제곱근) 구하기
np.square(x)	제곱값 구하기
np.modf(x)	소수와 정수 부분으로 나누기
np.sign(x)	부호 판별: 1(양수), 0(영), -1(음수)
np.conj(x)/np.conjugate(x)	복소수의 허수 부분의 부호 변경
np.positive(x)	1 곱하기
np.negative(x)	부호 변경: -1을 곱하기
np.max(x)	배열의 최댓값 구하기
np.min(x)	배열의 최솟값 구하기
np.argmax(x)	배열의 최댓값의 인덱스
np.argmin(x)	배열의 최솟값의 인덱스
np.percentile(x,q)	배열에서 q번째 백분위 수 구하기
np.median(x)	배열 요소의 중앙값 구하기
np.exp(x)	요소의 [e^요소 값] 구하기
np.exp2(x)	요소의 [2^요소 값] 구하기
np.log(x)	밑이 e인 로그

함수	설명
np.log1p(x)	밑이 e인 로그. 다만, log(1+x) 형태를 가짐: log에서 값이 0에 가까우면 발산하는 점을 보완함
np.log2(x)	밑이 2인 로그
np.log10(x)	밑이 10인 로그
np.isnan(x)	NaN이면 True, 그 외 False 반환
np.isfinite(x)	유한수이면 True, 그 외 False 반환
np.isinf(x)	무한수이면 True, 그 외 False 반환
np.reciprocal(x)	역수(1/요소 값) 구하기
np.logical_not(x)	논리 NOT 연산

표 5-5 대표적인 단항 유니버설 함수들

다음은 단항 유니버설 함수의 사용 예이다.

```
 In [1]:  import numpy as np

          # 반올림: 소수점을 반올림
          np.around([1.1, -1.6, 2, -2.7, 2.01, -2.01])
Out [1]:  array([ 1., -2.,  2., -3.,  2., -2.])
 In [2]:  # 올림: 주어진 값과 같은 정수 또는 큰 가장 가까운 정수 반환
          np.ceil([1.1, -1.6, 2, -2.7, 2.01, -2.01])
Out [2]:  array([ 2., -1.,  2., -2.,  3., -2.])
 In [3]:  # 내림: 주어진 값과 같은 정수 또는 작은 가장 가까운 정수 반환
          np.floor([1.1, -1.6, 2, -2.7, 2.01, -2.01])
Out [3]:  array([ 1., -2.,  2., -3.,  2., -3.])
 In [4]:  # 버림: 소수점 이하 버림
          np.trunc([1.1, -1.6, 2, -2.7, 2.01, -2.01])
Out [4]:  array([ 1., -1.,  2., -2.,  2., -2.])
 In [5]:  # 가장 가까운 정수로 반올림
          np.rint([1.1, -1.6, 2, -2.7, 2.01, -2.01])
Out [5]:  array([ 1., -2.,  2., -3.,  2., -2.])
 In [6]:  # 0쪽으로 가장 가까운 정수로 반올림
          np.fix([1.1, -1.6, 2, -2.7, 2.01, -2.01])
Out [6]:  array([ 1., -1.,  2., -2.,  2., -2.])
 In [7]:  # 절댓값 구하기: 정수, 부동소수점 수, 복소수
          np.abs([1.1, -1.6, 2, -2.7, 2.01, -2.01, 1+2j])
Out [7]:  array([1.1, 1.6 , 2. , 2.7 , 2.01, 2.01, 2.23606798])
 In [8]:  np.absolute([1.1, -1.6, 2, -2.7, 2.01, -2.01, 1+2j])
Out [8]:  array([1.1, 1.6 , 2. , 2.7 , 2.01, 2.01, 2.23606798])
```

```
  In [9]:  # 절댓값 구하기: 정수, 부동소수점 수(abs보다 빠름)
           np.fabs([1.1, -1.6, 2, -2.7, 2.01, -2.01])
 Out [9]:  array([1.1 , 1.6 , 2.  , 2.7 , 2.01, 2.01])
 In [10]:  # 제곱근 구하기
           np.sqrt([1,4,9,21])
Out [10]:  array([1.  , 2., 3.  , 4.58257569])
 In [11]:  # 큐브루트(세제곱근) 구하기
           np.cbrt([1,8,27])
Out [11]:  array([1., 2., 3.])
 In [12]:  # 제곱값 구하기
           np.square([1,4,9,21])
Out [12]:  array([  1,  16,  81, 441])
 In [13]:  # 소수와 정수 부분으로 나누기
           np.modf([1.1, -1.6, 2, -2.7, 2.01, -2.01, 0])
Out [13]:  (array([ 0.1 , -0.6 ,  0.  , -0.7 ,  0.01, -0.01,  0.  ]),
            array([ 1., -1.,  2., -2.,  2., -2.,  0.]))
 In [14]:  # 부호 판별: 1(양수), 0(영), -1(음수)
           np.sign([1.1, -1.6, 2, -2.7, 2.01, -2.01, 0])
Out [14]:  array([ 1., -1.,  1., -1.,  1., -1.,  0.])
 In [15]:  # 복소수의 허수 부분의 부호 변경
           np.conj([1+2j, 1-3j, 2-6j])
Out [15]:  array([1.-2.j, 1.+3.j, 2.+6.j])
 In [16]:  np.conjugate([1+2j, 1-3j, 2-6j])
Out [16]:  array([1.-2.j, 1.+3.j, 2.+6.j])
 In [17]:  # 1 곱하기
           np.positive([1.1, -1.6, 2, -2.7, 2.01, -2.01])
Out [17]:  array([ 1.1 , -1.6 ,  2.  , -2.7 ,  2.01, -2.01])
 In [18]:  # 부호 변경: -1을 곱하기
           np.negative([1.1, -1.6, 2, -2.7, 2.01, -2.01])
Out [18]:  array([-1.1 ,  1.6 , -2.  ,  2.7 , -2.01,  2.01])
 In [19]:  # 배열의 최댓값
           np.max([1.1, -1.6, 2, -2.7, 2.01, -2.01])
Out [19]:  2.01
 In [20]:  # 배열의 최솟값
           np.min([1.1, -1.6, 2, -2.7, 2.01, -2.01])
Out [20]:  -2.7
 In [21]:  # 배열의 최댓값의 인덱스
           np.argmax([1.1, -1.6, 2, -2.7, 2.01, -2.01])
Out [21]:  4
 In [22]:  # 배열의 최솟값의 인덱스
           np.argmin([1.1, -1.6, 2, -2.7, 2.01, -2.01])
Out [22]:  3
 In [23]:  # 백분위 25%
           np.percentile([1.1, -1.6, 2, -2.7, 2.01, -2.01], 25)
Out [23]:  -1.9074999999999998
```

```
In [24]: # 백분위 50%
         np.percentile([1.1, -1.6, 2, -2.7, 2.01, -2.01], 50)
Out [24]: -0.25
In [25]: # 중앙값 구하기
         np.median([1.1, -1.6, 2, -2.7, 2.01, -2.01])
Out [25]: -0.25
In [26]: # 요소의 [e^요소 값] 구하기
         np.exp([1,2,3,4,5])
Out [26]: array([  2.71828183,    7.3890561 ,   20.08553692,   54.59815003,
               148.4131591 ])
In [27]: # 요소의 [2^요소 값] 구하기
         np.exp2([1,2,3,4,5])
Out [27]: array([ 2.,   4.,   8.,  16.,  32.])
In [28]: # 밑이 e인 로그
         np.log([0.0000000002, 2, 6])
Out [28]: array([-22.33270375,    0.69314718,    1.79175947])
In [29]: # 밑이 e인 로그. 다만, log(1+x) 형태를 가짐: log에서 값이 0에 가까우면 발산하는
         점을 보완함
         np.log1p([0.0000000002, 2, 6])
Out [29]: array([2.00000000e-10, 1.09861229e+00, 1.94591015e+00])
In [30]: # 밑이 2인 로그
         np.log2([0.0000000002, 2, 6])
Out [30]: array([-32.21928095,    1.          ,    2.5849625 ])
In [31]: # 밑이 10인 로그
         np.log10([0.0000000002, 2, 6])
Out [31]: array([-9.69897   ,    0.30103   ,    0.77815125])
In [32]: # NaN이면 True, 그외 False 반환
         np.isnan([np.nan, np.inf, np.log1p(2), 2.])
Out [32]: array([ True, False, False, False])
In [33]: # 유한 수이면 True, 그 외 False 반환
         np.isfinite([1.,2.,4.,5., np.nan, np.inf, np.NINF])
Out [33]: array([ True,  True,  True,  True, False, False, False])
In [34]: # 무한 수이면 True, 그 외 False 반환
         np.isinf([1.,2.,4.,5., np.nan, np.inf, np.NINF])
Out [34]: array([False, False, False, False, False,  True,  True])
In [35]: # 역수(1/요소 값) 구하기
         np.reciprocal([1.,2.,4.,5.])
Out [35]: array([1.  , 0.5 , 0.25, 0.2 ])
In [36]: # 논리 NOT 연산
         np.logical_not([True, True, True, False])
Out [36]: array([False, False, False,  True])
```

5.4.2 대표적인 이항 유니버설 함수

NumPy에서 제공하는 대표적인 이항 유니버설 함수는 표 5-6과 같다.

함수	연산자	설명
np.add(x,y)	+	x 요소와 y 요소를 더함
np.subtract(x,y)	-	x 요소에서 y 요소를 뺌
np.negative(x)	-	부호 변경: -1을 곱하기
np.multiply(x,y)	*	x 요소와 y 요소를 곱함
np.divide(x,y)	/	x 요소를 y 요소로 나눔
np.floor_divide(x,y)	//	x 요소를 y 요소로 나눈 몫보다 작거나 같은 정수 중 큰 값
np.power(x,y)	**	x 요소의 y 요소 제곱
np.mod(x,y)	%	x 요소를 y 요소로 나눈 나머지
np.gcd(x,y)		x 요소와 y 요소의 최대공약수
np.maximum(x,y) / np.fmax(x,y)		x 요소와 y 요소별 최댓값. fmax는 NaN을 무시함
np.minimum(x,y) / np.fmin(x,y)		x 요소와 y 요소별 최솟값. fmin은 NaN을 무시함
np.greater(x,y)	>	x 요소가 y 요소보다 큰지 불리언값 반환
np.greater_equal(x,y)	>=	x 요소가 y 요소보다 크거나 같은지 불리언값 반환
np.less(x,y)	<	x 요소가 y 요소보다 작은지 불리언값 반환
np.less_equal(x,y)	<=	x 요소가 y 요소보다 작거나 같은지 불리언값 반환
np.eqaul(x,y)	==	x 요소가 y 요소와 같은지 불리언값 반환
np.not_equal(x,y)	!=	x 요소가 y 요소와 같지 않은지 불리언값 반환
np.logical_and(x,y)		x 요소와 y 요소의 논리 AND 연산
np.logical_or(x,y)		x 요소와 y 요소의 논리 OR 연산
np.logical_xor(x,y)		x 요소와 y 요소의 논리 XOR 연산

표 5-6 대표적인 이항 유니버설 함수들

다음은 이항 유니버설 함수의 사용 예이다.

```
In [1]:  import numpy as np

         x = np.arange(1,7).reshape((2,3))
```

```
             x
Out [1]:  array([[1, 2, 3],
                 [4, 5, 6]])
 In [2]:  y = np.arange(1,4)
          y
Out [2]:  array([1, 2, 3])
 In [3]:  x+y
Out [3]:  array([[2, 4, 6],
                 [5, 7, 9]])
 In [4]:  np.subtract(x,y)
Out [4]:  array([[0, 0, 0],
                 [3, 3, 3]])
 In [5]:  # negative
          x + np.negative(y)
Out [5]:  array([[0, 0, 0],
                 [3, 3, 3]])
 In [6]:  # 곱하기
          np.multiply(x,y)
Out [6]:  array([[ 1,  4,  9],
                 [ 4, 10, 18]])
 In [7]:  # 나누기
          np.divide(x, y)
Out [7]:  array([[1. , 1. , 1. ],
                 [4. , 2.5, 2. ]])
 In [8]:  # 나눈 몫
          np.floor_divide(x,y)
Out [8]:  array([[1, 1, 1],
                 [4, 2, 2]])
 In [9]:  # x 요소의 y 요소 제곱
          np.power(x,y)
Out [9]:  array([[ 1,  4,  27],
                 [ 4, 25, 216]])
In [10]:  # x 요소를 y 요소로 나눈 나머지
          np.mod(x,y)
Out [10]: array([[0, 0, 0],
                 [0, 1, 0]])
In [11]:  # x 요소와 y 요소의 최대공약수
          np.gcd(x,y)
Out [11]: array([[1, 2, 3],
                 [1, 1, 3]])
In [12]:  # x 요소와 y 요소별 최댓값. fmax는 NaN을 무시함
          np.maximum([[1,2,3],[4,5,np.nan]], y)
Out [12]: array([[ 1.,  2.,  3.],
                 [ 4.,  5., nan]])
```

```
In [13]: np.fmax([[1,2,3],[4,5,np.nan]], y)
Out [13]: array([[1., 2., 3.],
                 [4., 5., 3.]])
In [14]: # x 요소와 y 요소별 최솟값. fmin은 NaN을 무시함
         np.minimum([[1,2,3],[4,5,np.nan]], y)
Out [14]: array([[ 1.,  2.,  3.],
                 [ 1.,  2., nan]])
In [15]: np.fmin([[1,2,3],[4,5,np.nan]],y)
Out [15]: array([[1., 2., 3.],
                 [1., 2., 3.]])
In [16]: # x 요소가 y 요소보다 큰지 불리언값 반환
         np.greater(x,y)
Out [16]: array([[False, False, False],
                 [ True,  True,  True]])
In [17]: # x 요소가 y 요소보다 크거나 같은지 불리언값 반환
         np.greater_equal(x,y)
Out [17]: array([[ True,  True,  True],
                 [ True,  True,  True]])
In [18]: x >= y
Out [18]: array([[ True,  True,  True],
                 [ True,  True,  True]])
In [19]: # x 요소가 y 요소보다 작음
         np.less(x,y)
Out [19]: array([[False, False, False],
                 [False, False, False]])
In [20]: x < y
Out [20]: array([[False, False, False],
                 [False, False, False]])
In [21]: # x 요소가 y 요소보다 작거나 같은지 불리언값 반환
         np.less_equal(x,y)
Out [21]: array([[ True,  True,  True],
                 [False, False, False]])
In [22]: # x 요소가 y 요소와 같은지 불리언값 반환
         np.equal(x,y)
Out [22]: array([[ True,  True,  True],
                 [False, False, False]])
In [23]: # x 요소가 y 요소와 같지 않은지 불리언값 반환
         np.not_equal(x,y)
Out [23]: array([[False, False, False],
                 [ True,  True,  True]])
In [24]: # x 요소와 y 요소의 논리 AND 연산
         np.logical_and([True, True, True, False],[False, False, False,
         False])
Out [24]: array([False, False, False, False])
```

```
 In [25]: # x 요소와 y 요소의 논리 OR 연산
          np.logical_or([True, True, True, False],[False, False, False,
          False])
Out [25]: array([ True,  True,  True, False])
 In [26]: # x 요소와 y 요소의 논리 XOR 연산
          np.logical_xor([True, True, True, False],[False, False, False,
          False])
Out [26]: array([ True,  True,  True, False])
```

5.4.3 합, 평균, 표준편차, 분산, 누적값 구하기

합, 평균, 표준편차, 분산, 누적합, 누적곱의 값은 표 5-7과 같은 함수로 구할 수 있다.

함수	설명
np.sum(x)	배열 요소의 합 구하기
np.mean(x)	배열 요소의 평균 구하기
np.std(x)	배열 요소의 표준편차 구하기
np.var(x)	배열 요소의 분산 구하기
np.cumsum(x)	주어진 축에 따라 배열 요소들의 누적합 구하기
np.cumprod(x)	주어진 축에 따라 배열 요소들의 누적곱 구하기

표 5-7 합, 평균, 표준편차 등을 구하는 함수들

다음은 표 5-7에 열거한 함수들의 사용 예이다.

```
 In [1]: import numpy as np
         x = np.arange(1,7).reshape((2,3))
         x
Out [1]: array([[1, 2, 3],
               [4, 5, 6]])
 In [2]: # 배열 요소의 합 구하기
         np.sum(x) # = x.sum()
Out [2]: 21
 In [3]: # 배열 요소의 평균 구하기
         np.mean(x) # = x.mean()
Out [3]: 3.5
 In [4]: # 배열 요소의 표준편차 구하기
         np.std(x)
Out [4]: 1.707825127659933
```

```
 In [5]: # 배열 요소의 분산 구하기
         np.var(x)
Out [5]: 2.9166666666666665
 In [6]: # 주어진 축에 따라 배열 요소들의 누적합 구하기
         np.cumsum(x) # = x.comsum()
Out [6]: array([ 1,  3,  6, 10, 15, 21])
 In [7]: # 주어진 축에 따라 배열 요소들의 누적곱 구하기
         np.cumprod(x)
Out [7]: array([  1,   2,   6,  24, 120, 720])
```

5.4.4 난수 생성하기

넘파이 random 모듈은 표 5-8과 같이 다양한 난수를 생성할 수 있는 함수를 제공한다.

함수	설명
rand(N,M)	[0,1) 범위에서 균일한 분포를 갖는 난수를 NxM 배열 반환. [0은 0을 포함하고, 1)은 1을 미포함한다는 뜻
randint(low,high,size=1)	[low, high) 범위에서 정수형 난수를 size 개수만큼 반환. size값을 생략하면 1로 해석. 파라미터 1개만 부여 시 해당 파라미터값을 최댓값으로 그 미만 값을 하나 반환
randn(N,M)	표준정규분포에서 샘플링한 난수 NxM 배열 반환
seed(x)	난수 생성기의 시드. 내부 싱글톤[1] RandomState 인스턴스의 시드값을 재설정함
standard_normal((N,M))	표준정규분포에서 샘플링한 난수 NxM 배열 반환. randn과 유사하지만, 인자 값을 튜플로 받는 차이가 있음
normal(loc, scale=1.0, size=None);	가우시안 정규 분포로 샘플링한 난수를 반환. loc는 정규 분포 그래프의 평균(mean)을 의미하고, scale은 정규 분포 그래프의 표준편차를 의미하며, size는 추출할 난수 개수를 의미함

표 5-8 넘파이 random 모듈의 난수 관련 함수들

다음은 난수 관련 함수들의 사용 예이다.

---

1   singleton: 프로그램상 동일한 클래스 객체 인스턴스는 여러 개 존재한다. 이와 구별하기 위해 딱 하나의 객체 인스턴스를 싱글톤이라고 하며, 흔히 프로그램상의 설정값 및 전역 변수 등의 데이터를 공유할 목적으로 사용된다.

```
 In [8]:  import numpy as np
          np.random.rand(3,4)
Out [8]:  array([[0.21045528, 0.98915158, 0.7730667 , 0.97850223],
                 [0.713959  , 0.01598291, 0.95943842, 0.60919756],
                 [0.89748108, 0.42826432, 0.21112617, 0.39090273]])
 In [9]:  np.random.randint(4) # [0,4) 범위 난수
Out [9]:  0
 In [10]: np.random.randint(1,4) # [1,4) 범위 난수
Out [10]: 2
 In [11]: np.random.randint(1,4, size=10) # [0,4) 범위 10개 난수
Out [11]: array([2, 2, 2, 1, 1, 2, 3, 2, 3, 3])
 In [12]: np.random.randn(2,3)
Out [12]: array([[-1.3885699 , -0.2862343 ,  0.23551428],
                 [-0.69494439,  0.52995094, -0.18347143]])
 In [13]: np.random.standard_normal((2,3))
Out [13]: array([[ 1.74945474, -0.286073  , -0.48456513],
                 [-2.65331856, -0.00828463, -0.31963136]])
 In [14]: np.random.normal(1,1,size=(3,3))
Out [14]: array([[ 0.46337064,  1.31540267,  1.42105072],
                 [-0.06560298,  0.11376033,  0.52426651],
                 [ 1.68968231,  1.56119218, -0.30554851]])
```

이외에도 난수 생성 함수에는 beta, gamma, geometric, poisson, uniform 등이 있다.

5.4.5 그 외 유니버설 함수

그 외의 유니버설 함수로는 삼각 함수, 선형대수, 비트연산 등이 있다. 또한 NumPy. frompyfunc 또는 Numba로 사용자 정의 유니버설 함수를 직접 만들 수도 있다. 관련된 정보는 NumPy 공식 문서[2]를 참조하길 바란다.

5.5 배열 정렬하기

종종 생성된 배열을 정렬할 필요가 있다. NumPy가 제공하는 대표적인 정렬 관련 함수는 표 5-9와 같다.

---

2   https://numpy.org/doc/stable/reference/ufuncs.html

함수	설명
np.sort(x, axis=-1)	오름차순으로 정렬된 배열의 복사본을 반환
np.argsort(x, axis=-1)	요소를 오름차순으로 정렬했을 때의 위치 인덱스를 반환
np.lexsort((y,x))	x, y를 쌍으로 정렬하되 우선순위를 x로 한 배열 순의 인덱스를 반환

표 5-9 정렬 관련 함수들

다음은 정렬 관련 함수들의 사용 예이다.

```
In [1]: import numpy as np
        x = np.random.normal(1,1,size=(3,3))
        x
Out [1]: array([[-0.11947526,  1.73683739,  2.57463407],
                [ 0.96892491,  0.31655337,  2.0956297 ],
                [ 0.69042336,  1.72575222,  2.54907163]])
In [2]: # 각 행의 요소를 정렬
        np.sort(x)
Out [2]: array([[-0.11947526,  1.73683739,  2.57463407],
                [ 0.31655337,  0.96892491,  2.0956297 ],
                [ 0.69042336,  1.72575222,  2.54907163]])
In [3]: # 각 열의 요소를 정렬
        np.sort(x, axis=0)
Out [3]: array([[-0.11947526,  0.31655337,  2.0956297 ],
                [ 0.69042336,  1.72575222,  2.54907163],
                [ 0.96892491,  1.73683739,  2.57463407]])
In [4]: # 역순으로 정렬
        np.sort(x, axis=1)[::-1]
Out [4]: array([[ 0.69042336,  1.72575222,  2.54907163],
                [ 0.31655337,  0.96892491,  2.0956297 ],
                [-0.11947526,  1.73683739,  2.57463407]])
In [5]: # 오름차순 정렬 시의 인덱스
        np.argsort(x)
Out [5]: array([[0, 1, 2],
                [1, 0, 2],
                [0, 1, 2]], dtype=int64)
```

lexsort() 정렬은 조금 어려울 수 있으니 유심히 살펴보자. lexsort() 함수는 2개 배열을 쌍으로 정렬할 때 아주 유용하다. 다음 예제 코드 x1과 y1을 쌍으로 정렬하되 x1을 우선해 정렬해 보자.

$(x1, y1) = (10,40)$은 세 번째(index:2)

$(x1, y1) = (20,10)$은 네 번째(index:3)

$(x1, y1) = (30,10)$은 다섯 번째(index:4)

$(x1, y1) = (10,20)$은 첫 번째(index:0)

$(x1, y1) = (10,30)$은 두 번째(index:1)

위에서 열거된 인덱스를 배열로 표현하면 [2 3 4 0 1]인데 이 값을 위치 값으로 변경하면 [3 4 0 1 2]가 된다(0은 네 번째, 1은 다섯 번째, 2는 첫 번째, 3은 두 번째, 4는 세 번째). 이와 같이 lexsort() 함수는 최종 위치 값 인덱스를 반환한다. 다음 예제 코드에서 for문과 같이 2개의 배열을 쌍으로 일괄 정렬할 때 유용하다.

```
In [6]: import numpy as np

        x1 = np.array([10, 20, 30, 10, 10])
        y1 = np.array([40, 10, 10, 20, 30])
        idx = np.lexsort((y1, x1))
        idx
Out [6]: array([3, 4, 0, 1, 2], dtype=int64)
In [7]: # 정렬됐는지 출력해 보자.
        for i in idx:
            print(x1[i], y1[i])
Out [7]: 10 20
         10 30
         10 40
         20 10
         30 10
```

5.6 배열 집합 메서드

NumPy에서는 표 5-10과 같이 배열 집합 관련 함수를 제공한다.

함수	설명
np.unique()	고유값 집합 반환
np.union1d(x,y)	x, y 합집합을 구한 후 고유 값 반환
np.intersect1d()	x, y 교집합을 구한 후 고유 값 반환
np.setdiff1d(x,y)	x의 y 차집합을 구한 후 고유 값 반환
np.in1d(x,y)	x 요소가 y에 포함되는지 불리언 반환

표 5-10 배열 집합 관련 함수들

다음은 배열 집합 관련 함수들의 사용 예이다.

```
 In [8]:  import numpy as np

          x = [1,2,2,2,3,3,4,4,5,5,5,6]
          y = [1,1,1,2,3,4,4,4,5,6,6,7,7]
          np.unique(x)
 Out [8]: array([1, 2, 3, 4, 5, 6])
 In [9]:  np.union1d(x,y) # x, y 합집합을 구한 후 고유 값 반환
 Out [9]: array([1, 2, 3, 4, 5, 6, 7])
 In [10]: np.intersect1d(x,y) # x, y 교집합을 구한 후 고유 값 반환
 Out [10]: array([1, 2, 3, 4, 5, 6])
 In [11]: np.setdiff1d(y, x) # x의 y 차집합을 구한 후 고유 값 반환
 Out [11]: array([7])
 In [12]: np.in1d(y,x) # x 요소가 y에 포함되는지 불리언 반환
 Out [12]: array([ True,  True,  True,  True,  True,  True,
           True,  True,  True,  True,  True, False, False])
```

5.7 저장하기 및 불러오기

대량의 NumPy 데이터를 저장하거나 불러오고 싶을 때가 있다. 이때 텍스트 파일이나 바이너리 파일로 저장할 수 있다. 바이너리 형식의 파일은 npy 확장자를 가지며 텍스트 형식의 파일에 비해 디스크 공간을 더 적게 차지한다. NumPy가 제공하는 파일로 저장하기 및 불러오기 관련 함수는 표 5-11과 같다.

함수	설명
`np.savetxt(f, x, delimter)`	텍스트 파일로 저장 f: 파일명, x: 저장할 넘파이 배열, delimter: 구분자
`np.loadtxt(f, delimter)`	텍스트 파일 불러오기
`np.save(f, x)`	바이너리 파일로 저장 f: 파일명, x: 저장할 넘파이 배열
`np.load(f)`	바이너리 파일 불러오기 f: 파일명
`np.savez_compressed(f, k=x)`	압축된 바이너리 파일로 저장 f: 파일명, k: 칼럼명, x: 저장할 넘파이 배열

표 5-11 파일로 저장하기 및 불러오기 관련 함수들

다음은 파일로 저장하기 및 불러오기 관련 함수들의 사용 예이다.

```
 In [1]: import numpy as np

         large_x = np.random.randint(0,10, size=1_000_000).
         reshape(1000,1000)
         large_x.shape
Out [1]: (1000, 1000)
 In [2]: large_x[-2:]
Out [2]: array([[6, 4, 5, ..., 1, 1, 5],
                [0, 0, 3, ..., 3, 0, 5]])
 In [3]: # 텍스트 파일로 저장, 구분자 ','
         np.savetxt('large_x.csv', large_x, delimiter=',')
 In [4]: # 텍스트 파일을 불러오기, 구분자 ','
         x2=np.loadtxt('large_x.csv', delimiter=',')
         x2.shape
Out [4]: (1000, 1000)
 In [5]: x2[-2:]
Out [5]: array([[6., 4., 5., ..., 1., 1., 5.],
                [0., 0., 3., ..., 3., 0., 5.]])
 In [6]: # 바이너리 파일로 저장
         np.save('large_x', large_x)
         x3 = np.load('large_x.npy')
         x3.shape
Out [6]: (1000, 1000)
 In [7]: x3[-2:]
Out [7]: array([[6, 4, 5, ..., 1, 1, 5],
                [0, 0, 3, ..., 3, 0, 5]])
```

```
In [8]: # 압축 바이너리 파일로 저장
        np.savez_compressed('large_x2', a=large_x)
        loaded = np.load('large_x2.npz')
        print(loaded["a"])
Out [8]: [[1 0 3 ... 3 7 5]
         [6 6 5 ... 9 8 6]
         [6 3 4 ... 1 1 1]
         ...
         [4 1 7 ... 4 9 0]
         [6 4 5 ... 1 1 5]
         [0 0 3 ... 3 0 5]]
```

저자의 PC에서 large_x를 텍스트 파일로 저장하면 약 24MB이고, 바이너리 파일로 저장하면 약 4MB이고, 압축 바이너리 파일로 저장하면 약 600KB이다(그림 참조). 디스크 용량을 절약하려면 '압축 바이너리' 저장이 좋고, 외부 텍스트 파일 에디터에서 조작하려면 '텍스트 파일'로 저장하면 될 듯하다.

이름	^	유형	크기
☒ large_x.csv		Microsoft Excel 쉼...	24,416KB
☐ large_x.npy		NPY 파일	3,907KB
☐ large_x.npz		NPZ 파일	635KB

5.8 1차원 배열로 변형하기

NumPy는 다차원 배열을 1차원 배열로 변형하는 평탄화 기능을 하는 함수를 표 5-12와 같이 제공한다.

함수	설명
np.ravel()	다차원 배열을 1차원 배열로 변경. 다만, 필요에 따라 복사본을 생성
np.flatten()	다차원 배열을 1차원 배열로 변경. 항상 변경된 복사본을 반환함
np.reshape((차원))	다차원 배열을 주어진 차원으로 재배열함

표 5-12 차원 변경 함수들

다음은 배열의 차원을 변경하는 함수들의 사용 예이다.

```
 In [9]: large_x
Out [9]: array([[0, 2, 6, ..., 7, 0, 4],
                [0, 4, 2, ..., 9, 8, 0],
                [3, 5, 3, ..., 1, 8, 1],
                ...,
                [5, 6, 2, ..., 9, 4, 0],
                [8, 6, 9, ..., 5, 7, 3],
                [8, 2, 5, ..., 8, 8, 6]])
In [10]: x2 = large_x.ravel()
         x2
Out [10]: array([0, 2, 6, ..., 8, 8, 6])
In [11]: x2.shape
Out [11]: (1000, 1000) # shape 계승
In [12]: x3 = large_x.flatten()
         x3.shape
Out [12]: (1000000,)
In [13]: x4 = large_x.reshape(-1) # -1을 주면 1차원 배열화됨
         x4.shape
Out [13]: (1000000,)
```

5.9 브로드캐스팅

기본적으로 모양이 다른 배열끼리는 연산이 불가능하다. 다음 예제 코드에서 + 연산
으로 두 배열을 더하려고 시도하면 브로드캐스팅에 실패했다는 에러가 발생한다.

```
>>> import numpy as np
>>> a = np.random.rand(2,3)
>>> b = np.random.rand(3,4)
>>> a + b
--------------------------------------------------------------------
ValueError                                Traceback (most recent call last)
Cell In[1], line 6
      3 a = np.random.rand(2,3)
      4 b = np.random.rand(3,4)
----> 6 a + b
ValueError: operands could not be broadcast together with shapes (2,3) (3,4)
```

모양새shape가 서로 다른 배열을 연산이 가능하게끔 배열의 모양새를 맞추는 일을 브로드캐스팅broadcasting이라고 하며, 누락되거나 길이가 1인 차원에 대해 브로드캐스팅한다. 달리 말해 작은 차원의 배열이 큰 차원의 배열 크기에 맞춰 브로드캐스팅된다. 흔히 특정 배열을 스칼라값으로 연산하거나 길이가 1인 차원 배열로 연산할 때 브로드캐스팅이 발생한다. 그리고 이렇게 확장된 축을 브로드캐스팅 축이라고 부른다. 그림 5-1과 다음 예제를 살펴보자.

흐린 점선이 브로드캐스팅된 축이다.

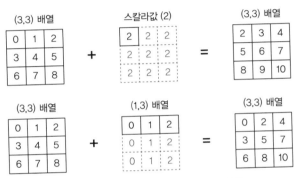

그림 5-1 NumPy 브로드캐스팅의 시각화

그림 5-1의 점선 부분과 같이 NumPy 내부에서 배열끼리 호환되도록 배열을 적절히 확장 및 생성해 준다. 다음은 그림 5-1의 예제 코드이다.

```
In [1]: import numpy as np

        a = np.array([[0,1,2],[3,4,5],[6,7,8]])
        a
Out [1]: array([[0, 1, 2],
               [3, 4, 5],
               [6, 7, 8]])
 In [2]: c = a + 2
         c
Out [2]: array([[ 2,  3,  4],
               [ 5,  6,  7],
               [ 8,  9, 10]])
 In [3]: a_dash = np.array([[2,2,2],[2,2,2],[2,2,2]])
         e = a + a_dash # In[2]: a + 2와 같다(브로드캐스팅을 적극 활용하자).
```

```
          e
Out [3]: array([[ 2,  3,  4],
                [ 5,  6,  7],
                [ 8,  9, 10]])
 In [4]: b = np.array([0,1,2])
         b
Out [4]: array([0, 1, 2])
 In [5]: c = a + b
         c
Out [5]: array([[ 0,  2,  4],
                [ 3,  5,  7],
                [ 6,  8, 10]])
```

5.10 구조화된 배열

배열의 열을 '숫자'가 아닌 '문자열 키'로 색인할 수 있다. 배열 생성 시 dtype을 다음과 같이 정의하면 된다.

```
 In [1]: my_dtype = [('id', 'i4'), ('score', 'i8')]
         X = np.array([(10, 90),(11, 95), (12, 87)], dtype=my_dtype)
         X
Out [1]: array([(10, 90), (11, 95), (12, 87)],
               dtype=[('id', '<i4'), ('score', '<i8')])
 In [2]: X['id'] # id 열 값
Out [2]: array([10, 11, 12])
 In [3]: X[1]['id'] # 두 번째 행의 id값
Out [3]: 11
 In [4]: X[1]['id'] = 21 # 두 번째 행의 id값 변경
         X
Out [4]: array([(10, 90), (21, 95), (12, 87)],
               dtype=[('id', '<i4'), ('score', '<i8')])
```

구조화된 배열은 pandas 데이터프레임에서 더욱 강력한 기능을 제공한다. 따라서 구조화된 배열이 필요하다면 NumPy보다는 가능한 한 pandas 데이터프레임을 사용하길 권장한다. 6장에서는 pandas에 대해 자세히 알아볼 예정이다.

5.11 그 외 유용한 함수

NumPy에서 유용한 함수로는 allclose()가 있다. 이 함수는 두 배열이 허용 오차 범위 내에서 요소별로 동일한지의 여부를 판별하는 데 사용된다. 수치 연산 과정에서 1이 0.99999999로 표기되거나 1이 1.0으로 표기되거나 1/3이 0.33333으로 표기되는 등 약간의 오차가 발생할 수 있다. 이런 상황에서 산술 연산자를 사용해 각 스칼라값을 비교하는 것은 까다로운 일이다. 이때 allclose() 함수를 사용해 허용 오차를 설정하면 두 배열의 동일 여부를 쉽게 판별할 수 있다.

---

allclose() 함수

allclose(x, y, rtol=1e-05, atol=1e-08, equal_nan=False)
x, y 두 요소가 오차 범위 내에서 요소별로 동일하면 True, 그 외는 False이다.

---

allclose() 함수의 대표적인 매개변수는 표 5-13과 같다.

매개변수	설명
rtol	상대 허용 오차(relative tolerance)
atol	절대 허용 오차(absolute tolerance)
equal_nan	True가 부여되면 NaN이 같은 위치에 있는지도 함께 비교

표 5-13 allclose() 함수의 매개변수들

다음은 allclose() 함수의 사용 예이다.

```
In [5]: import numpy as np

        allclose1 = [1, 1, 1/3, 2]
        allclose2 = [0.9999999, 1.0, 0.33333, 2]
        allclose1 == allclose2
Out [5]: False
 In [6]: print(allclose1[0] == allclose2[0])
        print(allclose1[1] == allclose2[1])
        print(allclose1[2] == allclose2[2])
        print(allclose1[3] == allclose2[3])
Out [6]: False
```

```
True
False
True
```

허용 오차 범위 없이 같은지(==)로 비교하니 False가 반환됐다. 그렇다면 정확히 어느 위치에서 False가 발생하는지 확인해 보자. 첫 번째와 세 번째에서 False가 발생했다. 그렇다면 오차 범위 값을 설정해 allclose() 함수를 실행해 보자.

```
 In [7]: np.allclose(allclose1, allclose2, rtol=1e-06)
Out [7]: False
 In [8]: np.allclose(allclose1, allclose2, rtol=1e-05)
Out [8]: True
```

rtol=1e-06에서는 False가 반환됐지만, rtol=1e-05에서는 True가 반환됐다. 두 배열의 동일 여부를 판별할 때 ==보다는 allclose() 함수를 적절히 사용하면 유용할 것이다.

마치며

5장에서는 NumPy의 기본 개념과 사용법을 살펴봤다. 이 정도 내용만 알아도 NumPy를 다루는 데 큰 문제가 없을 것이다. 앞에서 살펴본 NumPy 빌트인 함수를 사용하면 큰 배열도 최적화된 성능으로 처리할 수 있지만, 더 높은 성능을 원한다면 C 언어 및 Cython으로 코드를 작성하는 방법이 있다. 하지만 이런 내용은 고급 사용자를 위한 것이어서 이 책의 범위를 벗어난다.

자연과학 및 통계 데이터를 다룰 때는 NumPy가 주로 사용되지만, 헬스케어 데이터와 같이 기존에 생성된 데이터를 분석할 때는 대개 pandas를 사용한다. NumPy는 다양한 통계 및 집합 함수를 제공하지만, pandas는 더욱 강력한 기능을 제공하기 때문이다. 데이터 정제를 NumPy에서 수행한 후 pandas에서 분석을 처리할지 또는 NumPy에서 대부분의 분석을 완료한 후 pandas로 데이터를 전달할지는 순전히 독자 여러분의 선택에 달려 있다.

pandas 알아보기

최근 파이썬과 그 라이브러리 중 하나인 pandas는 데이터 분석 및 처리 분야에서 큰 인기를 끌고 있다. 이는 Matlab보다 더 저렴한 비용으로 활용할 수 있고 오픈 소스 생태계 덕분에 다양한 라이브러리와 확장 기능을 제공하기 때문이다. 따라서 많은 데이터 분석가와 데이터 과학자들이 Matlab에서 파이썬으로 이동하고 있다. 저자가 학생일 때는 Matlab 또는 Mathematica로 데이터 분석 작업을 했었다. 공학 계열에서는 Matlab을 선호했고, 이학 계열에서는 Mathematica를 선호했던 것으로 기억하고 있다. 이후 2000년대 중반 이후부터 오픈 소스 R 프로그래밍 언어로 데이터 분석 작업이 이어져 오다가 2012년 이후부터는 주로 오픈 소스 파이썬 pandas로 데이터 분석이 이뤄지고 있다.

pandas는 데이터 분석 시 가장 널리 사용되는 파이썬 라이브러리인데 손쉽고 빠른 데이터 분석을 지원하는 강력한 기능들을 제공한다. 배열 처리는 NumPy에서의 처리와 유사해 반복문 없이 배열 연산을 고속 처리할 수 있다.

또한 scikit-learn(사이킷런) 및 statsmodels(스태츠모델스), matplotlib(맷플롯립), NumPy(넘파이)와 주로 같이 사용된다. 자료를 먼저 NumPy에서 만들거나 정제한 후 이 데이터를 전달받은 pandas가 재차 데이터 분석을 실행한 다음 그 결과를 matplotlib으로 시각화를 하거나 scikit-learn 및 statsmodels로 머신러닝 및 예측 작업을 수행하는 흐름으로 이해하면 된다.

NumPy$^{\text{NUMerical Python}}$와 pandas$^{\text{PANel DAta}}$[1]는 그 이름에서 유추할 수 있듯이 NumPy 는 단일 수형 데이터 타입 배열의 산술 처리에 특화된 반면에 pandas의 시리즈^{Series} 및 데이터프레임^{DataFrame}은 다양한 데이터 타입의 행과 열로 구성되는 다차원 배열 이며 널값(NaN)도 허용한다. 또한 데이터에 인덱스 및 레이블 등의 인터페이스를 제 공해 마치 관계형 데이터베이스나 엑셀 시트처럼 다룰 수 있도록 강력한 연산 기능 을 제공한다.

NumPy의 ndarray는 제한적인 데이터 구조에서의 산술 연산 작업에 최적화돼 있 어 유연성 및 확장성, 브로드캐스팅, 집합 연산(pandas의 그룹화, 피벗 등) 등에 한계가 있지만, pandas의 시리즈 및 데이터프레임 객체는 이런 문제를 해결해 데이터 정제 및 데이터 분석 과정을 용이하게 해준다.

앞으로 6장에서는 pandas를 pd로 선언해 사용한다. NumPy와 마찬가지로 대부분 의 사람들이 다음과 같이 import문으로 pandas를 pd로 선언해 사용하고 있기 때문 이다. 가급적 이렇게 사용하는 편이 좋다.

```
import pandas as pd
```

또한 pandas에서 자주 사용되는 Series와 DataFrame, Index를 네임스페이스로 함께 import문으로 지정해 사용하면 코드가 간결해진다.

```
from pandas import Series, DataFrame, Index
```

하지만 파이썬 코드를 작성할 때 다음과 같이 *(ASTERISK, 애스터리스크)를 사용하는 것을 권장하지는 않는다.

```
from pandas import *
```

---

1   패널 데이터(Panel Data): 특정 객체에 관한 종단(횡단) 데이터가 아니라 다양한 객체들의 현상과 특성에 관한 시계열 데이터로 일정 기간 동안 측정 및 수집된 다차원 데이터이다.

import *는 pandas 라이브러리 산하 모든 변수, 함수, 클래스 등을 불러온다는 것을 시사하므로 메모리 부하 및 속도 저하의 원인이 되기 때문이다. 코드를 정리할 때 가급적 *를 없애서 최적화를 실행하자.

pandas는 NumPy ndarray 객체에 기초해 만들어진 시리즈 및 데이터프레임이라는 효율적인 자료 구조를 제공하는데 데이터 분석 시 이 둘을 자유자재로 다룰 수 있어야 한다. 이제 Series 및 DataFrame, Index 자료 구조에 대해 알아보자.

TIP

Series 및 DataFrame, Index 등 pandas 자료 구조 클래스 객체에 속한 함수, 즉 메서드(method)가 아주 많다. 객체지향 프로그램(OOP)에서는 객체(클래스)에 속한 함수를 특별히 메서드라고 부른다.

6.1 데이터 타입

pandas에서 제공하는 데이터 타입Data Type은 표 6-1과 같다.

데이터 타입	약어	NumPy type	설명
object	'O'	string_, unicode_, 복합형	문자열 또는 복합형
int64	'i', 'u'	int_, int8, int16, int32, int64, uint8, uint16, uint32, uint64	정수형, uint는 부호 없는 정수형
float64	'f'	float_, float16, float32, float64	실수형
bool	'b'	bool_	불형
datetime64	'M'	datetime64	데이트타임형(날짜와 시간)
timedelta	'm'	NA	두 데이트타임의 차이
category		NA	범주형

표 6-1 pandas가 지원하는 데이터 타입들

데이터 타입 대부분이 NumPy에 기초했으나, timedelta와 category 데이터 타입이 추가됐다. timedelta는 두 datetime의 차이 값이다. 다음 예제 코드를 참조하자. category 데이터 타입은 범주형 데이터인데 정해진 범위 내에 한정적인 데이터를

다룰 때 아주 유용하다. 상세한 내용은 6장의 "6.15 카테고리(범주형) 데이터 다루기"절을 참조하길 바란다.

df.dtypes 속성으로 데이터 타입 확인이 가능하고, df.astype() 메서드로 데이터 타입을 변경할 수 있다.

```
>>> str1 = pd.Series(["11", "22", "33", "44"])
>>> str1.dtypes
dtype('O')

>>> print(str1.dtypes)
object

>>> str1.astype(int)
0    11
1    22
2    33
3    44
dtype: int32
```

pd.to_datetime() 함수로 문자열에서 datetime 데이터를 생성할 수 있다.

```
>>> date_series1 = pd.to_datetime(pd.Series(['2022-07-21 01:01:10', '2022-07-22 01:01:10', '2022-08-21 01:01:10']))
>>> date_series2 = pd.to_datetime(pd.Series(['2022-07-22 01:02:10', '2022-07-24 01:03:10', '2022-08-26 01:04:10']))

>>> date_delta = date_series2 - date_series1
>>> date_delta
0   1 days 00:01:00
1   2 days 00:02:00
2   5 days 00:03:00
dtype: timedelta64[ns]

>>> date_delta.dtypes
dtype('<m8[ns]')

>>> np.dtype('<m8[ns]') == np.dtype('timedelta64[ns]')
True

>>> date_series2.dtype
dtype('<M8[ns]')
```

```
>>> np.dtype('<M8[ns]') == np.dtype('datetime64[ns]')
True
```

pd.to_numberic() 함수로 수치형 데이터 타입으로도 변경이 가능하다.

```
>>> pd.to_numeric(str1)
0    11
1    22
2    33
3    44
dtype: int64
```

6.2 시리즈

시리즈Series는 이름에서 유추할 수 있듯이 색인화된 1차원 배열 자료 구조다. 시리즈는 NumPy에서의 배열과 달리 index(인덱스, 색인)와 value(값)의 배열을 가진다. 다음과 같이 NumPy의 arange()와 random.rand() 함수로 시리즈 객체를 만들어 보자.

Series 생성 함수

pd.Series(배열 or 리스트, index=None, dtype=None, name=None, copy=False, fastpath=False)

```
>>> import pandas as pd
>>> import numpy as np
>>> from pandas import Series, DataFrame
>>> s = pd.Series(np.arange(10))
>>> s
0    0.404585
1    0.882578
2    0.038268
3    0.642709
4    0.624238
5    0.939197
6    0.666995
7    0.039447
8    0.650947
9    0.741313
dtype: float64
```

NumPy에서와 달리 2개의 열로 구성된 것이 확인된다. 첫 번째 열은 시리즈 객체의 인덱스^{index}이고, 두 번째 열은 값^{value}이다. 다음과 같이 시리즈 객체의 index 속성과 values 속성으로 인덱스와 값을 확인할 수 있다.

```
>>> s.index
RangeIndex(start=0, stop=10, step=1) # 0부터 10까지 1씩 증가하는 RangeIndex라는 뜻

>>> s.values
array([0.40458496, 0.88257753, 0.03826779, 0.64270941, 0.62423822,
       0.9391966 , 0.66699499, 0.03944714, 0.65094652, 0.74131283])
```

또한 다음과 같이 인덱싱 및 슬라이싱으로 값을 참조할 수 있다.

```
>>> s[0]
0.40458495552064966

>>> s[1:3]
1    0.882578
2    0.038268
dtype: float64
```

그렇다면 자동 부여된 암묵적 인덱스가 아니라 명시적인 사용자 정의 인덱스를 사용해 보자. 다음과 같이 생성할 때 index 인자를 부여하고 인덱스 이름을 배열로 전달한다.

```
>>> named = pd.Series(np.random.rand(5), index=['a', 'b', 'c', 'd', 'e'])
>>> named
a    0.320021
b    0.507188
c    0.672539
d    0.093646
e    0.844021
dtype: float64
```

이제 부여된 인덱스 이름으로 자료 조회 및 조작이 되는지도 알아보자.

```
>>> named['a']
0.3200208407956333

>>> named['a'] = 0.11111
>>> named
a    0.111110
```

```
b    0.507188
c    0.672539
d    0.093646
e    0.844021
dtype: float64
```

어디서 본 기억이 없는가? 5장의 NumPy의 구조화된 배열과 유사하다. 사용법 등에서 pandas가 훨씬 편리하다.

6.2.1 딕셔너리로부터 시리즈 생성하기

시리즈 생성 메서드 인자로 딕셔너리를 부여해 간편하게 시리즈 객체를 생성할 수 있다. 딕셔너리와 유사하게 사용할 수 있어 '키'로 연산 작업할 때 아주 유용하다. '키'로 접근할 수 있을 뿐만 아니라 암묵적 · 명시적 슬라이싱 및 팬시 인덱싱으로도 접근할 수 있다.

```
>>> d1 = {'A': 10, 'B': 20, 'C': 30}
>>> s1 = pd.Series(d1)
>>> s1
A    10
B    20
C    30
dtype: int64

>>> s1['A'] # 키로 접근
10

# 명시적 인덱스로 슬라이싱
>>> s1['A':'B'] # 마지막 인덱스 요소 포함
A    10
B    20
dtype: int64

# 암묵적 인덱스로 슬라이싱
>>> s1[0:1] # 마지막 인덱스 요소 미포함
A    10
dtype: int64

>>> s1['C'] = 40 # 인덱싱으로 수정
... s1
```

```
A    10
B    20
C    40
dtype: int64

# 팬시 인덱싱
>>> s1[['A','C']]
A    10
B    20
C    40
dtype: int64

# Series 객체를 튜플 형태로 출력
>>> list(named.items())
[('a', 0.11111),
 ('b', 0.5071881878635243),
 ('c', 0.6725392264789608),
 ('d', 0.09364564511494777),
 ('e', 0.8440211833338412)]
```

> **TIP**
>
> 명시적 인덱스에서는 마지막 인덱스 요소가 포함되지만, 암묵적 인덱스에서는 포함되지 않는 점이 상이하니 주의한다.

6.2.2 명시적 인덱싱과 암묵적 인덱싱

앞의 예제 코드에서처럼 인덱스가 정수가 아닌 A, B 등과 같은 문자열이면 암묵적 인덱싱과 명시적 인덱싱을 혼동하는 일이 적다. 그러나 인덱스가 정수형일 경우에는 색인값이 암묵적인지 명시적인지 구분하기 어렵다. 그래서 pandas에서는 이를 해결하고자 특별 인덱서를 제공하는데 loc[]는 명시적 인덱서이고, iloc[]는 암묵적 인덱서이다. 다음 예제 코드로 그 사용 방법을 살펴보자.

다음과 같이 인덱스를 [3,4,5,6,7]로 정의해 보자.

```
>>> s2 = pd.Series(np.random.rand(5), index=[3,4,5,6,7])
>>> s2
3    0.670179
4    0.085672
```

```
5    0.277524
6    0.813487
7    0.765540
dtype: float64

# 인덱싱으로 접근
>>> s2[4]
0.08567190498934396
```

여기서 색인값 4가 암묵적 인덱싱인지 명시적 인덱싱인지 구분하기 어렵다. 결괏값을 봐서는 명시적 인덱싱이 적용됐다. 하지만 혼동스러우면 버그가 나올 가능성이 높으므로 다음과 같이 명확히 구분해 사용하는 습관을 들이자.

```
# 암묵적 인덱싱, 4번째 요소에 접근
>>> s2.iloc[3]
0.8134873589881286

# 명시적 인덱싱, 색인값이 3인 요소에 접근
>>> s2.loc[3]
0.6701794121945671

>>> s1
A    10
B    20
C    40
dtype: int64

# 인덱스가 정수가 아닌 문자열인 경우는 구분하기 수월하다.
>>> s1.loc['C']
40

>>> s1.iloc[2]
40

>>> s1['C']
40
```

위와 같이 색인값이 정수형이라면 s1[인덱스]가 아니라 iloc[] 및 loc[] 속성을 적극 사용하자.

6.2.3 조건문으로 배열 추출: 마스킹

5장에서 NumPy의 array 및 where 함수에서 마스킹^{Masking} 기법으로 배열을 추출하는 방법에 대해 학습했다. pandas에서도 마찬가지로 가능하다.

```
>>> named[ named > 0.5]
b    0.507188
c    0.672539
e    0.844021
dtype: float64
```

6.2.4 벡터 연산

NumPy에서의 벡터 연산 또한 pandas에서 지원해 준다.

```
>>> named * 3
a    0.333330
b    1.521565
c    2.017618
d    0.280937
e    2.532064
dtype: float64

>>> named1 = pd.Series(np.arange(0,5,1), index=['a', 'b', 'c', 'd', 'e'])
>>> named2 = pd.Series(np.arange(0,10,2), index=['b', 'a', 'c', 'd', 'e'])
>>> named1
a    0
b    1
c    2
d    3
e    4
dtype: int32

>>> named2
b    0
a    2
c    4
d    6
e    8
dtype: int32
```

```
>>> named1 + named2
a     2
b     1
c     6
d     9
e    12
dtype: int32
```

특히 named1 + named2에서는 배열 순서가 아닌 동일한 인덱스 이름 기준으로 + 연산이 되는 점이 확인된다. a의 경우 (named1['a'] = 0) + (named2['a'] = 2) = 2이다. 아주 유용한 기능이다.

6.2.5 그 외

시리즈 객체 이름을 name 속성으로 부여할 수 있다.

```
>>> named2.name = 'named2'
>>> named2
b    0
a    2
c    4
d    6
e    8
Name: named2, dtype: int32
```

시리즈 객체 인덱스 이름 또한 index.name 속성으로 변경할 수 있다.

```
>>> named2.index.name = 'label'
>>> named2
label
b    0
a    2
c    4
d    6
e    8
Name: named2, dtype: int32
```

시리즈 객체의 인덱스를 index 속성으로 재설정할 수 있다.

```
>>> named2.index = ['AA', 'BB', 'CC', 'DD', 'EE']
>>> named2
AA    0
BB    2
CC    4
DD    6
EE    8
Name: named2, dtype: int32
```

왜 많은 데이터 분석가들이 NumPy보다 pandas를 선호하는지 그 이유를 앞의 내용을 통해 알게 됐을 것이다. 이어서 pandas의 핵심 자료 구조인 데이터프레임에 대해 알아보자.

6.3 데이터프레임

pandas의 주 자료 구조는 데이터프레임^{DataFrame}이다. 시리즈가 색인화된 1차원 배열 자료 구조라면, 데이터프레임은 행 인덱스와 유연한 열^{columns} 이름으로 구성된 2차원 배열 구조라고 할 수 있다. 달리 말해 시리즈 객체에서 행 축으로 확장된 배열 객체라고 할 수 있다.

DataFrame 생성 함수

pd.DataFrame(data=None, index=None, columns=None, dtype=None, copy=None)

---

pandas에서 제공하는 데이터프레임 생성 함수의 매개변수는 표 6-2와 같다.

매개변수	설명
data	n차 배열 형식의 테이블 자료 구조: ndarray, series, dict, array를 취함
index	배열 형태의 인덱스: 디폴트 RangeIndex(0,1,…n)
columns	배열 형태의 열 이름: 디폴트 RangeIndex(0,1,…n)
dtype	요소의 데이터타입을 강제 지정. 하나의 데이터타입만 지정 가능
copy	copy=True경우, 입력 데이터를 깊은 복사(deep copy)함

표 6-2 DataFrame 생성 함수의 매개변수들

다음 예제 코드와 같이 index, columns를 별도 지정하지 않고 생략하면 모두 0부터 자동 부여된다. 암묵적 인덱싱 df1[1]은 시리즈처럼 두 번째 행이 아니라 '1'열에 접근한다. 두 번째 행에 접근하려면 loc[1]로 명시적으로 두 번째 행에 접근해야한다.

```
>>> import pandas as pd
>>> import numpy as np
>>> from pandas import Series, DataFrame, Index
>>> df1 = pd.DataFrame(np.random.rand(3,3))
>>> df1
        0          1          2
0    0.555269    0.068978    0.011946
1    0.095570    0.223161    0.840731
2    0.048518    0.753985    0.454338

>>> df1[1] # 두 번째 열이 인덱싱
0    0.068978
1    0.223161
2    0.753985
Name: 1, dtype: float64

>>> df1.loc[1] # 두 번째 행이 인덱싱(명시적)
0    0.095570
1    0.223161
2    0.840731
Name: 1, dtype: float64

>>> df1.iloc[1] # 두 번째 행이 인덱싱(암묵적)
0    0.095570
1    0.223161
2    0.840731
Name: 1, dtype: float64

>>> df1.0 # 열 이름 접근 불가
Cell In[1], line 1
    df1.0
        ^
SyntaxError: invalid syntax
```

df1[1]은 '1'열이 인덱싱되고, 나머지 df1.loc[1], df1.iloc[1]은 두 번째 행이 인덱싱됐다. 혼란스럽지 않은가? 혼동을 줄이기 위해 열 이름을 명시적으로 정의해 데이터프레임을 만들어 보자.

```
>>> import pandas as pd
>>> import numpy as np
>>> from pandas import Series, DataFrame, Index
>>> series_kr = pd.Series(np.arange(0,5,1), index=['seoul', 'pusan',
'incheon', 'daejeon', 'daegu'])
>>> series_jp = pd.Series(np.arange(0,10,2), index=['tokyo', 'osaka',
'sendai', 'yamagata', 'yonezawa'])
>>> cities_asia = pd.DataFrame({'korea': series_kr, 'japan': series_jp})
>>> cities_asia
          korean  japan
daegu        4.0    NaN
daejeon      3.0    NaN
incheon      2.0    NaN
osaka        NaN    2.0
pusan        1.0    NaN
sendai       NaN    4.0
seoul        0.0    NaN
tokyo        NaN    0.0
yamagata     NaN    6.0
yonezawa     NaN    8.0
```

이번에는 열 이름이 명시적으로 부여됐으므로 딕셔너리 스타일로 데이터에 접근해 보자.

```
# korea 열이 인덱싱됨
>>> cities_asia['korea'] # cities_asia.korea와 동일
daegu        4.0
daejeon      3.0
incheon      2.0
osaka        NaN
pusan        1.0
sendai       NaN
seoul        0.0
tokyo        NaN
yamagata     NaN
yonezawa     NaN
Name: korea, dtype: float64

# tokyo 행에 인덱싱
>>> cities_asia.loc['tokyo']
korea    NaN
japan    0.0
```

```
Name: tokyo, dtype: float64

# 8번째 행(tokyo)에 인덱싱
>>> cities_asia.iloc[7]
korea    NaN
japan    0.0
Name: tokyo, dtype: float64
```

훨씬 알아보기 쉽지 않은가? loc[]로 접근할 때는 문자열을 사용하고, iloc[]로 접근할 때는 정수를 사용하면 혼동이 줄고 명확해진다. 따라서 앞으로 열 이름은 문자열로 명시적으로 구분하도록 한다. loc[]와 iloc[]에 대해서는 Index절에서 더 다룰 예정이다.

NumPy와 달리 pandas에서는 누락된 값이 있으면 NaN^{Not a Number}으로 채운다. NaN이 발생하는 이유는 series_kr에는 daegu 인덱스가 있으나, series_jp에는 daegu 인덱스가 없기 때문이다. 물론 향후 데이터 분석 전에는 NaN 등 결측치를 미리 정제해 둬야 한다. 누락된 데이터 다루는 방법에 대해서는 뒤에서 알아보기로 하고, 데이터프레임에 대해 좀 더 알아보자.

```
>>> series_kr.daegu # 이와 같이 인덱스를 지정할 수 있음. series_kr['daegu']와 동일함.
4

>>> series_jp.daegu
AttributeError: 'Series' object has no attribute 'daegu'
```

series_jp.daegu 속성이 없다는 에러가 발생했다.

시리즈와 마찬가지로 데이터프레임에도 index 속성과 values 속성이 있으며, 이에 더해 columns 속성도 있다.

```
>>> cities_asia.index
Index(['daegu', 'daejeon', 'incheon', 'osaka', 'pusan', 'sendai', 'seoul',
'tokyo', 'yamagata', 'yonezawa'], dtype='object')

>>> cities_asia.columns
Index(['korea', 'japan'], dtype='object')

>>> cities_asia.values
```

```
array([[ 4., nan],
       [ 3., nan],
       [ 2., nan],
       [nan,  2.],
       [ 1., nan],
       [nan,  4.],
       [ 0., nan],
       [nan,  0.],
       [nan,  6.],
       [nan,  8.]])

# 두 번째 행의 값 접근
>>> cities_asia.values[1]
array([ 3., nan])
```

6.3.1 전치

NumPy에서의 전치(T) 또한 pandas에서도 제공하고 있다.

```
# 전치
>>> cities_asia.T
        daegu daejeon incheon osaka pusan sendai seoul tokyo ... yonezawa
korea   4.0    3.0     2.0     NaN   1.0   NaN    0.0   NaN   ...     NaN
japan   NaN    NaN     NaN     2.0   NaN   4.0    NaN   0.0   ...     8.0
```

6.3.2 슬라이싱

[start:end:step] 구문으로 시리즈 및 데이터프레임 객체를 슬라이싱할 수 있다. step
은 보폭을 뜻하는데 생략하면 디폴트로 1이 부여된다. 만약 2가 부여되면 하나씩 건너
뛴 결과를 얻을 수 있다. 반대로 -2가 부여되면 역순으로 하나씩 건너뛴 결과를 얻을
수 있다. 슬라이싱할 때 ':'(콜론)만 전달하면 모든 요소를 선택한다는 뜻이다. 열을 가
리키는 두 번째 인덱스를 생략하면 행의 요소 리스트를 얻을 수 있다.

```
# 슬라이싱, 세 번째 행까지, 두 번째 열까지
>>> cities_asia.iloc[:3, :2]
         korean  japan
daegu      4.0    NaN
daejeon    3.0    NaN
incheon    2.0    NaN

# iloc으로 세 번째 행 첫 번째 열 값 변경
>>> cities_asia.iloc[2,0] = 12

# 세 번째 행까지 모든 열 선택, 변경된 값(12) 확인됨
>>> cities_asia.iloc[:3, :]
         korean  japan
daegu      4.0    NaN
daejeon    3.0    NaN
incheon   12.0    NaN

# cities_asia.iloc[:3, :]과 동일함
>>> cities_asia.iloc[:3]
         korean  japan
daegu      4.0    NaN
daejeon    3.0    NaN
incheon   12.0    NaN

>>> cities_asia.iloc[::2]
          korea  japan
daegu      4.0    NaN
incheon   12.0    NaN
pusan      1.0    NaN
seoul      0.0    NaN
yamagata   NaN    6.0

>>> cities_asia.iloc[::-2]
          korea  japan
yonezawa   NaN    8.0
tokyo      NaN    0.0
sendai     NaN    4.0
osaka      NaN    2.0
daejeon    3.0    NaN
```

start 및 end에 음수를 지정하면 마지막 요소 기준으로 데이터를 얻을 수 있다.

```
# start가 마지막 요소로부터 3번째
>>> cities_asia.iloc[-3:]
          korea  japan
tokyo       NaN    0.0
yamagata    NaN    6.0
yonezawa    NaN    8.0

# end가 마지막 요소로부터 3번째
>>> cities_asia[:-3]
          korea  japan
daegu       4.0    NaN
daejeon     3.0    NaN
incheon    12.0    NaN
osaka       NaN    2.0
pusan       1.0    NaN
sendai      NaN    4.0
seoul       0.0    NaN
```

6.3.3 슬라이싱으로 역순 정렬하기

[::-1] 슬라이싱으로 간단히 역순 정렬이 가능하다.

```
>>> cities_asia[::-1]
          korea  japan
yonezawa    NaN    8.0
yamagata    NaN    6.0
tokyo       NaN    0.0
seoul       0.0    NaN
sendai      NaN    4.0
pusan       1.0    NaN
osaka       NaN    2.0
incheon    12.0    NaN
daejeon     3.0    NaN
daegu       4.0    NaN
```

6.3.4 마스킹

데이터프레임에서도 마스킹 연산을 지원한다. 다만, 행 단위로 지원한다.

```
# korea 열 가운데 값이 10을 초과한 열 찾기
>>> cities_asia[cities_asia.korea > 10]
          korea   japan
incheon    12.0    NaN
```

6.3.5 데이터 연산하기

NumPy의 기본 산술 연산 대부분을 지원하고 있다. 따라서 NumPy의 벡터 연산 및 유니버설 함수를 무리 없이 사용하면 된다. 유니버설 함수에 관해서는 "5.4. 유니버설 함수"절을 참조하길 바란다.

6.4 누락된 데이터 다루기

pandas를 소개하는 글에서는 데이터가 예쁘게 정리 정돈된 경우가 꽤 많다. 그러나 실제 현장에서 어렵게 얻은 데이터는 오류가 있거나 일부 누락되거나 해서 원하는 데이터 형태가 아닌 경우가 대부분이다. 따라서 이런 실상 데이터를 확보한 후 데이터를 정제하는 작업과 정제하는 기술 습득은 반드시 필요하다.

"데이터과학의 80/20 규칙(80/20 Rule of Data Science)"은 데이터 분석 분야에서 많이 알려져 있는 말이다. 데이터 분석가들이 데이터를 수집, 정제하는 데 시간의 80%를 소비하고 나머지 20%만 데이터 분석에 투입한다는 말이다. 그만큼 결측치 데이터 다루는 일을 경시해서는 안 된다.

데이터 분석 시 결측치(비어 있는 값)가 있으면 산술 연산에 실패하거나 편향된 분석 결과가 도출돼 정확도 및 신뢰도가 떨어지기 마련이다. 따라서 분석 전에 어떻게 결측치를 제거하거나 정제 및 가공할지 충분히 검토해야 한다. 가장 손쉬운 방법은 결측치 데이터를 삭제하는 것이다. 만약 결측치 데이터를 살리고 싶다면 0 또는 이전 값, 이후 값, 고정값, 평균값 등으로 대체하는 등 데이터의 성질과 상황에 맞춰 분석가가 적절히 정제 작업을 해야 할 것이다. 다만, 데이터 정제 작업이 데이터 조작으로 변질되지 않도록 유념하자. 그리고 결측치가 너무 많아 분석에 지장을 초래할 것 같다는 직관적 판단이 서면 데이터 수집을 다시 진행하는 것이 좋다.

pandas에서는 시리즈 및 데이터프레임에서 특정값으로 표기되지 않는 누락된 데이터(결측치)를 NA$^{Not\ Available}$값이라고 한다. 이 NA를 None 또는 NaN으로 표기하는데 NaN$^{Not\ a\ Number}$은 그 이름에서 유추할 수 있듯이 숫자형 결측치이다. 그 외는 None(파이썬 싱글톤 None 객체)으로 표기한다.

6.4.1 결측치 관련 메서드

결측치 데이터를 다룰 때 주로 사용하는 메서드는 표 6-3과 같다.

메서드	설명
df.isnull()/isna()	결측치이면 True, 아니면 False 불 마스크 반환
df.notnull()/notna()	isnull()의 반대
df.count()	결측치가 아닌(정상) 데이터 개수
df.fillna(val, method)	결측치를 val값으로 대체. inPlace=True 시 원본 변경. method: 1) 'pad', 'ffill': 이전 값으로 채움, 2) 'backfill', 'bfill': 이후 값으로 채움
df.backfill()/bfill()	fillna(method='bfill')과 동일
df.pad()/ffill()	fillna(method='ffill')과 동일
df.dropna(axis=0, how='any')	결측치를 포함하는 행 및 열 제거

표 6-3 결측치 관련 데이터프레임 메서드들

6.4.2 결측치 데이터 조사하기

먼저 데이터 안에 결측치 데이터가 있는지 조사한다. 주로 isnull(), notnull() 메서드로 결측치 불 마스크를 반환받아 확인한다.

```
>>> import pandas as pd
>>> import numpy as np
>>> null_data = pd.DataFrame({'number':[1, 2, np.nan, 4 ], 'obj':['pandas',
None, pd.NA, None]})
... null_data
    number    obj
0     1.0  pandas
1     2.0    None
```

```
2     NaN     <NA>
3     4.0     None

# 결측치 데이터 불 마스크
>>> null_data.isna()
    number    obj
0   False   False
1   False    True
2    True    True
3   False    True

# isna와 isnull 메서드가 동일한지 확인
>>> null_data.isna().equals(null_data.isnull())
True

# 결측치가 아닌 데이터 불 마스크
>>> null_data.notnull()
    number    obj
0    True    True
1    True   False
2   False   False
3    True   False
```

6.4.3 결측치 데이터 추출하기

isnull() 메서드와 notnull() 메서드로 결측치가 있는 행만 추출하거나 결측치가 없는 행만 추출할 수 있다.

```
# 반대로 obj 칼럼 결측치 행만 슬라이싱으로 추출
>>> null_data[ null_data['obj'].isnull() ]
    number    obj
1    2.0    None
2    NaN    <NA>
3    4.0    None

# obj 칼럼 결측치 아닌 행만 슬라이싱으로 추출
>>> null_data[ null_data['obj'].notnull() ]
    number     obj
0    1.0    pandas
```

6.4.4 결측치 집계 구하기

isnull() 메서드로 결측치 집계와 count(), sum() 메서드로 정상 데이터 수를 구할 수 있다.

```
# 결측치 집계 구하기
>>> null_data.isna().sum()
number    1
obj       3
dtype: int64

# 결측치 총 수
>>> null_data.isna().sum().sum()
4

# 열별 결측치 아닌 요소의 수
>>> null_data.count()
number    3
obj       1
dtype: int64

# 결측치 아닌 모든 요소의 총 수
>>> null_data.count().sum()
4
```

6.4.5 결측치를 특정값으로 채워넣기

결측치가 있으면 0 또는 평균값, 최댓값, 이전 값, 이후 값 등으로 채워야 하는 경우도 있다.

```
# 결측치를 'LOVE'로 채우기
>>> null_data.fillna('LOVE')
   number    obj
0    1.0  pandas
1    2.0    LOVE
2   LOVE    LOVE
3    4.0    LOVE

# 결측치를 '0'으로 채우기
>>> null_data.fillna(0)
   number    obj
```

```
0   1.0  pandas
1   2.0      0
2   0.0      0
3   4.0      0
```

pad() 메서드와 fillna(method='ffill') 메서드로 결측치를 이전 값으로 채울 수 있다.

```
# 이전 값으로 채우기
>>> null_data.pad()
    number      obj
0   1.0      pandas
1   2.0      pandas
2   2.0      pandas
3   4.0      pandas

>>> null_data.fillna(method='ffill')
    number      obj
0   1.0      pandas
1   2.0      pandas
2   2.0      pandas
3   4.0      pandas
```

backfill() 메서드와 fillna(method='bfill') 메서드로 결측치를 이후 값으로도 채울 수 있다.

```
# 이후 값으로 채우기
>>> null_data.backfill()
    number      obj
0   1.0      pandas
1   2.0        None
2   4.0        None
3   4.0        None

>>> null_data.fillna(method='bfill')
    number      obj
0   1.0      pandas
1   2.0        None
2   4.0        None
3   4.0        None
```

또한 다음과 같이 평균값mean 및 최댓값max으로도 채울 수 있다.

```
# 결측치를 평균값으로 채우기
>>> null_data['number'].fillna(null_data['number'].mean())
0    1.000000
1    2.000000
2    2.333333
3    4.000000
Name: number, dtype: float64

# 결측치를 최댓값으로 채우기
>>> null_data['number'].fillna(null_data['number'].max())
0    1.0
1    2.0
2    4.0
3    4.0
Name: number, dtype: float64
```

interpolate() 메서드를 이용해 실측값 사이의 결측치를 지정한 보간법으로 채울 수 있다. interpolate()는 디폴트로 결측치를 선형보간법linear으로 채운다. 그 외 보간법으로는 'time', 'index', 'pad', 'nearest' 등이 있다.

```
>>> null_data.interpolate()
   number    obj
0     1.0  pandas
1     2.0   None
2     3.0   <NA>
3     4.0   None
```

세 번째 NaN이 2.0과 4.0의 중간값인 3.0으로 채워졌다. 다만, obj열의 문자열 결측치의 보간 처리는 하지 않는 것 같다.

위의 null_data에서 첫 번째 열은 수열이고, 두 번째 열은 객체 열이지만, fillna() 메서드에서는 열의 데이터 타입과 상관없이 모든 결측치를 지정된 값('LOVE', 0)으로 일괄 대체했다. 여러분은 이런 결측치 처리가 아닌 열column별로 상이한 값으로 결측치를 채우는 방법을 알고 싶을 것이다. 딕셔너리를 활용하면 이를 간단히 해결할 수 있다. 딕셔너리에서 열 이름과 동일한 이름의 '키'와 채울 값을 '값'으로 정의한 후 fillna() 메서드의 인자로 전달하면 된다.

```
# 딕셔너리를 이용해 열별로 다른 값으로 결측치 채우기
>>> NA_val = {'number': 11, 'obj':'python'}
>>> null_data.fillna(NA_val)
    number      obj
0     1.0    pandas
1     2.0    python
2    11.0    python
3     4.0    python
```

첫 번째 열의 결측치는 '11'로 대체됐고, 두 번째 열의 결측치는 'python'으로 대체
됐다.

6.4.6 결측치 데이터 처리하기

add() 메서드로 두 데이터프레임을 결합할 때 결측치가 종종 발생하는 경우가 있는
데 이때 fill_value 매개변수를 부여하면 결측치를 생기지 않게 할 수 있다. 결측치
가 있는 두 데이터프레임 null_data와 null_data2를 add() 메서드로 더해 보자.

```
>>> null_data
    number      obj
0     1.0    pandas
1     2.0      None
2     NaN      <NA>
3     4.0      None

>>> null_data2 = pd.DataFrame({'number':[0, np.nan, 2, 2 ], 'obj':['pandas',
None, pd.NA, None]})
... null_data2
    number      obj
0     0.0    pandas
1     NaN      None
2     2.0      <NA>
3     2.0      None

>>> null_data.add(null_data2)
    number           obj
0     1.0    pandaspandas
1     NaN             NaN
2     NaN             NaN
3     6.0             NaN
```

'number'열 두 번째(null_data2의 결측치), 세 번째(null_data의 결측치)가 결측치가 된 점이 확인된다.

fill_value=0 인자를 줘서 결측치가 생기지 않도록 하자. fill_value=0은 계산 전에 결측치를 0으로 대체하라는 뜻이다.

```
>>> null_data.add(null_data2, fill_value=0)
    number         obj
0      1.0  pandaspandas
1      2.0           NaN
2      2.0           NaN
3      6.0           NaN
```

정상적으로 NaN이 0으로 대체돼 우리가 생각하는 + 연산이 잘 수행된 점이 확인된다.

6.4.7 결측치 제거하기

dropna() 메서드로 결측치 데이터를 제거할 수 있다.

---

dropna 메서드

dropna(axis=0, how='any', thresh=None, subset=None, inplace=False)

---

pandas에서 제공하는 dropna() 메서드의 매개변수는 표 6-4와 같다.

매개변수	설명
axis	기본적으로 행 기준(axis=0)으로 삭제하므로 만약 열 기준으로 삭제하려면 axis=1 인자를 부여하면 됨
how	디폴트인 'any'는 행 또는 열에 결측치가 하나라도 있으면 제거하고 'all'은 행 또는 열의 모든 값이 결측치면 제거함
thresh	결측치가 아닌 정상 데이터 개수 기준을 설정하고, 정상 데이터 개수 미만의 행 또는 열 제거
subset	dropna 대상 열 목록
inplace	True이면 원본 데이터 변경

표 6-4 dropna() 메서드의 매개변수들

dropna() 메서드의 how 매개변수의 디폴트 인자는 'any'이므로 행 또는 열에 결측치가 하나라도 있으면 해당 행 또는 열을 삭제해 버린다. 이렇게 하면 어렵게 구한 데이터를 잘 활용한다고 할 수 없기에 가급적 데이터를 살릴 수 있도록 다음과 같이 인자 값을 부여해 dropna를 사용해 보자.

디폴트 인자 값의 dropna는 결측치가 있는 모든 행과 열을 제거해 버린다.

```
>>> null_data3 = pd.DataFrame({'number':[1, 2, np.nan, 4 ],
...                            'obj':['pandas', None, pd.NA, None],
...                            'opt':[None, None, None, None]})
>>> null_data3
    number     obj   opt
0      1.0  pandas  None
1      2.0    None  None
2      NaN    <NA>  None
3      4.0    None  None

>>> null_data3.dropna()
Empty DataFrame
Columns: [number, obj, opt]
Index: []
```

how='all' 인자를 부여하면 열의 모든 값이 결측치인 'opt' 열만 제거된다.

```
>>> null_data3.dropna(axis=1, how='all')
    number     obj
0      1.0  pandas
1      2.0    None
2      NaN    <NA>
3      4.0    None
```

thresh=2 인자를 부여하면 정상 데이터가 2개 미만인 행이 제거된다. 다만, how 인자와는 함께 병용할 수 없다.

```
# 정상 데이터가 2개 이상만 남기고 나머지 제거
>>> null_data3.dropna(thresh=2)
    number     obj   opt
0      1.0  pandas  None
```

subset=['obj'] 인자를 부여해 'obj'열에서 하나 이상의 결측치가 있으면 행을 제거할 수 있다.

```
# 열 이름으로 특정 열 지정
>>> null_data3.dropna(subset=['obj'])
    number      obj   opt
0      1.0   pandas  None
```

6.5 Index

pandas에는 시리즈와 데이터프레임 외에도 데이터프레임 데이터를 참조 및 수정하게 해주는 명시적인 색인인 Index 객체가 있다. Index 객체는 다음 예제 코드와 같이 NumPy의 ndarray와 유사한 구조체 특성을 지니고 있어 인덱싱, 슬라이싱, 마스킹 등으로 데이터 접근이 가능하고 shape로 모양새 확인도 가능하다.

```
>>> idx1 = pd.Index(np.arange(10))
... idx1
Int64Index([0, 1, 2, 3, 4, 5, 6, 7, 8, 9], dtype='int64')

# 인덱싱 접근
>>> idx1[2]
2

# 슬라이싱
>>> idx1[::3]
Int64Index([0, 3, 6, 9], dtype='int64')

# 마스킹
>>> idx1[ idx1 < 5]
Int64Index([0, 1, 2, 3, 4], dtype='int64')

# 모양새
>>> idx1.shape
(10,)

# 인덱스 이름 변경
>>> idx1.name = 'idx1'
... idx1
Int64Index([0, 1, 2, 3, 4, 5, 6, 7, 8, 9], dtype='int64', name='idx1')
```

다만, 한 번 생성된 Index 객체 요소 값의 변경이 불가하므로 변경 시도 시 에러가 발생한다.

```
>>> idx1[ 0 ] = 4
TypeError: Index does not support mutable operations
```

6.5.1 멀티(계층적)인덱스

pandas에서는 멀티인덱스MultiIndex를 계층적 인덱스Hierarchical Index라고도 부르는데 일종의 2개 이상의 인덱스로 구성된 복합 인덱스이다. pandas는 2차원 배열인 데이터프레임DataFrame을 넘어 3차원 배열인 Panel 및 4차원 배열인 Panel4D 자료 구조를 제공하지만, Panel 대신 데이터프레임에서의 멀티인덱스 사용을 권장하고 있다.[2] 데이터가 여러 열 및 인덱스로 구성될 경우 단일 인덱스로 데이터를 참조하는 데는 한계가 있다. 이를 지원하기 위해 pandas에서는 계층적 인덱스인 MultiIndex를 지원하며, 이를 이용해 3차원 이상의 데이터도 데이터프레임으로 충분히 표현하고 다룰 수 있다.

먼저 환자명 인덱스를 부여하고, 각 환자의 일자별 '활동지수'를 나타내는 데이터프레임을 만들어 보자.

```
>>> import pandas as pd
>>> import numpy as np
>>> activities_val = {'20230102': [80, 70, 75], '20230103': [90,75,82],
'20230104':[95, 72, 89]}
>>> df = pd.DataFrame(data=activities_val, index=['Adams', 'Moses',
'Miriam'])
>>> df
        20230102  20230103  20230104
Adams         80        90        95
Moses         70        75        72
Miriam        75        82        89
```

---

2   https://pandas.pydata.org/pandas-docs/version/0.23/generated/pandas.Panel.html

그런데 여기서 '활동지수' 값뿐만 아니라 '호흡지수' 값까지 데이터프레임으로 표현하고 싶다면 어떻게 해야 할까? 데이터프레임은 2차원 배열이므로 행과 열 그리고 값으로 구성될 수밖에 없다. 이 문제를 보완하고자 pandas에서는 Panel 및 Panel4D를 제공하지만, 권장하지 않으므로 멀티인덱스('환자명', '일자')로 3차원 배열과 유사한 구조를 만들어 보자.

```
>>> multi_idx_df = pd.DataFrame(np.random.randint(50, 100, 18).reshape(9,2),
...                 index=[['Adams','Adams','Adams', 'Moses', 'Moses',
...                         'Moses','Miriam','Miriam','Miriam']],
...             ['20230102','20230103','20230104','20230102','20230103',
...             '20230104','20230102','20230103','20230104']],
...             columns=['Act', 'Breath'])
>>> multi_idx_df
                 Act  Breath
Adams  20230102   82     64
       20230103   58     72
       20230104   57     95
Moses  20230102   87     67
       20230103   64     98
       20230104   96     90
Miriam 20230102   90     76
       20230103   68     55
       20230104   88     57
```

멀티인덱스MultiIndex가 생성된 점이 확인된다. info() 메서드로 상세히 확인해 보자.

```
>>> multi_idx_df.info()
<class 'pandas.core.frame.DataFrame'>
MultiIndex: 9 entries, ('Adams', '20230102') to ('Miriam', '20230104')
Data columns (total 2 columns):
 #   Column  Non-Null Count  Dtype
---  ------  --------------  -----
 0   Act     9 non-null      int32
 1   Breath  9 non-null      int32
dtypes: int32(2)
memory usage: 386.0+ bytes
```

인덱스 생성 시 환자명과 일자 요소가 중복된다. from_product() 함수로 코드를 간결하게 하자.

```
>>> idx = pd.MultiIndex.from_product([['Adams','Moses', 'Miriam'],
...                                    ['20230102','20230103','20230104']])
>>> multi_idx_product_df = pd.DataFrame(
...                  np.random.randint(50, 100, 18).reshape(9,2),
...                  index=idx, columns=['Act', 'Breath'])
>>> multi_idx_product_df
                 Act  Breath
Adams  20230102   57     83
       20230103   82     62
       20230104   75     69
Moses  20230102   81     88
       20230103   78     86
       20230104   76     78
Miriam 20230102   68     99
       20230103   99     87
       20230104   63     62
```

튜플^{tuple} 형식으로도 멀티인덱스를 만들 수 있다. 다만, 중복된 값으로 멀티인덱스를 생성할 때는 from_product() 코드가 더 간결하다. 멀티인덱스를 생성하는 다른 방법으로는 from_arrays() 메서드와 from_frame() 메서드가 마련돼 있다. Index 이름도 Index 객체에서와 같이 index.names 속성으로 변경이 가능하다.

```
>>> tuple_index = \
...   [('Adams', '20230102'), ('Adams', '20230103'), ('Adams', '20230104'),
...:   ('Moses', '20230102'),('Moses', '20230103'),('Moses', '20230104'),
...:   ('Miriam', '20230102'),('Miriam', '20230103'),('Miriam', '20230104')
...:   ]
>>> multi_index = pd.MultiIndex.from_tuples(tuple_index)
>>> multi_index.names = ['FirstName','Date'] # 인덱스 이름 변경
>>> multi_idx_product_df = pd.DataFrame(
...          data=np.array([[92,96], [90,98], [66,86], [87,58],[57,82],
...                         [98,98],[76,83],[58,76],[62,99]]),
...          index=multi_index, columns=['Act', 'Breath'])
>>> multi_idx_product_df
                  Act  Breath
FirstName Date
Adams     20230102  92     96
          20230103  90     98
          20230104  66     86
Moses     20230102  87     58
          20230103  57     82
          20230104  98     98
```

```
Miriam    20230102    76    83
          20230103    58    76
          20230104    62    99
```

멀티인덱스를 사용하기 전에 정렬이 제대로 돼 있지 않으면 종종 오류가 발생한다.
sort_index(inplace=True) 메서드를 호출해 인덱스를 정렬한다.

```
>>> multi_idx_product_df.sort_index(inplace=True)
>>> multi_idx_product_df
                    Act   Breath
FirstName Date
Adams     20230102    92      96
          20230103    90      98
          20230104    66      86
Miriam    20230102    76      83
          20230103    58      76
          20230104    62      99
Moses     20230102    87      58
          20230103    57      82
          20230104    98      98
```

6.5.2 인덱스로 데이터 접근하기

멀티인덱스는 여러 인덱스로 구성되는데 최상위부터 레벨0 인덱스, 그다음 인덱스
를 레벨1 인덱스라고 한다. 위의 코드에서는 FirstName 인덱스가 레벨0, Date 인덱스
가 레벨1 이다.

iloc[], loc[] 속성

우선 iloc[] 속성으로 암묵적 인덱스로 데이터에 접근해 보자.

```
# 암묵적 인덱스로 접근(3행까지, 1열까지)
>>> multi_idx_product_df.iloc[:3, :1]
                    Act
FirstName Date
Adams     20230102    92
          20230103    90
          20230104    66
```

이번에는 loc[]로 명시적 인덱스로 데이터에 접근해 보자. 환자명 'Adams' (레벨0)의 모든 데이터를 조회해 보고, 환자명 'Adams'(레벨0)의 일자('20230103')의 데이터를 조회해 보자.

```
# 명시적 인덱스로 접근
>>> multi_idx_product_df.loc['Adams',:]
          Act   Breath
Date
20230102   92      96
20230103   90      98
20230104   66      86

# 명시적 인덱스로 접근
>>> multi_idx_product_df.loc['Adams','20230103']
Act        90
Breath     98
Name: (Adams, 20230103), dtype: int32
```

팬시 인덱싱도 가능한지 시도해 보자.

```
# 팬시 인덱싱도 가능함
>>> multi_idx_product_df.loc[['Adams','Miriam']]
                     Act   Breath
FirstName Date
Adams     20230102   92      96
          20230103   90      98
          20230104   66      86
Miriam    20230102   76      83
          20230103   58      76
          20230104   62      99
```

위와 같이 멀티인덱스를 이용하면 데이터프레임을 3차원 배열처럼 다룰 수 있다.

이번에는 loc[]로 모든 환자의 '20230103' 일자(레벨1)의 '활동지수' 및 '호흡지수' 조회를 시도해 보자.

```
>>> multi_idx_df.loc[:, '20230103']
KeyError: '20230102'
```

지금까지 사용해 온 슬라이싱 기법으로는 실패했다. 멀티인덱스에서의 loc[] 사용에는 한계가 있다. 대신 레벨0을 무시하고, 레벨1로 데이터를 추출하는 방법은 여러 가지가 있다. 대표적으로 4가지를 들 수 있다.

첫 번째는 ':' 대신 slice(None)을 사용하면 레벨1로만 추출할 수 있다.

```
>>> multi_idx_df.loc[(slice(None), '20230102'), :]
                Act   Breath
Adams  20230102   82      64
Moses  20230102   87      67
Miriam 20230102   90      76
```

두 번째는 pandas의 IndexSlice를 사용하면 가능하다.

```
# pd.IndexSlice로 레벨1 조회
>>> idx = pd.IndexSlice
>>> multi_idx_product_df.loc[ idx[:, '20230102'], : ]
                    Act   Breath
FirstName Date
Adams     20230102   92      96
Miriam    20230102   76      83
Moses     20230102   87      58
```

세 번째는 query() 메서드를 사용하는 방법이다. query() 메서드는 6장의 6.13절에서 자세하게 살펴볼 예정이다.

```
# query 메서드로 레벨1 조회
>>> multi_idx_product_df.query("Date == '20230102'")
                    Act   Breath
FirstName Date
Adams     20230102   92      96
Miriam    20230102   76      83
Moses     20230102   87      58
```

개인적으로는 query() 메서드 사용을 권장한다. slice() 메서드와 IndexSlice보다 간결하고 직관적이기 때문이다. 주위 사람들에게 늘 강조하는 말이 있다. "초기 개발 비용이 좀 더 들더라도 운영 및 유지보수가 편리하도록 코드를 작성하는 편이 궁극적으로 비용이 덜 든다."는 말이다.

좌우지간 살펴본 바와 같이 loc[]는 주로 싱글 인덱스에 특화돼 있어 멀티인덱스에 적합하지 못한 점이 있다. 이런 문제 해결을 위해 pandas에서 xs() 메서드를 제공하고 있다.

네 번째는 xs() 메서드를 사용하는 방법이다.

xs() 메서드

```
xs 메서드
df.xs(key, axis=0, level=None, drop_level=True)
```

pandas에서 제공하는 xs() 메서드의 매개변수는 표 6-5와 같다.

매개변수	설명
key	키 분류 기준값
axis	0 또는 'index': 행 기준으로 연산 1 또는 'columns': 열 기준으로 연산
level	멀티인덱스의 인덱스명 또는 멀티인덱스의 인덱스
drop_level	True이면 필터링하는 값을 제외하고 하위 분류를 출력, False는 그 반대

표 6-5 xs() 메서드의 매개변수들

앞에서 조회에 실패한 모든 환자의 '20230103' 일자의 '활동지수' 및 '호흡지수' 조회를 xs() 메서드로 시도해 보자.

```
# 20230103일자 모든 환자의 '활동지수' 및 '호흡지수' 조회
>>> multi_idx_product_df.xs('20230103', level='Date')
          Act  Breath
FirstName
Adams      90      98
Miriam     58      76
Moses      57      82
```

drop_Level=False를 부여해 해당 레벨('Date')의 데이터도 함께 출력한다.

```
>>> multi_idx_product_df.xs('20230103', level=1, drop_level=False)
```

```
                Act  Breath
FirstName Date
Adams     20230103   90      98
Miriam    20230103   58      76
Moses     20230103   57      82
```

level=0 인자를 부여해 레벨0 인덱스(FirstName)로 접근도 가능하다.

```
>>> multi_idx_product_df.xs('Adams', level=0, drop_level=False)
                Act  Breath
FirstName Date
Adams     20230102   92      96
          20230103   90      98
          20230104   66      86
```

튜플로 멀티인덱스의 레벨0, 1 인덱스에 동시 접근도 가능하다.

```
>>> multi_idx_product_df.xs(('Moses','20230102'), drop_level=False)
Act      87
Breath   58
Name: (Moses, 20230102), dtype: int32
```

위와 같이 멀티인덱스로 조회할 경우 혼란을 줄이기 위해 loc[]보다는 xs() 사용을
권장한다. loc[]는 싱글 인덱스, xs()는 멀티인덱스로 구분해 사용하면 코드도 간결
해질 것이다. 복잡하고 직관성이 떨어진다면 query() 메서드 사용을 고려해 보자.

6.5.3 인덱스 설정 및 해제하기

unstack() 메서드로 인덱스를 열로 변경할 수 있다. unstack(level=1)로 레벨1인 두
번째 인덱스 'Date'를 열로 변경하면 다음과 같다.

```
>>> multi_idx_product_df.unstack(level=1)
              Act                          Breath
Date      20230102 20230103 20230104 20230102 20230103 20230104
FirstName
Adams          92       90       66       96       98       86
Miriam         76       58       62       83       76       99
Moses          87       57       98       58       82       98
```

마찬가지로 unstack(level=0)으로 레벨0인 첫 번째 인덱스 'FirstName'을 열로 변경하면 다음과 같다.

```
>>> multi_idx_product_df.unstack(level=0)
                Act                 Breath
FirstName Adams Miriam Moses  Adams Miriam Moses
Date
20230102     92     76    87     96     83    58
20230103     90     58    57     98     76    82
20230104     66     62    98     86     99    98
```

다음과 같이 FirstName 인덱스를 해제한 데이터프레임은 Date 인덱스만 갖게 된다.

```
>>> df2 = multi_idx_product_df.unstack(level=0)
>>> df2
                Act                 Breath
FirstName Adams Miriam Moses  Adams Miriam Moses
Date
20230102     92     76    87     96     83    58
20230103     90     58    57     98     76    82
20230104     66     62    98     86     99    98

>>> df2.index
Index(['20230102', '20230103', '20230104'], dtype='object', name='Date')

>>> df2.loc['20230102']
         FirstName
Act      Adams        92
         Miriam       76
         Moses        87
Breath   Adams        96
         Miriam       83
         Moses        58
```

또한 reset_index() 메서드로 생성된 인덱스를 제거하고 기본 인덱스^{RangeIndex}로 변경할 수 있다.

```
>>> no_index_df = multi_idx_product_df.reset_index()
>>> no_index_df
  FirstName     Date  Act  Breath
0     Adams  20230102   92      96
1     Adams  20230103   90      98
2     Adams  20230104   66      86
3    Miriam  20230102   76      83
4    Miriam  20230103   58      76
5    Miriam  20230104   62      99
6     Moses  20230102   87      58
7     Moses  20230103   57      82
8     Moses  20230104   98      98

>>> no_index_df.info()
<class 'pandas.core.frame.DataFrame'>
RangeIndex: 9 entries, 0 to 8
Data columns (total 4 columns):
 #   Column     Non-Null Count  Dtype
---  ------     --------------  -----
 0   FirstName  9 non-null      object
 1   Date       9 non-null      object
 2   Act        9 non-null      int32
 3   Breath     9 non-null      int32
dtypes: int32(2), object(2)
memory usage: 344.0+ bytes
```

해제된 인덱스를 set_index() 메서드로 또다시 인덱스를 지정할 수 있다.

```
>>> set_index_df = no_index_df.set_index(['FirstName', 'Date'])
>>> set_index_df.info()
<class 'pandas.core.frame.DataFrame'>
MultiIndex: 9 entries, ('Adams', '20230102') to ('Miriam', '20230104')
Data columns (total 2 columns):
 #   Column  Non-Null Count  Dtype
---  ------  --------------  -----
 0   Act     9 non-null      int32
 1   Breath  9 non-null      int32
dtypes: int32(2)
memory usage: 465.0+ bytes
```

이외에도 reset_index() 메서드와 set_index() 메서드의 단축형인 reindex() 메서드
가 있는데 결측치 처리에 능숙하다면 유용할 수 있다.

```
>>> idx = ['Seoul','Pusan', 'Jeju']
>>> df = pd.DataFrame(np.random.randint(50, 100, 3).reshape(3,1),
...                index=idx)
>>> df
        0
Seoul  64
Pusan  76
Jeju   92

>>> df.reindex(['Daejon', 'Seoul'], method='ffill')
         0
Daejon  92
Seoul   64
```

swaplevel() 메서드로 멀티인덱스 내부에서 인덱스 레벨을 서로 바꿀 수 있다.
swaplevel() 메서드는 레벨을 교체한 새로운 멀티인덱스 객체를 반환한다.

```
>>> changed_level = set_index_df.swaplevel('FirstName', 'Date')
>>> changed_level
                 Act  Breath
Date     FirstName
20230102 Adams    92    96
20230103 Adams    90    98
20230104 Adams    66    86
20230102 Miriam   76    83
20230103 Miriam   58    76
20230104 Miriam   62    99
20230102 Moses    87    58
20230103 Moses    57    82
20230104 Moses    98    98

>>> changed_level.info()
<class 'pandas.core.frame.DataFrame'>
MultiIndex: 9 entries, ('20230102', 'Adams') to ('20230104', 'Miriam')
Data columns (total 2 columns):
 #   Column  Non-Null Count  Dtype
---  ------  --------------  -----
 0   Act     9 non-null      int32
 1   Breath  9 non-null      int32
dtypes: int32(2)
memory usage: 465.0+ bytes
```

FirstName과 Date의 순서, 즉 레벨이 변경된 점이 확인된다.

6.5.4 간단한 집계 및 통계

데이터프레임에 멀티인덱스 객체가 있다면 간단한 집계 연산이 가능하다. 데이터프레임 객체의 min(), max(), sum(), mean(), median() 등 집계 관련 메서드에는 level 매개변수가 있는데 멀티인덱스의 인덱스를 지정하면 간단한 집계 및 통계를 구할 수 있다.

```
>>> multi_idx_product_df.mean(level='FirstName')
              Act        Breath
FirstName
Adams      82.666667   93.333333
Miriam     65.333333   86.000000
Moses      80.666667   79.333333

>>> multi_idx_product_df.sum(level='FirstName')
<stdin>:1: FutureWarning: Using the level keyword in DataFrame and Series
aggregations is deprecated and will be removed in a future version. Use
groupby instead. df.sum(level=1) should use df.groupby(level=1).sum().
           Act    Breath
FirstName
Adams      248     280
Miriam     196     258
Moses      242     238

>>> multi_idx_product_df.min(level='Date')
           Act    Breath
Date
20230102   76      58
20230103   57      76
20230104   62      86
```

실행하면 위와 같이 경고문이 표시되고 groupby() 메서드 사용을 권장하고 있다. groupby() 메서드로 동일한 결과를 도출할 수 있는데 groupby()에 관해서는 6장 후반부를 참조하길 바란다.

```
>>> multi_idx_product_df.groupby(level='FirstName').sum()
           Act    Breath
FirstName
Adams      248     280
Miriam     196     258
Moses      242     238
```

그러나 데이터프레임에 MultiIndex가 아닌 Index 객체가 있다면 level 인자로는 집계 연산이 불가능하다.

```
>>> import pandas as pd
>>> import numpy as np
>>> activities_val = {'20230102': [80, 70, 75], '20230103': [90,75,82],
'20230104':[95, 72, 89]}
>>> df = pd.DataFrame(data=activities_val, index=['Adams', 'Moses',
'Miriam'])
>>> df.index.names = ['FirstName']
>>> df
           20230102  20230103  20230104
FirstName
Adams            80        90        95
Moses            70        75        72
Miriam           75        82        89

# MultiIndex가 아니기에 level 옵션이 적용되지 않음
>>> df.min(level="FirstName")
           20230102  20230103  20230104
FirstName
Adams            80        90        95
Moses            70        75        72
Miriam           75        82        89
```

위와 같이 level="FirstName" 옵션을 부여했음에도 집계되지 않는다. 대신 axis 인자로 집계 연산이 가능하다.

```
>>> df.mean(axis=1)
FirstName
Adams      88.333333
Moses      72.333333
Miriam     82.000000
dtype: float64

>>> df.mean(axis=0)
20230102     75.000000
20230103     82.333333
20230104     85.333333
dtype: float64
```

6.6 데이터 합치기

pandas에서 두 객체 데이터를 합치는 대표적인 함수 및 메서드는 표 6-6과 같다.

함수/메서드	설명
pd.concat([x,y])	두 객체를 행 또는 열 축에 따라 객체를 합친 결과를 반환
df.append(other)	other 객체를 행 기준으로 추가한 결과를 반환
df.insert(loc, col, val)	val값의 col열을 loc 위치에 삽입함. 원본 데이터 변경
pd.merge(x,y)	하나 이상의 열 기준으로 두 객체를 합친 결과를 반환
df.join(other)	인덱스를 '키'로 두 객체를 합친 결과를 반환
df.combine(other,func)	func 함수를 활용해 두 객체를 합친 결과를 반환
df.combine_first(other)	self 객체의 결측치를 other값을 덮어쓴 결과를 반환
df.update(other)	self의 열과 동일한 other의 열 이름의 값으로 덮어쓴다. 결과 반환이 아니라 self의 기존 데이터를 덮어씀

표 6-6 pandas에서 두 객체 데이터 합치기 관련 함수 및 메서드들

6.6.1 concat 함수

concat() 함수는 둘 이상의 pandas 객체를 행 및 열 기준으로 결합하는 pandas() 함수이다. NumPy에서의 concatenate() 함수와 유사하다.

---

concat() 함수

pd.concat(objs, axis=0, join='outer', ignore_index=False, keys=None, levels=None, names=None, verify_integrity=False, sort=False, copy=True)

사용 예)

pd.concat([x, y], axis=0, join='outer')

연결하고자 하는 시리즈 및 데이터프레임 객체 x, y를 배열로 부여하고, join 방식을 부여해 연결한다.

---

pandas가 제공하는 concat() 함수의 대표적인 매개변수는 표 6-7과 같다.

매개변수	설명
objs	시리즈, 데이터프레임 시퀀스
axis	두 객체를 연결할 방향(0: 행,1: 열): 디폴트 0
join	결합 방식: 'outer'는 합집합, 외부 조인을 의미하고, 'inner'는 교집합, 내부 조인을 의미함. 디폴트는 'outer'
ignore_index	True이면 기존 인덱스를 무시하고 새로운 인덱스를 생성함
keys	결합된 데이터프레임에 레이블을 지정해 계층적 구조 부여함. MultiIndex와 유사함
levels	결합된 데이터프레임에 대한 인덱스의 계층 구조를 지정함. keys와 함께 사용 권장
names	keys, levels가 있을 때. 계층 레이블
verify_integrity	True이면 인덱스가 중복되면 에러 발생: 디폴트 False
sort	True이면 정렬함: 디폴트 False
copy	True이면 복사함: 디폴트 False

표 6-7 concat 함수의 매개변수

다음 예제 코드로 그 사용 방법을 살펴보자.

```
>>> import pandas as pd
>>> import numpy as np
>>> adams_act = pd.DataFrame(
...             [
...                 ['20230102', 92],
...                 ['20230103', 65],
...                 ['20230104', 96]
...             ],
...                 columns=['Date', 'Act'])

>>> adams_breath = pd.DataFrame(
...             [
...                 ['20230102', 90],
...                 ['20230103', 71],
...                 ['20230104', 81]
...             ],
...                 columns=['Date', 'Breath'])
>>> print(adams_act)
      Date  Act
0  20230102   92
1  20230103   65
2  20230104   96
```

```
>>> print(adams_breath)
      Date  Breath
0  20230102      90
1  20230103      71
2  20230104      81
```

두 데이터프레임을 concat() 함수로 결합해 보자.

```
>>> pd.concat([adams_act, adams_breath])
      Date   Act  Breath
0  20230102  92.0     NaN
1  20230103  65.0     NaN
2  20230104  96.0     NaN
0  20230102   NaN    90.0
1  20230103   NaN    71.0
2  20230104   NaN    81.0
```

디폴트 axis=0이므로 행으로 결합돼 adams_act가 위, adams_breath가 아래로 결합됐다. 이번에는 axis=1 인자를 부여해 열로 결합해 보자.

```
>>> pd.concat([adams_act, adams_breath], axis=1)
      Date  Act      Date  Breath
0  20230102   92  20230102      90
1  20230103   65  20230103      71
2  20230104   96  20230104      81
```

눈치가 빠르다면 Date열이 중복된 점을 발견하고 중복을 제거하고 싶을 것이다. 슬라이싱 기법으로 중복된 열을 제거할 수 있다. 지금 두 객체의 인덱스는 RangeIndex이다.

```
>>> adams_act.index
RangeIndex(start=0, stop=3, step=1)

>>> new_pd = pd.concat([adams_act, adams_breath], axis=1)
>>> new_pd
      Date  Act      Date  Breath
0  20230102   92  20230102      90
1  20230103   65  20230103      71
2  20230104   96  20230104      81
```

다음 예제와 같이 duplicated() 메서드를 활용해 중복 열을 제거할 수도 있다.

```
# 중복 열 제거
>>> new_pd.loc[:,~new_pd.columns.duplicated()]
       Date  Act  Breath
0  20230102   92      90
1  20230103   65      71
2  20230104   96      81
```

또한 set_index() 메서드로 두 객체에 Date 열을 인덱스로 설정한 후 결합하면 Date 열이 중복되지 않는다. concat() 함수는 인덱스를 기준으로 합치는 속성이 있기 때문이다.

```
>>> adams_act_with_idx = adams_act. set_index('Date')
>>> adams_breath_with_idx = adams_breath.set_index('Date')
>>> pd.concat([adams_act_with_idx, adams_breath_with_idx], axis=1)
          Act  Breath
Date
20230102   92      90
20230103   65      71
20230104   96      81
```

하지만 위와 같이 중복된 열이 있을 경우에는 concat() 함수보다는 중복 열을 '키'로 해 merge() 메서드로 두 객체를 결합하는 편이 편리하다. 다시 한 번 강조하지만, 코드를 간결하게 유지해야 함을 잊지 말자. 코드가 복잡해지면 버그가 발생해 원하지 않는 결과가 도출돼 버린다. 그리고 그 원인을 찾고 해결하는 데까지 많은 시간이 걸리고 스트레스를 받게 된다. "코드는 설계자의 의도가 아닌 작성된 대로 동작할 뿐이다."라는 점을 명심하자.

```
>>> adams_act.merge(adams_breath, left_on="Date", right_on="Date")
       Date  Act  Breath
0  20230102   92      90
1  20230103   65      71
2  20230104   96      81
```

이제 sort 인자를 부여해 보자.

```
>>> pd.concat([adams_act, adams_breath], sort=True)
    Act  Breath      Date
0  92.0     NaN  20230102
1  65.0     NaN  20230103
2  96.0     NaN  20230104
0   NaN    90.0  20230102
1   NaN    71.0  20230103
2   NaN    81.0  20230104
```

ignore_index=True 인자를 부여하면 기존 Index를 무시하고 새로운 Index를 생성할 수 있다.

```
>>> pd.concat([adams_act, adams_breath], ignore_index=True)
       Date   Act  Breath
0  20230102  92.0     NaN
1  20230103  65.0     NaN
2  20230104  96.0     NaN
3  20230102   NaN    90.0
4  20230103   NaN    71.0
5  20230104   NaN    81.0
```

다음과 같이 RangeIndex(0 to 5)가 새로이 생성된 점이 확인된다.

```
>>> pd.concat([adams_act, adams_breath], ignore_index=True).info()
<class 'pandas.core.frame.DataFrame'>
RangeIndex: 6 entries, 0 to 5
Data columns (total 3 columns):
 #   Column  Non-Null Count  Dtype
---  ------  --------------  -----
 0   Date    6 non-null      object
 1   Act     3 non-null      float64
 2   Breath  3 non-null      float64
dtypes: float64(2), object(1)
memory usage: 272.0+ bytes
```

verify_integrity=True 인자를 부여해 중복된 인덱스로 인해 에러가 발생하는지 살펴보자.

```
>>> pd.concat([adams_act, adams_breath], verify_integrity=True)
ValueError: Indexes have overlapping values: Int64Index([0, 1, 2],
dtype='int64')
```

마지막으로 keys, levels, names 인자를 부여해 보자.

```
>>> pd.concat([adams_act, adams_breath], keys=['level1', 'level2'],
names=['name1', 'name2'])
                Date   Act  Breath
name1  name2
level1 0      20230102  92.0    NaN
       1      20230103  65.0    NaN
       2      20230104  96.0    NaN
level2 0      20230102   NaN   90.0
       1      20230103   NaN   71.0
       2      20230104   NaN   81.0

>>> pd.concat([adams_act, adams_breath], keys=['level1', 'level2'],
levels=[['level1', 'level2']])
              Date   Act  Breath
level1 0  20230102  92.0    NaN
       1  20230103  65.0    NaN
       2  20230104  96.0    NaN
level2 0  20230102   NaN   90.0
       1  20230103   NaN   71.0
       2  20230104   NaN   81.0

>>> pd.concat([adams_act, adams_breath], keys=['level1', 'level2'],
levels=[['level1', 'level2']], names=['name1', 'name2'])
                Date   Act  Breath
name1  name2
level1 0      20230102  92.0    NaN
       1      20230103  65.0    NaN
       2      20230104  96.0    NaN
level2 0      20230102   NaN   90.0
       1      20230103   NaN   71.0
       2      20230104   NaN   81.0
```

6.6.2 append 메서드

append() 메서드는 concat() 함수처럼 간편하게 객체를 결합해 준다. 하지만 pandas 버전 1.4.0부터는 append() 메서드 대신 concat() 함수 사용을 권장하고 있다. 다만, 여기서는 레거시 코드 분석을 위해 append() 메서드 사용 방법을 간단히 짚고 넘어가려고 한다.

append() 메서드는 self 데이터프레임에 other 데이터프레임을 행 기준으로 추가해 반환한다. other는 self 데이터프레임에 행 기준으로 추가될 데이터프레임이며, 나머지 매개변수는 concat() 함수와 그 쓰임새가 유사하므로 concat() 함수를 참조하자.

adams_act 데이터프레임에 adams_breath 데이터프레임을 추가한 결과는 다음과 같다.

```
>>> adams_act.append(adams_breath)
       Date    Act  Breath
0  20230102   92.0     NaN
1  20230103   65.0     NaN
2  20230104   96.0     NaN
0  20230102    NaN    90.0
1  20230103    NaN    71.0
2  20230104    NaN    81.0
```

두 데이터프레임의 RangeIndex(0,1,2)가 중복됐다. 새로운 인덱스 생성을 원하면 ignore_index=True 인자를 부여하면 된다.

가끔 append() 메서드를 여러 번 호출해 객체를 만드는 경우가 있다. 하지만 다음 append() 메서드와 concat() 함수의 성능을 비교한 예제 코드와 같이 append() 메서드를 호출하게 되면 메모리 소비량이 많아지고 속도가 저하되는 원인이 된다. 따라서 가급적 concat() 함수 사용을 권장한다.

```
# append와 concat의 성능 비교
>>> import pandas as pd
>>> import numpy as np
>>> import timeit

>>> EXE_CNT = 20

>>> df = pd.DataFrame({
...     "A": np.random.randint(0, 100, 1_000_000),
...     "B": np.random.randint(0, 100, 1_000_000),
...     "C": np.random.randint(0, 100, 1_000_000)
```

```
... })

>>> def create_df_append():
...     df2 = df
...     for i in range(EXE_CNT-1):
...         df2 = df2.append(df)

>>> def create_df_concat():
...     df2 = pd.concat([df]*EXE_CNT)

>>> time1 = timeit.timeit(create_df_append, number=10)
>>> time2 = timeit.timeit(create_df_concat, number=10)
>>> print("Running time of append function: ", time1)
>>> print("Running time of concat function: ", time2)
Running time of append function:  9.176460599992424
Running time of concat function:  0.7675475999712944
```

append() 메서드로 구현하면 9.17초가 걸렸고, concat() 함수로 구현하면 0.7초가 걸렸다. 또한 memory_profiler 외부 모듈로 메모리 사용량을 측정한 결과 append() 메서드는 719MB를 소모한 반면에 concat() 함수는 164MB를 소모했다.

TIP

> IPython의 매직 명령어를 사용하려면 IPython 및 주피터 환경이 필요하다.

```
In [1]: %load_ext memory_profiler
        %memit create_df_append()
Out [1]: peak memory: 719.00 MiB, increment: 555.36 MiB
In [2]: %memit create_df_concat()
Out [2]: peak memory: 164.54 MiB, increment: 0.00 MiB
```

성능 결과에서 알 수 있다시피 성능 및 코드 간결성 등에서 concat() 함수가 뛰어나니 append() 메서드보다는 concat() 함수 사용을 습관화하자. 이제 concat() 함수보다 더욱 고차원의 데이터 결합이 가능한 insert() 메서드와 merge() 함수 및 join() 메서드를 살펴보자.

6.6.3 insert 메서드

append() 메서드와 유사한 것으로 insert() 메서드가 있다. append() 메서드는 행 기준으로 추가하는 반면에 insert() 메서드는 지정한 위치[loc]에 지정한 열[column] 이름과 값[value]을 삽입하는 차이가 있다.

---

insert 메서드

df.insert(loc, column, value, allow_duplicates=False)

loc는 삽입할 열의 위치이고, column은 삽입할 열 이름으로 allow_duplicates=True이면 중복 데이터(열 이름)를 허가한다.

다음 예제 코드를 살펴보자.

```
>>> import pandas as pd
>>> import numpy as np

>>> adams_act = pd.DataFrame(
...                 [
...                     ['20230102', 92],
...                     ['20230103', 65],
...                     ['20230104', 96]
...                 ],
...                     columns=['Date', 'Act''])

>>> print(adams_act)
      Date  Act
0  20230102   92
1  20230103   65
2  20230104   96

# 두 번째 열에 [11, 12, 13] 값의 "Date2"열을 추가
>>> adams_act.insert(1, "Date2", [11, 12, 13]  )
>>> adams_act
      Date  Date2  Act
0  20230102     11   92
1  20230103     12   65
2  20230104     13   96
```

```
# 세 번째 열에 [21, 22, 23] 값의 "Date2"열을 추가
>>> adams_act.insert(2, "Date2", [21, 22, 23]  )
ValueError: cannot insert Date2, already exists
```

이미 Date2열이 존재하므로 에러가 발생한다. 그렇다면 allow_duplicates=True
를 부여해 중복을 허가해 보자.

```
# 중복 열 "Date2"를 허가
>>> adams_act.insert(2, "Date2", [21, 22, 23], allow_duplicates=True )
>>> adams_act
        Date  Date2  Date2  Act
0   20230102    11     21    92
1   20230103    12     22    65
2   20230104    13     23    96
```

세 번째 열 위치에 [21, 22, 23]값의 "Date2"열이 삽입된 점이 확인된다.

6.6.4 merge 함수와 메서드

merge()는 두 데이터프레임 객체를 열 기준으로 결합하는 pandas 함수이다. 또한
데이터프레임에서도 동일한 기능과 시그니처의 메서드를 제공한다. pandas에서의
merge() 함수와 join() 메서드는 고급 RDBMS에서 제공하는 데이터 병합 기능을 쏙
빼 닮았다. SQL문에 익숙하다면 금방 사용할 수 있을 것이다.

---

merge **함수**

pd.merge(left, right, how='inner', on=None, left_on=None, right_on=None, left_
index=False, right_index=False, sort=False, suffixes=('_x', '_y'), copy=True,
indicator=False, validate=None)

---

pandas에서 제공하는 merge() 함수의 대표적인 매개변수는 표 6-8과 같다.

매개변수	설명
`left, right`	병합 대상 객체
`how`	병합 방식: 'inner'는 두 객체의 교집합, 'left'는 왼쪽 객체 기준으로 병합, 'right'는 오른쪽 객체 기준으로 병합, 'outer'는 두 객체의 합집합, 'cross'는 두 객체의 데카르트곱으로 병합. 디폴트는 'inner'
`on`	병합 시 기준으로 삼을 열 이름
`left_on/` `right_on`	열 기준 병합 시 기준이 되는 왼쪽 객체의 열 이름(left_on), 오른쪽 객체의 열 이름(right_on)
`left_index/` `right_index`	True이면 인덱스 기준 병합: left_index=True이면 왼쪽 객체 인덱스 기준으로 병합, right_index=True이면 오른쪽 객체 인덱스 기준으로 병합
`sort`	True이면 병합 후 정렬함: 디폴트는 False
`suffixes`	병합 후 열 이름이 중복될 경우 구분할 접미사
`copy`	True이면 복사함: 디폴트는 False
`indicator`	True이면 병합 후 병합 정보가 있는 열을 마지막 열에 표시
`validate`	병합 방식이 '1:1', '1:m', 'm:1', 'm:m'가 맞는지 검증. validate={'1:1'}면 두 객체가 일대일로 병합됐는지 검증함

표 6-8 merge() 함수의 매개변수들

`merge()` 함수는 두 데이터프레임에 동일한 열 이름이 있다면 해당 열 기준으로 적절하게 알아서 병합해 준다. 앞서의 `concat()` 함수에서의 예제 코드를 `merge()`로 다시 작성해 보자.

```
>>> pd.merge(adams_act,adams_breath)
       Date  Act  Breath
0  20230102   92      90
1  20230103   65      71
2  20230104   96      81
```

`concat()` 함수와 달리 `merge()` 함수는 두 객체의 중복되는 열, 즉 동일한 열 이름인 Date열을 갖고 있다는 것을 감지하고 Date열을 '키'로 해 알아서 적절하게 결합한 새로운 객체를 생성했다. 아주 편리하다.

DBMS를 다룬 경험이 있다면 아는 내용이지만, 두 객체를 병합할 때 다대다(N×N) 병합을 원칙으로 한다.

```
# 다대다 병합
>>> adams_act2 = pd.DataFrame(
...                 [
...                     ['20230102', 92],
...                     ['20230102', 86],
...                     ['20230103', 65],
...                     ['20230104', 96]
...                 ],
...                 columns=['Date', 'Act'])
>>> adams_breath2 = pd.DataFrame(
...                 [
...                     ['20230102', 90],
...                     ['20230102', 89],
...                     ['20230103', 71],
...                     ['20230104', 81]
...                 ],
...                 columns=['Date', 'Breath'])
>>> pd.merge(adams_act2, adams_breath2)
      Date  Act  Breath
0  20230102   92      90
1  20230102   92      89
2  20230102   86      90
3  20230102   86      89
4  20230103   65      71
5  20230104   96      81
```

adams_act2의 ['20230102', 92], ['20230102', 86]과 adams_breath2의
['20230102', 90], ['20230102', 89]는 Date열의 값이 중복된다. 병합하게 되면
2×2 = 4개 행으로 병합된다.

이전 예제 코드에서는 adams_act의 ['20230102', 92]와 adams_breath의
['20230102', 90]이 서로 한 개만 있으므로 1×1 = 1개 행으로 병합됐던 것이다.
이와 같이 1×1 병합을 일대일 병합, 1×N 병합을 일대다 병합, N×N 병합을 다대
다 병합이라 부르기도 한다.

validate 매개변수

앞의 예제는 다대다('m:m')로 병합됐다. 이제 validate 매개변수에 '1:m' 인자를 부
여해 검증해 보자.

```
# validate
>>> pd.merge(adams_act2, adams_breath2, validate='1:m')
MergeError: Merge keys are not unique in left dataset; not a one-to-many
merge
```

일대다 병합이 아니라는 MergeError가 발생했다. 반대로 'm:m' 인자를 부여해 보자.

```
>>> pd.merge(adams_act2, adams_breath2, validate='m:m')
      Date  Act  Breath
0  20230102   92      90
1  20230102   92      89
2  20230102   86      90
3  20230102   86      89
4  20230103   65      71
5  20230104   96      81
```

'm:m' 병합이 맞다.

indicator 매개변수

indicator 매개변수를 부여해 병합 정보를 살펴보자. 마지막에 _merge열이 추가돼
관련 정보가 표시된다.

```
# indicator
>>> pd.merge(adams_act2, adams_breath2, indicator=True)
      Date  Act  Breath  _merge
0  20230102   92      90    both
1  20230102   92      89    both
2  20230102   86      90    both
3  20230102   86      89    both
4  20230103   65      71    both
5  20230104   96      81    both
```

on 매개변수

앞에서 살펴본 pd.merge(adams_act2, adams_breath2)에서는 두 데이터프레임 객체에
동일한 열 이름 'Date'가 있고 모양새 및 값이 비슷했기에 pandas가 자동으로 병합
해 줬지만, 원하는 조건이 아니면 자동 병합에 실패하게 된다. 이럴 때는 두 데이터

프레임에 동시에 존재하는 동일한 이름을 가진 열 가운데 병합 기준으로 삼을 열 이름을 on 인자로 명시적으로 지정하면 된다.

```
>>> import numpy as np
>>> df4_1 = pd.DataFrame({'I1': ['a', 'b', 'c'], 'I2': ['x', 'y', 'z'],
'V1': range(3) })
>>> df4_2 = pd.DataFrame({'I1': ['a', 'b', 'c'], 'I2': ['x', 'y', 'z'],
...                            'V4': np.random.randint(10,20, 3) })
>>> pd.merge(df4_1, df4_2, indicator=True)
  I1 I2  V1  V4  _merge
0  a  x   0  18    both
1  b  y   1  12    both
2  c  z   2  15    both
```

두 데이터프레임의 열 이름 'I1', 'I2'가 같고 열의 값이 동일한 경우 성공적으로 자동 병합됐다. 그러나 다음과 같이 오른쪽 객체의 'I1' 및 'I2'열의 값을 변경하면 병합에 실패하게 된다.

```
>>> import numpy as np
>>> df4_1 = pd.DataFrame({'I1': ['a', 'b', 'c'], 'I2': ['d', 'e', 'z'],
'V1': range(3) })
>>> df4_2 = pd.DataFrame({'I1': ['d', 'e', 'f'], 'I2': ['x', 'y', 'z'],
...                            'V4': np.random.randint(10,20, 3) })
>>> pd.merge(df4_1, df4_2, indicator=True)
Empty DataFrame
Columns: [I1, I2, V1, V4, _merge]
Index: []

>>> pd.merge(df4_1, df4_2, indicator=True).info()
<class 'pandas.core.frame.DataFrame'>
Index: 0 entries
Data columns (total 5 columns):
 #   Column  Non-Null Count  Dtype
---  ------  --------------  -----
 0   I1      0 non-null      object
 1   I2      0 non-null      object
 2   V1      0 non-null      int64
 3   V4      0 non-null      int32
 4   _merge  0 non-null      category
dtypes: category(1), int32(1), int64(1), object(2)
memory usage: 132.0+ bytes
```

이럴 때는 사용자가 직접 명시적으로 병합 기준 열을 지정하면 된다. 다음은 on="I2" 인자를 부여해 두 객체가 'I2'열을 기준으로 병합되도록 했다.

```
>>> import numpy as np
>>> df4_1 = pd.DataFrame({'I1': ['a', 'b', 'c'], 'I2': ['d', 'e', 'z'],
'V1': range(3) })
>>> df4_2 = pd.DataFrame({'I1': ['d', 'e', 'f'], 'I2': ['x', 'y', 'z'],
...                        'V4': np.random.randint(10,20, 3) })
>>> pd.merge(df4_1, df4_2, on="I2", indicator=True)
  I1_x I2  V1 I1_y  V4 _merge
0    c  z   2    f  10   both
```

'I1'열 이름이 중첩돼 이를 구분하고자 왼쪽 객체 df4_1의 열 이름('I1')은 'I1_x'로, 오른쪽 객체 df4_2의 열 이름('I1')은 'I1_y'로 자동 변경됐다. 이는 DBMS의 left join SQL 구문 작성 시 왼쪽 테이블을 a 또는 x, 오른쪽 테이블을 b 또는 y로 명명하는 개발자들의 습관에서 유래된 것으로 SQL문과의 일관성 유지를 위해 적용됐다.

how, left_on, right_on 매개변수

앞의 df4_1 객체의 'I2'열은 df4_2 객체의 'I2'열보다 'I1'열과 더 유사하다. df4_1 객체의 'I2'열과 df4_2의 'I1'열을 기준으로 병합하고자 할 때는 on 매개변수가 아니라 left_on 매개변수와 right_on 매개변수를 부여해 병합해야 한다. 달리 말해 두 객체의 서로 다른 열 이름으로 병합할 경우에는 left_on='왼쪽 객체의 열 이름'과 right_on='오른쪽 객체의 열 이름' 매개변수를 부여해 병합하면 된다.

```
>>> import numpy as np
>>> df4_1 = pd.DataFrame({'I1': ['a', 'b', 'c'], 'I2': ['d', 'e', 'z'],
'V1': range(3) })
>>> df4_2 = pd.DataFrame({'I1': ['d', 'e', 'f'], 'I2': ['x', 'y', 'z'],
...                        'V4': np.random.randint(10,20, 3) })
>>> pd.merge(df4_1, df4_2, left_on="I2", right_on="I1", indicator=True)
  I1_x I2_x  V1 I1_y I2_y  V4 _merge
0    a    d   0    d    x  17   both
1    b    e   1    e    y  15   both
```

이제 다음 예제 코드를 통해 how, left_on, right_on 매개변수의 사용 방법을 살펴보자.

```
>>> df1 = pd.DataFrame({'I1': ['a', 'b', 'c'], 'V1': range(3) })
>>> df2 = pd.DataFrame({'I2': ['a', 'b', 'd'], 'V2': range(3) })
>>> print("==== df1 ==== ")
>>> print(df1)
>>> print("\n ==== df2 ====")
>>> print(df2)
==== df1 ====
   I1  V1
0  a   0
1  b   1
2  c   2

 ==== df2 ====
   I2  V2
0  a   0
1  b   1
2  d   2

# inner, 교집합
>>> pd.merge(df1, df2, how="inner", left_on="I1", right_on="I2")
   I1  V1  I2  V2
0  a   0   a   0
1  b   1   b   1
```

how="inner"는 교집합이므로 df1과 df2 두 객체에 동시에 존재하는 'a','b'열 데이터만 반환된다.

```
# outer, 합집합
>>> pd.merge(df1, df2, how="outer", left_on="I1", right_on="I2")
    I1   V1   I2   V2
0   a    0.0  a    0.0
1   b    1.0  b    1.0
2   c    2.0  NaN  NaN
3   NaN  NaN  d    2.0
```

how="outer"는 합집합이므로 두 객체의 모든 열 데이터가 반환된다. 그리고 how="cross"는 두 객체의 데카르트곱을 반환한다.

```
# cross, 두 객체의 데카르트곱
>>> pd.merge(df1, df2, how="cross")
  I1  V1  I2  V2
0  a   0   a   0
```

```
1  a  0  b  1
2  a  0  d  2
3  b  1  a  0
4  b  1  b  1
5  b  1  d  2
6  c  2  a  0
7  c  2  b  1
8  c  2  d  2
```

how="left"는 왼쪽 객체 기준 병합이므로 df1의 'a', 'b', 'c'열에 맞춰 df2의 데이터가 함께 반환된다. how="right"는 'left'의 반대이므로 예제를 생략하겠다.

```
# left, 왼쪽 객체에 오른쪽 객체를 맞춤
>>> pd.merge(df1, df2, how="left", left_on="I1", right_on="I2")
    I1   V1    I2    V2
0    a    0     a   0.0
1    b    1     b   1.0
2    c    2   NaN   NaN
```

suffixes 매개변수

만약 열 이름이 중복될 때 자동으로 부여되는 _x, _y 접미사를 변경하고 싶다면 다음과 같이 suffixes 매개변수를 부여하면 된다.

```
# suffixes
>>> df1 = pd.DataFrame({'I1': ['a', 'b', 'c'], 'V1': range(3) })
>>> df3 = pd.DataFrame({'I3': ['a', 'b', 'd'], 'V1': range(3), 'V3':
range(3) })
>>> pd.merge(df1, df3, how="left", left_on="I1", right_on="I3", suffixes=('_
l', '_r'), indicator=True)
    I1  V1_l  I3  V1_r   V3     _merge
0    a     0   a   0.0  0.0       both
1    b     1   b   1.0  1.0       both
2    c     2 NaN   NaN  NaN  left_only
```

left_index, right_index 매개변수

left_index 매개변수와 right_index 매개변수로 객체의 인덱스를 기준으로 병합할 수 있다. 다음과 같이 인덱스가 있는 두 데이터프레임 객체가 있다.

```
>>> left_df = pd.DataFrame([ [11, 12], [13, 14], [15,16]],
...                        index=['a', 'b', 'c'],
...                        columns=['val1', 'val2'])
>>> left_df
   val1  val2
a    11    12
b    13    14
c    15    16

>>> right_df = pd.DataFrame([ [21, 22], [23, 24], [25, 26]],
...                         index=['c', 'd', 'e'],
...                         columns=['val1', 'val2'])
>>> right_df
   val1  val2
c    21    22
d    23    24
e    25    26
```

pandas에서 어떻게 자동으로 병합해 주는지 how="outer" 매개변수를 부여해 병합을 시도해 보자.

```
# 단순히 행으로 병합함
>>> pd.merge(left_df, right_df, how="outer")
   val1  val2
0    11    12
1    13    14
2    15    16
3    21    22
4    23    24
5    25    26
```

오른쪽 객체(right_df)가 왼쪽 객체(left_df) 아래에 추가됐다. 두 객체의 인덱스는 비슷하게 생겼으므로 인덱스를 기준으로 병합될 수 있는지 left_index 및 right_index 매개변수를 명시적으로 부여해 병합해 보자.

```
# 두 객체의 인덱스를 기준으로 병합함
>>> pd.merge(left_df, right_df, how="outer", left_index=True, right_
index=True)
   val1_x  val2_x  val1_y  val2_y
a    11.0    12.0     NaN     NaN
b    13.0    14.0     NaN     NaN
```

```
c     15.0    16.0    21.0    22.0
d     NaN     NaN     23.0    24.0
e     NaN     NaN     25.0    26.0
```

두 객체가 지정한 인덱스로 병합된 점이 확인된다.

6.6.5 join 메서드

join() 메서드는 merge() 함수와 달리 pandas 함수가 아니라 데이터프레임의 메서드이다. join() 메서드는 merge() 함수와 매우 유사하다. 다만, 인덱스가 '키'로 병합되고, how="inner"가 아닌 how="left"가 디폴트인 점에 주목하자. merge() 함수보다 사용하기 간편한 장점이 있다.

---

join 메서드
```
df.join(other, on=None, how='left', lsuffix='', rsuffix='', sort=False)
```

두 객체가 병합될 때 열 이름이 중복되면 에러가 발생한다. 이때 lsuffix 인자로 왼쪽 객체 열 이름의 접미사를 부여하고, rsuffix 인자로 오른쪽 객체 열 이름의 접미사를 부여하면 된다.

두 데이터프레임 객체를 join() 메서드로 병합해 보자.

```
>>> import pandas as pd
>>> import numpy as np
>>> left = pd.DataFrame({'idx': ['a', 'b', 'c', 'd'],
...                      'val': ['A1', 'A2', 'A3', 'A4']})
>>> right = pd.DataFrame({'idx': ['a', 'b', 'd'],
...                       'val': ['R1', 'R2', 'R4']})
>>> print(left)
>>> print(right)
  idx val
0   a  A1
1   b  A2
2   c  A3
3   d  A4
  idx val
0   a  R1
```

```
1  b  R2
2  d  R4
```

```
# 만약 인덱스 이외 열 이름이 같다면 에러가 발생한다.
>>> left.join(right)
ValueError: columns overlap but no suffix specified: Index(['idx', 'val'],
dtype='object')
```

중복되는 열('idx', 'val')이 있어서 에러가 발생했다. lsuffix 및 rsuffix 매개변수를 부여해 보자.

```
# suffix를 부여하자.
>>> left.join(right, lsuffix="_l", rsuffix="_r")
  idx_l val_l idx_r val_r
0   a    A1    a    R1
1   b    A2    b    R2
2   c    A3    d    R4
3   d    A4   NaN   NaN
```

여기서 눈여겨볼 점은 왼쪽 객체 idx='d'와 오른쪽 객체 idx='d'가 병합되지 않고, 왼쪽 객체 idx='c'와 오른쪽 객체 idx='d'가 병합된 점이다. 인덱스를 명시적으로 설정하지 않았기에 보는 바와 같이 암묵적 인덱스 RangeIndex(0~3)으로 병합됐다. 그러나 우리가 원하는 결과는 이것이 아니라 왼쪽 객체 idx='d'와 오른쪽 객체 idx='d'가 병합되는 것이다. 두 객체의 idx열을 명시적 인덱스로 만들어 join() 메서드를 호출해 보자.

```
# 두 객체에 명시적 인덱스를 설정하자.
>>> left.set_index('idx', inplace=True)
>>> right.set_index('idx', inplace=True)

# 다시 join해 보자.
>>> left.join(right, lsuffix="_l", rsuffix="_r")
    val_l val_r
idx
a    A1    R1
b    A2    R2
c    A3   NaN
d    A4    R4
```

우리가 원하는 결과가 도출됐다. 두 데이터프레임 객체의 idx열이 인덱스로 제대로 병합됐다.

6.6.6 combine 메서드

combine() 메서드 또한 join() 메서드와 같이 pandas 함수가 아닌 데이터프레임의 메서드이다.

---

combine() 메서드

df.combine(other, func, fill_value=None, overwrite=True)

func는 함수, fill_value는 결측치 대체 값이다. overwrite=True는 self 객체 열이 other에 없다면 NaN으로 대체한다.

---

combine() 메서드는 앞에서 다룬 메서드와 다르게 func 함수에 부합하는 값(func로 self와 other의 요소를 비교한 결괏값)으로 두 객체를 병합한다.

다음 예제 코드는 두 객체에서 값이 같거나 더 큰 값으로 병합되는 경우이다.

```
>>> import pandas as pd
>>> import numpy as np
>>> df1 = pd.DataFrame({'col1': np.random.randint(0, 10, 3),
...                      'col2': np.random.randint(30, 40, 3)})
>>> df2 = pd.DataFrame({'col1': np.random.randint(10, 20, 3),
...                      'col2': np.random.randint(20,30, 3)})
>>> print(df1)
   col1  col2
0     7    38
1     4    30
2     5    35

>>> print(df2)
   col1  col2
0    15    29
1    15    25
2    18    21

>>> df1.combine(df2, np.maximum)
   col1  col2
0    15    38
```

```
1    15    30
2    18    35

>>> def get_greater_equals(v1, v2):
...    return v1 if v1.sum() >= v2.sum() else v2

>>> df1.combine(df2, get_greater_equals)
    col1  col2
0    15    38
1    15    30
2    18    35
```

fill_value에 값을 부여하면 결측치가 주어진 값으로 대체된 이후에 병합된다.

```
>>> import pandas as pd
>>> import numpy as np
>>> df1 = pd.DataFrame({'col1': np.random.randint(0, 10, 3),
...                      'col2': np.random.randint(30, 40, 3)})
>>> df2 = pd.DataFrame({'col1': np.random.randint(10, 20, 3),
...                      'col2': np.array([21, np.nan, np.nan])})
>>> print(df1)
col1  col2
0    9    30
1    3    35
2    9    38

>>> print(df2)
    col1  col2
0    10  21.0
1    13   NaN
2    10   NaN

>>> def get_less_equals(v1, v2):
...    return v1 if v1.sum() <= v2.sum() else v2

>>> df1.combine(df2, get_less_equals, fill_value=-10)
    col1   col2
0    9    21.0
1    3   -10.0
2    9   -10.0
```

overwrite=True 매개변수를 부여하면 self 객체에 있는 열이 other 객체에 없는 경우 NaN으로 대체된다.

```
>>> df1 = pd.DataFrame({'col1': np.array([1, 2, 3]), 'col3':
np.array([31,32,33])})
>>> df3 = pd.DataFrame({'col1': np.array([11, 12, 13]) })
>>> df1
   col1  col3
0     1    31
1     2    32
2     3    33

>>> df3
   col1
0    11
1    12
2    13

# overwrite=True이면 self열이 other에 없는 경우, NaN으로 대체함
>>> print(df1.combine(df3, np.maximum,overwrite=True))
   col1  col3
0    11   NaN
1    12   NaN
2    13   NaN

>>> print(df1.combine(df3, np.maximum,overwrite=False))
   col1  col3
0    11    31
1    12    32
2    13    33
```

6.6.7 combine_first 메서드

combine_first() 메서드 또한 combine() 메서드와 같이 pandas 함수가 아닌 데이터
프레임의 메서드이다.

---

combine_first 메서드

df.combine_first(other)

---

self 객체의 결측치를 other 객체의 값으로 덮어쓰고 반환한다. 만약 other 객체의
값 또한 결측치라면 결측치로 덮어쓴다. 일반적으로 결측치를 많이 포함하는 self 데
이터프레임이 양질의 데이터를 포함하는 경우 self를 살리고 싶은 경우가 있다. 이때

결측치가 적은 other 객체로 self의 결측치를 덮어쓰려고 할 때 combine_first() 메서드가 유용하다. 다음 예제 코드로 그 사용 방법을 살펴보자.

```
>>> import pandas as pd
>>> import numpy as np
>>> df1 = pd.DataFrame( {"col1": [np.nan, np.nan, 1], "col2": [np.nan, 11,
12]} )
>>> df2 = pd.DataFrame( {"col1": [21, 22, 23], "col2": [np.nan, 31, 32]} )
>>> df1
   col1  col2
0   NaN   NaN
1   NaN  11.0
2   1.0  12.0

>>> df2
   col1  col2
0    21   NaN
1    22  31.0
2    23  32.0

>>> df1.combine_first(df2)
   col1  col2
0  21.0   NaN
1  22.0  11.0
2   1.0  12.0
```

6.6.8 update 메서드

update() 메서드 또한 데이터프레임의 메서드이다.

---

update 메서드

df.update(other, join='left', overwrite=True, filter_func=None, errors='ignore')

만약 other 객체에 self 객체와 동일한 열 이름이 존재하면 self 객체의 해당 열 값이 other 객체의 값으로 대체된다. 달리 말해 self 객체가 other 객체의 값으로 덮어씌워지며 이 과정에서 self 객체 원본은 변경되지만, 변경된 결과는 반환되지 않는다는 점에 주의하자.

join 매개변수의 인자 값은 'left'뿐이다. 향후 join 방식을 다양화하고자 남겨둔 것으로 유추된다. 만약 overwrite=False이면 self 객체의 값이 결측치일 때만 other 객체의 값으로 덮어씌워진다. 디폴트는 overwrite=True이다.

디폴트 인자 값으로 update() 메서드를 사용해 보자.

```
>>> import pandas as pd
>>> import numpy as np
>>> df1 = pd.DataFrame( {"col1": [np.nan, np.nan, 1], 'col2': [np.nan, 11,
12]} )
>>> df2 = pd.DataFrame( {"col1": [21, 22, 23], 'col2': [np.nan, 31, 32]} )
>>> print(df1)
    col1  col2
0   NaN   NaN
1   NaN   11.0
2   1.0   12.0

>>> print(df2)
    col1  col2
0    21   NaN
1    22   31.0
2    23   32.0

>>> df1.update(df2)
>>> df1
    col1  col2
0   21.0   NaN
1   22.0   31.0
2   23.0   32.0
```

df1 객체 값이 df2 객체 값으로 대체됐다.

overwrite=False 매개변수를 부여해 결측치만 대체되도록 할 수 있다.

```
>>> df1 = pd.DataFrame( {"col1": [np.nan, np.nan, 1], 'col2': [np.nan, 11,
12]} )
>>> df2 = pd.DataFrame( {"col1": [21, 22, 23], 'col2': [np.nan, 31, 32]} )
>>> print(df1)
    col1  col2
0   NaN   NaN
1   NaN   11.0
```

```
2   1.0  12.0

>>> print(df2)
    col1  col2
0    21   NaN
1    22  31.0
2    23  32.0

>>> df1.update(df2, overwrite=False)
>>> df1
    col1  col2
0  21.0   NaN
1  22.0  11.0
2   1.0  12.0
```

df1 객체의 결측치만 '21.0', '22.0', NaN으로 대체됐다.

filter_func 매개변수를 활용해 filter_func 함수에 부합되는 조건만 update 메서드가 동작하도록 제한할 수 있다. 다음 예제 코드는 12 미만 값만 대체된다.

```
>>> df1 = pd.DataFrame( {"col1": [np.nan, np.nan, 1], 'col2': [np.nan, 11,
12]} )
>>> df2 = pd.DataFrame( {"col1": [21, 22, 23], 'col2': [np.nan, 31, 32]} )
>>> df1.update(df2, filter_func=lambda x: x < 12)
>>> df1
    col1  col2
0   NaN   NaN
1   NaN  31.0
2  23.0  12.0
```

df1 객체 값 가운데 12 미만인 '1'과 '11'만 other 객체의 '23', '31'로 대체됐다.

error="raise" 매개변수를 부여하면 self 객체와 other 객체의 같은 위치에 둘 다 결측치가 아닌 값이 존재할 경우 에러가 발생한다.

```
>>> df1 = pd.DataFrame( {"col1": [np.nan, np.nan, 1], 'col2': [np.nan,
np.nan, 12]} )
>>> df2 = pd.DataFrame( {"col1": [21, 22, np.nan], 'col2': [np.nan, 31,
32]} )
>>> df1.update(df2, errors="raise")
ValueError: Data overlaps.
```

df1 객체의 '12'와 df2 객체의 '32' 둘 다 결측치가 아니므로 에러가 발생했다. 그
럼 df2 객체의 '32'를 결측치로 수정해 코드를 실행해 보자.

```
>>> df1 = pd.DataFrame( {"col1": [np.nan, np.nan, 1], 'col2': [np.nan,
np.nan, 12]} )
>>> df2 = pd.DataFrame( {"col1": [21, 22, np.nan], 'col2': [np.nan, 31,
np.nan]} )
>>> df1.update(df2, errors="raise")
>>> df1
   col1  col2
0  21.0   NaN
1  22.0  11.0
2   1.0  12.0
```

에러가 발생하지 않고 df1 객체가 df2 객체 값으로 대체됐다. 이런 기능은 중첩 데
이터를 수정하지 못하도록 제한하고자 할 때 유용하다.

6.7 집계 및 통계 구하기

pandas의 시리즈 및 데이터프레임 객체는 표 6-9와 같이 집계 관련 메서드를 제공
한다.

메서드	설명
df.count()	결측치가 아닌(정상) 데이터 개수
df.min()	축에서 최솟값
df.max()	축에서 최댓값
df.sum()	축상의 값의 합계
df.mean()	축상의 값의 평균값
df.median()	축상의 중앙값, 중위수(가장 중앙에 위치한 값)
df.std()	축상의 표준편차 구하기
df.var()	축상의 분산 구하기
df.prod()/df.product()	축상의 값들의 곱 구하기. 디폴트로 NaN값 무시
df.idxmin()	축상에서 최솟값의 인덱스
df.idxmax()	축상에서 최댓값의 인덱스

메서드	설명
df.cummin()	축 기준으로 처음부터 마지막까지 누적 최솟값 반환
df.cummax()	축 기준으로 처음부터 마지막까지 누적 최댓값 반환
df.cumsum()	축 기준으로 처음부터 마지막까지 누적합 반환
df.cumprod()	축 기준으로 처음부터 마지막까지 누적곱 반환
df.diff(period=1)	축 기준으로 다른 요소와의 차이를 반환(디폴트 이전 요소)
df.pct_change(period=1)	직전 행과의 변경분의 백분율을 반환, 시계열 요소의 변화율 비교에 유용함
df.expanding(min_periods=1)	누적 윈도우 계산: sum(), mean() 등과 조합해 주로 사용함. min_periods: 연산 시 최소 요소 개수, 미달 시 NaN 반환
df.rolling(window, min_periods)	이동 윈도우 계산, window: 계산할 윈도우 크기
df.groupby()	그룹화 계산: groupby절 참조
df.kurt()/df.kurtosis()	첨도 값을 반환
df.sem()	표준오차 값을 반환
df.skew()	비대칭도 반환

표 6-9 시리즈 및 데이터프레임의 집계 관련 메서드들

idxmin() 메서드와 idxmax() 메서드는 생소할 수 있기에 예제 코드를 통해 그 특성을 살펴보자.

```
>>> import pandas as pd
>>> import numpy as np
>>> adams_act = pd.DataFrame(
...                 [
...                     [12, 92],
...                     [13, 65],
...                     [14, 96]
...                 ],
...                 columns=['Date', 'Act'])
>>> print(adams_act)
    Date  Act
0     12   92
1     13   65
2     14   96

# 각 열에서 최솟값이 위치한 인덱스
```

```
>>> adams_act.idxmin()
Date    0
Act     1
dtype: int64

# 각 행에서 최솟값이 위치한 인덱스
>>> adams_act.idxmin(axis=1)
0    Date
1    Date
2    Date
dtype: object

# 각 열에서 최댓값이 위치한 인덱스
>>> adams_act.idxmax()
Date    2
Act     2
dtype: int64
```

cummin() 및 cummax() 메서드 또한 예제 코드를 통해 사용 방법을 살펴보자.

```
>>> adams_act.cummin()
   Date  Act
0    12   92
1    12   65
2    12   65
```

'Date' 열은 첫 번째 요소 12보다 작은 값이 없으므로 모두 12가 반환됐고 'Act' 열은 두 번째 요소 65가 첫 번째 요소 92보다 낮으므로 두 번째, 세 번째 요소가 모두 65로 반환됐다.

cummax() 메서드는 cummin()의 반대로 최댓값을 반환한다.

```
>>> adams_act.cummax()
   Date  Act
0    12   92
1    13   92
2    14   96
```

cumsum() 및 cumprod() 메서드도 예제 코드를 통해 사용 방법을 살펴보자.

```
>>> adams_act.cumsum()
    Date  Act
0    12   92
1    25  157
2    39  253

>>> adams_act.cumprod()
    Date     Act
0     12      92
1    156    5980
2   2184  574080
```

diff() 메서드는 다음과 같이 사용하며 계산 결과는 1.0 = 13 − 12, 1.0 = 14 − 13, −27.0 = 65 − 92, 31.0 = 96 − 65와 같다.

```
>>> adams_act.diff()
   Date   Act
0   NaN   NaN
1   1.0 -27.0 # 1.0 = 13 - 12, -27.0 = 65 - 92
2   1.0  31.0 # 1.0 = 14 - 13, 31.0 = 96 - 65
```

pct_change() 메서드는 직전 행과의 변경분의 백분율을 반환하는데 n번째 행의 계산 식은 '(n 요소 − (n-1) 요소) / (n-1) 요소'이다. Date열의 두 번째 열의 값은 다음과 같이 계산된다.

```
>>> adams_act.pct_change()
       Date       Act
0       NaN       NaN
1  0.083333 -0.293478 # 0.08333 = (13-12)/12, -0.293 = (65-92)/92
2  0.076923  0.476923
```

6.7.1 rolling 및 expanding 메서드

rolling() 및 expanding() 메서드는 시계열 데이터의 이동된 데이터를 만들 때 유용하다. 그 사용 방법은 다음과 같다.

```
>>> adams_act.expanding().sum()
   Date    Act
0  12.0   92.0
1  25.0  157.0 # 12.5 = 12 + 13,  157 = 92 + 65
2  39.0  253.0

>>> adams_act.expanding().mean()
   Date       Act
0  12.0  92.000000
1  12.5  78.500000 # 12.5 = (12 + 13), 78.5 = (92 + 65) / 2
2  13.0  84.333333

>>> adams_act.expanding(min_periods=3).sum()
   Date    Act
0   NaN    NaN
1   NaN    NaN
2  39.0  253.0 # 39 = 12 + 13 + 14, 253 = 92 + 65 + 96
```

min_periods=3의 경우는 연산 시 요소 수가 3개 미만이면 NaN이 반환되는 점을 유념하자.

```
# 직전 1개와 현재 값의 합 구하기
>>> adams_act.rolling(window=2).sum()
   Date    Act
0   NaN    NaN
1  25.0  157.0 # 25 = 12 + 13, 157 = 92 + 65
2  27.0  161.0 # 27 = 13 + 14, 161 = 65 + 96

# 직전 1개와 현재 값의 평균 구하기
>>> adams_act.rolling(window=2).mean()
   Date   Act
0   NaN   NaN
1  12.5  78.5 # 12.5 = (12 + 13) / 2, 78.5 = (92 + 65) / 2
2  13.5  80.5 # 13.5 = (13 + 14) / 2, 80.5 = (65 + 96) / 2

# 직전 2개와 현재 값의 합 구하기
>>> adams_act.rolling(window=3).sum()
   Date    Act
0   NaN    NaN
1   NaN    NaN
2  39.0  253.0 # 39 = 12 + 13 + 14, 253 = 92 + 65 + 96
```

window=3의 경우도 마찬가지로 연산 시 요소 수가 3개 미만이면 NaN이 반환된다.

rolling() 메서드는 시계열 데이터를 분석할 때 데이터가 매끄럽지 않아 특정 기간 동안의 평균 및 합계를 구하고자 할 경우 유용하다. 'rolling(롤링)'은 '이동 윈도우', '이동창'이라고 표현하는 것이 적절하다. rolling 원리는 다음과 같다. '윈도우'는 해당 윈도우에 속하는 데이터 군을 나타내고 '이동'은 시계열 데이터에서 '윈도우'가 앞으로 나아가면서 연산을 수행하기 때문에 '이동 윈도우'라고 표현하는 것이 적절할 것이다.

다음 코드는 1925년부터 2021년까지의 대한민국 출생자 수 데이터이다. 이 데이터를 사용해 rolling() 메서드의 특징에 대해 좀 더 알아보자.

```
>>> import pandas as pd
>>> import matplotlib.pyplot as plt
# 데이터 로딩
>>> df = pd.read_csv('data/kr_population.csv', index_col=0, parse_
dates=True)
>>> df[:15]
```

Year	population	birth	death	increments	ratio_increment
1925-01-01	12997611	558897	359042	199855.0	15.0
1926-01-01	13052741	511667	337948	173719.0	13.0
1927-01-01	13037169	534524	353818	180706.0	14.0
1928-01-01	13105131	566142	357701	208441.0	16.0
1929-01-01	13124279	566969	414366	152603.0	12.0
1930-01-01	13880469	587144	322611	264533.0	19.0
1931-01-01	13895052	589428	346800	242628.0	17.0
1932-01-01	14117191	600545	384287	216258.0	15.0
1933-01-01	14229277	607021	336232	270789.0	19.0
1934-01-01	14449155	618135	356515	261620.0	18.0
1935-01-01	15061960	646158	377454	268704.0	18.0
1936-01-01	15114775	639355	381806	257549.0	17.0
1937-01-01	15235383	636839	342575	294264.0	19.0
1938-01-01	15358193	569299	347025	222274.0	15.0
1939-01-01	15486028	585482	353391	232091.0	15.0

윈도우 크기를 10으로 해 10년간 평균 출생자 수를 이동하면서 구해보자.

```
>>> df['birth'].rolling(window=10).mean()[:15]
Year
1925-01-01          NaN
1926-01-01          NaN
1927-01-01          NaN
1928-01-01          NaN
1929-01-01          NaN
1930-01-01          NaN
1931-01-01          NaN
1932-01-01          NaN
1933-01-01          NaN
1934-01-01      574047.2
1935-01-01      582773.3
1936-01-01      595542.1
1937-01-01      605773.6
1938-01-01      606089.3
1939-01-01      607940.6
Name: birth, dtype: float64
```

1934년의 574,047은 지난 10년간 평균값(558,897 + ... + 618,135) / 10이다. 1935년의 582,773 또한 마찬가지로 1926~1935년 출생자 수의 평균값이다. 이와 같이 일정 기간 동안의 평균 및 합계 추이를 보자고 할 때 rolling() 메서드는 매우 유용하다. 특히 주식 가격의 경우 그래프가 매끄럽지 않은 경우가 종종 있는데 장기간 주가 변동이 없다가 호재로 인해 갑자기 급등하는 사례를 들 수 있다. 이럴 때 rolling() 메서드를 사용해 이동치 추이를 시각화하면 주가 변동 추이 파악에 유용하다.

expanding() 메서드는 시계열 데이터에서 누적 추이를 보고자 할 때 주로 사용된다. rolling() 메서드가 윈도우에 속하는 데이터 군으로 집계하는 반면에 expanding() 메서드는 누적 집계하는 점이 다르다. 달리 말해 rolling() 메서드는 윈도우 크기만큼 잘라서 집계하는 반면에 expanding() 메서드는 이전에 계산된 모든 데이터를 윈도우 크기로 해 집계한다. 그래서 expanding() 메서드를 '누적 윈도우 이동 계산' 또는 '누적 계산'이라고 표현한다.

다음은 rolling() 및 expanding() 메서드를 사용해 1925~2021년의 대한민국 출생자 수 추이를 시각화한 코드이다.

```
>>> plt.style.use('grayscale')
>>> plt.figure(facecolor='white')

# 연도별 출생자 수
>>> df['birth'].plot(label='Num of prople born in s.korea',
                     linestyle='-')

# 연도별 출생자 수 10년 이동 평균해 선을 부드럽게 그리기
>>> df['birth'].rolling(window=10).mean().plot(label='Rolling Mean
(window=10)', linestyle=":")

# 누적 평균 그리기
>>> df['birth'].expanding().mean().plot(label='Expanding', linestyle="--")
>>> plt.legend()
```

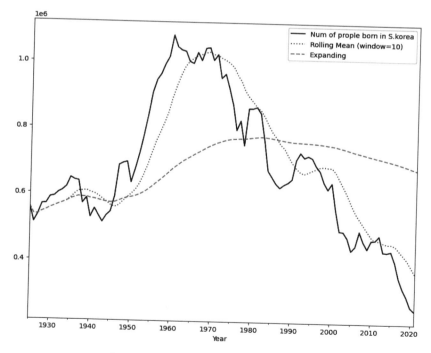

그림 6-1 출생자 수 추이와 rolling, expanding 그래프

그림 6-1에서 rolling(window=10).mean()으로 출생자 수 추이가 좀 더 매끄럽게 표현된 점이 두드러진다. expanding() 메서드 또한 누적 평균 추이를 잘 묘사해 주고 있다.

다음은 누적 평균^{mean}이 아니라 rolling() 및 expanding() 메서드의 누적 합계^{sum}를 시각화하는 코드이다.

```
>>> plt.style.use('grayscale')
>>> plt.figure(facecolor='white')

# 10년간 누적 출생자 수 계산
>>> df['birth'].rolling(window=10).sum().plot(label='Rolling Sum
(window=10)', linestyle=":")

# 누적 출생자 수 그리기
>>> df['birth'].expanding().sum().plot(label='Expanding', linestyle="-.")
>>> plt.legend()
```

그림 6-2에서 rolling() 메서드와 expanding() 메서드의 차이가 확연히 드러난다.

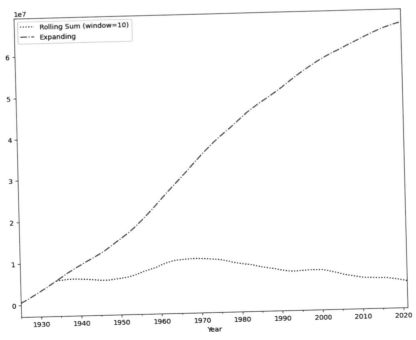

그림 6-2 출생자 수에 관한 rolling, expanding의 누적 합계 그래프

최근 일본뿐만 아니라 대한민국 출산율이 너무 낮아지고 있는데 출산율 또한 rolling() 및 expanding() 메서드로 시각화해 보자.

```
>>> plt.style.use('grayscale')
>>> plt.figure(facecolor='white')

# 연도별 출산율
>>> df['birthrate'].plot(label='Population growth Rate',
                         linestyle='-')

# 연도별 출산율 10년 이동 평균해 선을 부드럽게 그리기
>>> df['birthrate'].rolling(window=10).mean().plot(
                    label='Rolling Mean (window=10)', linestyle=":")

# 누적 평균 그리기
>>> df['birthrate'].expanding().mean().plot(label='Expanding',
linestyle="--")
>>> plt.legend()
```

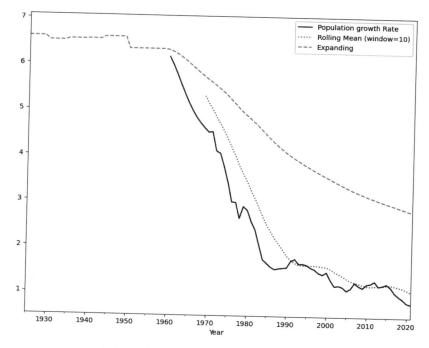

그림 6-3 출산율 추이와 rolling, expanding 그래프

그림 6-3에서 출산율이 2002년 한일월드컵 이후에 급격하게 줄어든 점이 두드러진다. 아무래도 당시 재건축 및 가계 소득/대출 증대 등의 요인으로 주택 가격 상승과 연관성이 있지 않을까 추정된다. 1960년 이전 데이터에 결측치가 있다. 이전에 살펴본 fillna() 메서드로 결측치를 이전 값으로 채워서 시각화해 보자. 보통 추이 값은 직전 값이나 직후 값과 유사한 경향이 있다.

```
>>> plt.style.use('grayscale')
>>> plt.figure(facecolor='white')

# fillna로 결측치 채우기
# 연도별 출산율
>>> df['birthrate'].fillna(method='ffill').plot(
...         label='Population growth Rate', linestyle='-')

# 연도별 출산율 10년 이동 평균해 선을 부드럽게 그리기
>>> df['birthrate'].fillna(method='ffill').rolling(window=10).mean().plot(
...         label='Rolling Mean (window=10)', linestyle=":")

# 누적 평균 그리기
>>> df['birthrate'].fillna(method='ffill').expanding().mean().plot(
...         label='Expanding', linestyle="--")
>>> plt.axhline(y=2.0, xmin=0.6, xmax=1.0, color='lightgray',
...                 linestyle='--', linewidth=2)
>>> plt.axhline(y=1.0, xmin=0.6, xmax=1.0, color='lightgray',
...                 linestyle='-', linewidth=2)

>>> plt.legend()
>>> plt.show()
```

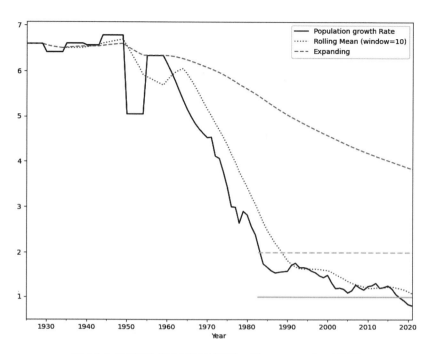

그림 6-4 결측치를 채운 출산율 추이와 rolling, expanding 그래프

1960년까지 5.0 이상의 출산율에서 서서히 낮아져 1980년대 이후로는 2.0 아래로 떨어지고, 특히 2015년 이후로는 1.0 아래로 급격하게 떨어지는 점이 그림 6-4에서 확인된다. rolling() 메서드로 이동 윈도우 평균으로 묘사된 부드러운 곡선이 두드러진다. expanding() 메서드로 묘사된 곡선은 전체적인 큰 경향을 확인할 수 있다.

인구수 추이 외로 rolling() 및 expanding() 메서드는 주식 추이 그래프 작성 시에도 유용하다.

6.8 groupby 메서드

groupby() 메서드는 pandas의 집계 및 통계에서 매우 유용하고 그 활용도가 높으므로 자세히 살펴보자. groupby() 메서드에 의해 생성된 SeriesGroupBy, DataFrameGroupBy 객체는 GroupBy 객체를 계승했다.[3] SQL문에 익숙하다면 특별히 학습할 필요가 없을 정도로 SQL의 groupby 구문과 흡사하다. groupby라는 명칭 또한 SQL의 groupby 구문에서 비롯됐다. groupby() 메서드는 데이터프레임의 각 행 또는 열을 '키'로 데이터를 묶은 후 특정 함수를 적용해 새로운 값을 도출한 결과 객체인 GroupBy 객체를 반환한다.

앞의 adams_act 데이터프레임의 '20230102' 일자 '활동지수'를 레코드 2개를 더 추가해 groupby를 실행해 보자.

```
>>> import pandas as pd
>>> import numpy as np
>>> adams_act = pd.DataFrame(
...            [
...                ['20230102', 92, 76],
...                ['20230102', 89, 75],
...                ['20230102', 81, 69],
...                ['20230103', 65, 87],
...                ['20230104', 96, 76]
...            ],
...                columns=['Date', 'Act', 'Breath'])
>>> print(adams_act)
      Date  Act  Breath
0  20230102   92      76
1  20230102   89      75
2  20230102   81      69
3  20230103   65      87
4  20230104   96      76

>>> adams_act.groupby('Date')
<pandas.core.groupby.generic.DataFrameGroupBy object at 0x00000208F57EA140>

>>> adams_act.groupby('Date')['Act']
<pandas.core.groupby.generic.SeriesGroupBy object at 0x00000208F56E74C0>
```

---

3   pandas.core.gropuby.generic.py 파일에서 확인할 수 있다.

```
>>> adams_act.groupby('Date').describe()
         Act
         count      mean        std    min   25%   50%   75%   Breath
                                                             ...   max
Date
20230102  3.0   87.333333   5.686241  81.0  85.0  89.0  90.5  ...  76.0
20230103  1.0   65.000000      NaN    65.0  65.0  65.0  65.0  ...  87.0
20230104  1.0   96.000000      NaN    96.0  96.0  96.0  96.0  ...  76.0
```

'Date'열을 '키'로 데이터를 묶는 groupby() 메서드를 실행해서 pandas.core. groupby.generic.DataFrameGroupBy 객체가 반환되는 점이 확인됐고, describe()로 요약 통계량이 출력됐다. 'Date'열 '20230102' 데이터가 3개이고, 평균값, 표준편차 등이 확인된다. count()와 size()로도 간략한 요약 정보를 얻을 수 있다.

```
>>> adams_act.groupby('Date').count()
          Act  Breath
Date
20230102   3      3
20230103   1      1
20230104   1      1

>>> adams_act.groupby('Date').size()
Date
20230102   3
20230103   1
20230104   1
dtype: int64
```

또한 nth(i) 메서드로 i번째 아이템을 얻을 수 있다.

```
>>> adams_act.groupby('Date').nth(2)
          Act  Breath
Date
20230102   81     69
```

adams_act.groupby('Date')['Act']로 특정 열에 국한된 SeriesGroupBy 객체를 얻을 수 있었다. 이번에는 groupby() 메서드와 sum() 메서드로 집계를 구해보자.

```
>>> adams_act.groupby('Date')['Act'].sum()
Date
20230102    262
20230103     65
20230104     96
Name: Act, dtype: int64

>>> adams_act.groupby('Date').sum()
          Act   Breath
Date
20230102  262      220
20230103   65       87
20230104   96       76
```

GroupBy 객체는 데이터프레임의 속성 및 메서드를 상속했기 때문에 앞서 살펴본 mean(), median(), min(), max() 등 집계 관련 메서드 대부분 그대로 사용할 수 있다.

```
>>> adams_act.groupby('Date').mean()
                Act        Breath
Date
20230102  87.333333  73.333333
20230103  65.000000  87.000000
20230104  96.000000  76.000000

>>> adams_act.groupby('Date').median()
            Act   Breath
Date
20230102  89.0    75.0
20230103  65.0    87.0
20230104  96.0    76.0

>>> adams_act.groupby('Date').min()
          Act   Breath
Date
20230102   81       69
20230103   65       87
20230104   96       76

>>> adams_act.groupby('Date').max()
          Act   Breath
Date
20230102   92       76
```

```
20230103    65    87
20230104    96    76
```

다음의 메서드들은 DataFrame 및 DataFrameGroupBy에서 제공하는 집계 관련 메서드이다. 그러나 DataFrame보다는 주로 DataFrameGroupBy 객체에서 이 메서드를 사용하기 때문에 여기서 살펴보겠다.

6.8.1 aggregate/agg 메서드

이미 DataFrameGroupBy의 min(), max(), median() 등을 일일이 적고 독립적으로 각각 실행한 계산 결과를 확인했다. 하지만 aggregate() 메서드로 한번에 여러 집계 함수의 연산 결과를 얻을 수 있다. agg는 aggregate의 별칭alias 이다.

```
>>> adams_act.groupby('Date').aggregate([min, max, np.mean, sum])
          Act                           Breath
          min max    mean     sum       min max    mean      sum
Date
20230102  81  92   87.333333  262       69  76   73.333333  220
20230103  65  65   65.000000   65       87  87   87.000000   87
20230104  96  96   96.000000   96       76  76   76.000000   76
```

6.8.2 filter 메서드

함수 조건에 부합하는 데이터만 필터링할 수 있다. filter() 메서드는 SQL having 구문과 유사하다. 다음 코드는 'Date'열을 묶을 때 그 데이터 수가 하나를 초과하는 데이터만 필터링한다.

```
>>> def filter_f(a):
...     return a['Date'].count() > 1

>>> adams_act.groupby('Date').filter(filter_f)
      Date   Act  Breath
0  20230102   92     76
1  20230102   89     75
2  20230102   81     69
```

다음 예제 코드로 데이터프레임의 `filter()` 메서드 활용법을 살펴보자.

```
>>> adams_act.filter(items=['Act', 'Breath'])
   Act  Breath
0   92      76
1   89      75
2   81      69
3   65      87
4   96      76

# 데이터프레임에서의 filter
>>> adams_act.filter(like='Ac')
   Act
0   92
1   89
2   81
3   65
4   96
```

6.8.3 apply 메서드

`apply()` 메서드로 묶은 그룹에서 임의 함수를 적용한 결과를 얻을 수 있다. 다음은 모든 열에 `np.sum` 연산 결과를 얻는 예이다.

```
>>> adams_act.groupby('Date').apply(np.sum)
                           Date  Act  Breath
Date
20230102  202301022023010220230102  262     220
20230103                  20230103   65      87
20230104                  20230104   96      76
```

다음은 사용자 정의 함수 apply_func를 만들어 'Act'열, 'Breath'열 값의 세제곱을 구할 수 있다.

```
>>> def apply_func(a, n):
...     return a**n
>>> adams_act.groupby('Date').apply(apply_func, n=3)
      Act    Breath
0   778688   438976
1   704969   421875
2   531441   328509
3   274625   658503
4   884736   438976
```

또한 다음과 같이 'Act2'열 값의 제곱을 구한 후 새로운 열 'Act2'에 대입할 수도
있다.

```
>>> def apply_func(a):
...     a['Act2'] = a['Act']**2
...     return a
>>> adams_act.groupby('Date').apply(apply_func)
       Date    Act  Breath  Act2
0   20230102    92      76  8464
1   20230102    89      75  7921
2   20230102    81      69  6561
3   20230103    65      87  4225
4   20230104    96      76  9216
```

6.8.4 map 메서드

map() 메서드는 apply() 메서드와 유사하지만, Series 객체에서만 사용이 가능하다. 달
리 말해 단일 열^{column}에 국한된 apply() 메서드이다. apply() 메서드 사용을 권장한다.

6.8.5 applymap 메서드

applymap() 메서드는 apply() 메서드와 유사하지만, 각 원소별로 함수를 적용한 결과
를 반환한다. DataFrameGroupBy에서는 사용할 수 없고 DataFrame에서만 사용
이 가능하다.

```
>>> adams_act_wo_date = adams_act.set_index('Date')
>>> adams_act_wo_date.applymap(lambda x: x**2)
          Act  Breath
```

```
Date
20230102  8464    5776
20230102  7921    5625
20230102  6561    4761
20230103  4225    7569
20230104  9216    5776
```

6.8.6 transform 메서드

transform() 메서드는 apply() 메서드와 유사하지만, 원본 데이터의 모양새를 변경하지 않으면서 임의 함수를 적용한 결과를 얻을 수 있다. 다음 코드 예제와 같이 '20230102' 일자 데이터 행이 원래대로 3개 행으로 반환됐다. apply() 메서드에서는 3개의 행이 하나의 행으로 모양새가 변경된 결과를 반환했었다.

```
>>> adams_act.groupby('Date').transform(np.sum)
   Act  Breath
0  262     220
1  262     220
2  262     220
3   65      87
4   96      76
```

GroupBy에 관한 더 많은 정보는 pandas 공식 문서[4]를 참조하자.

6.9 상관관계 및 공분산 구하기

두 데이터프레임 간의 상관관계 및 공분산을 구하는 메서드는 표 6-10과 같다.

메서드	설명
df.corr(method,min_periods=1)	결측치를 제외하고 열 간의 상관계수를 반환
df.corrwith(other)	외부 객체와의 상관계수를 반환
df.cov(min_periods=1, ddof=1)	결측치를 제외하고 관련 열 간의 공분산을 반환

표 6-10 데이터프레임의 상관관계 및 공분산 메서드들

---

4   https://pandas.pydata.org/docs/reference/groupby.html, https://pandas.pydata.org/docs/user_guide/groupby.html

6.9.1 corr 메서드

pandas에서 제공하는 corr() 메서드의 매개변수는 표 6-11과 같다.

매개변수	설명
method	상관계수 방법론을 지정할 수 있음. 'pearson': 피어슨 상관계수(표준상관계수), 'kendall': 켄달 타우 상관계수, 'spearman': 스피어만 순위 상관계수의 3가지가 마련돼 있음
min_periods	연산 시 최소 요소 개수, 미달 시 NaN 반환

표 6-11 corr() 메서드의 매개변수들

앞에서 살펴본 'Act'열과 'Breath'열 간의 상관계수를 corr() 메서드로 구해보자.

```
>>> import pandas as pd
>>> import numpy as np
>>> adams_act_breath = pd.DataFrame(
>>>                   [
...                       ['20230102', 92, 76],
...                       ['20230103', np.nan, np.nan],
...                       ['20230104', 65, 87],
...                       ['20230105', 96, 76]
...                   ],
...                   columns=['Date', 'Act', 'Breath'])
>>> print(adams_act_breath)
       Date    Act  Breath
0  20230102   92.0    76.0
1  20230103    NaN     NaN
2  20230104   65.0    87.0
3  20230105   96.0    76.0

# 상관계수 구하기
>>> adams_act_breath.corr()
             Act    Breath
Act     1.000000 -0.992941
Breath -0.992941  1.000000
```

6.9.2 corrwith 메서드

corr() 메서드로 임의의 데이터프레임 객체 내부 열 간의 상관계수를 구했다면, corrwith() 메서드는 외부 객체와의 상관계수를 구할 때 사용하면 된다.

---

corrwith 메서드

```
df.corrwith(other, axis=0, drop=False, method='pearson')
```

---

pandas에서 제공하는 corrwith() 메서드의 매개변수는 표 6-12와 같다.

매개변수	설명
other	비교하고자 하는 다른 객체 또는 객체의 행 또는 열(Series)
axis=0	비교할 축: 0은 인덱스, 1은 열
drop=False	동일한 이름의 행 또는 열이 없는 경우 NaN이 출력되는데 True 시에는 출력되지 않음
method	corr의 method 인자와 동일함

표 6-12 corrwith() 메서드의 매개변수들

다음 예제 코드로 사용 방법을 살펴보자.

```
>>> adams_act = pd.DataFrame(
...             [
...                 ['20230102', 92],
...                 ['20230103', np.nan],
...                 ['20230104', 65],
...                 ['20230105', 96]
...             ],
...              columns=['Date', 'Act'])

>>> adams_breath = pd.DataFrame(
...             [
...                 ['20230102', 90],
...                 ['20230103', 71],
...                 ['20230104', 81],
...                 ['20230105', 76]
...             ],
...              columns=['Date', 'Breath'])
```

```
>>> print(adams_act)
        Date   Act
0   20230102  92.0
1   20230103   NaN
2   20230104  65.0
3   20230105  96.0

>>> print(adams_breath)
        Date  Breath
0   20230102      90
1   20230103      71
2   20230104      81
3   20230105      76

# 열 이름이 다르기에 NaN이 출력된다.
>>> adams_act.corrwith(adams_breath)
Act       NaN
Breath    NaN
dtype: float64

# adams_act의 'Act'열과 adams_breath의 'Breath'열 간의 상관계수 구하기
>>> adams_act.corrwith(adams_breath['Breath'])
Act    0.044582
dtype: float64
```

또한 동일한 객체의 나머지 열 간의 상관계수는 다음과 같이 열을 지정해 구할 수 있다. 물론 Breath는 동일한 열이므로 '1'이 산출된다.

```
# 'Breath'열과 나머지 열 간의 상관계수 구하기
>>> adams_act_breath.corrwith(adams_act_breath['Breath'])
Act      -0.992941
Breath    1.000000
dtype: float64
```

6.9.3 cov 메서드

cov() 메서드는 결측치를 제외하고 self 객체의 열 간의 공분산를 계산하고 그 결과를 반환한다.

```
cov 메서드

df.cov(min_periods=None, ddof=1)
```

pandas에서 제공하는 cov() 메서드의 매개변수는 표 6-13과 같다.

매개변수	설명
min_periods	연산 시 최소 요소 개수, 미달 시 NaN 반환
ddof=1	델타 자유도

표 6-13 cov() 메서드의 매개변수들

다음 예제 코드는 cov() 메서드의 사용 방법을 보여준다.

```
>>> adams_act_breath.cov()
            Act      Breath
Act     284.333333 -106.333333
Breath -106.333333   40.333333
```

6.10 중복, 유일 요소 다루기

중복 요소 및 유일한 요소를 다루는 함수 및 메서드는 표 6-14와 같다.

함수/메서드	설명
pd.unique(values)	특정 열의 유일값 배열 반환. values는 1차원 배열
df.nunique(axis=0)	특정 열의 유일값의 개수 반환
df.value_counts()	요소별 빈도 수 반환
df.duplicated()	이미 존재하는 중복 요소이면 True, 그 외는 False 불 마스크 반환
df.drop_duplicates()	중복 요소를 제거한 유일한 요소 반환. duplicated() 메서드에서 True인 요소를 제외함

표 6-14 중복, 유일 요소 관련 함수 및 메서드들

다음은 중복된 요소를 구하거나 제거하는 예제 코드다.

```
>> dup_df = pd.DataFrame([1,1,1,1,2,2,2,3,3,4])
>>> dup_df
   0
0  1
1  1
2  1
3  1
4  2
5  2
6  2
7  3
8  3
9  4

>>> dup_df.duplicated()
0    False
1     True
2     True
3     True
4    False
5     True
6     True
7    False
8     True
9    False
dtype: bool

# 중복된 요소 제거하고, 유일값 표시
>>> dup_df.drop_duplicates()
   0
0  1
4  2
7  3
9  4
```

다음은 유일값 및 유일값 빈도 수를 구하는 예제 코드이다.

```
# 유일한 요소 개수 구하기
>>> len(dup_df) - len(dup_df.drop_duplicates())
6

# 유일한 요소 배열 반환
>>> dup_df[0].unique()
```

```
array([1, 2, 3, 4], dtype=int64)

>>> pd.unique(dup_df[0])
array([1, 2, 3, 4], dtype=int64)

# 유일한 요소의 개수 구하기
# [1,2,3,4], 4개
>>> dup_df.nunique()
0    4
dtype: int64

# 요소별 빈도 수 구하기
>>> dup_df.value_counts()
1    4
2    3
3    2
4    1
dtype: int64
```

6.11 데이터 피벗과 피벗테이블 구하기

피벗pivot과 피벗테이블pivot_table은 그 이름이 유사해 자주 혼동한다. pivot은 데이터 프레임의 구조 변경, 모양새 변경, 데이터 재배치로 생각하면 된다. pivot_table은 데이터를 스프레드시트 기반의 표 형태 테이블로 만들어 다양한 방법으로 데이터를 탐색할 수 있게 해준다. 앞에서 GroupBy로 데이터를 묶어 탐색하는 방법을 살펴봤다. pivot_table은 GroupBy와 유사하지만, 더욱 다양하게 데이터를 탐색하는 기법을 제공한다.

6.11.1 pivot 메서드

---

pivot 메서드

```
df.pivot(*, index=None, columns=None, values=None)
```

---

pandas에서 제공하는 pivot() 메서드의 매개변수는 표 6-15와 같다.

매개변수	설명
index	인덱스로 사용할 열 지정
columns	열로 사용할 열 지정
values	값으로 사용할 열 지정

표 6-15 pivot() 메서드의 매개변수들

만약 201호 병실의 센서별(deviceId), 일자별(Date) 활동지수가 집계된 자료가 다음과 같이 구성돼 있다고 가정하자.

```
>>> import pandas as pd
>>> import numpy as np
>>> N201_act = pd.DataFrame(
...             [
...                 ['id_RTA6NEM','20230102', 92],
...                 ['id_RTA6NEM','20230103', 75],
...                 ['id_RTA6NEM','20230104', 65],
...                 ['id_RTA6NEM','20230105', 96],
...                 ['id_RTA6NEM','20230106', 94],
...                 ['id_RTA6NEM','20230107', 97],
...                 ['id_RTA6NEM','20230108', 92],
...                 ['id_RTA6NEM','20230109', 91],


...                 ['id_OTc6RjQ', '20230102', 82],
...                 ['id_OTc6RjQ','20230103', 65],
...                 ['id_OTc6RjQ','20230104', 55],
...                 ['id_OTc6RjQ','20230105', 86],
...                 ['id_OTc6RjQ','20230106', 84],
...                 ['id_OTc6RjQ','20230107', 87],
...                 ['id_OTc6RjQ','20230108', 82],
...                 ['id_OTc6RjQ','20230109', 81],
...             ],
...             columns=['deviceId', 'Date', 'Act'])
>>> print(N201_act)
     deviceId      Date  Act
0  id_RTA6NEM  20230102   92
1  id_RTA6NEM  20230103   75
```

```
 2    id_RTA6NEM   20230104   65
 3    id_RTA6NEM   20230105   96
 4    id_RTA6NEM   20230106   94
 5    id_RTA6NEM   20230107   97
 6    id_RTA6NEM   20230108   92
 7    id_RTA6NEM   20230109   91
 8    id_OTc6RjQ   20230102   82
 9    id_OTc6RjQ   20230103   65
10    id_OTc6RjQ   20230104   55
11    id_OTc6RjQ   20230105   86
12    id_OTc6RjQ   20230106   84
13    id_OTc6RjQ   20230107   87
14    id_OTc6RjQ   20230108   82
15    id_OTc6RjQ   20230109   81
```

데이터가 행 방향(위, 아래)으로 길게 늘어져 보기 불편하므로 pivot() 메서드를 이용
해 일목요연하게 표시해 보자. 우선 센서 식별자(deviceId)를 인덱스로, 일자(Date)를
열로 설정한 후 활동지수(Act)를 값으로 피벗해 보자.

```
>>> N201_act.pivot(index='deviceId', columns='Date', values='Act')
Date         20230102   20230103   20230104   20230105   20230106   20230107  ...
deviceId
id_OTc6RjQ         82         65         55         86         84         87  ...
id_RTA6NEM         92         75         65         96         94         97  ...
```

보기가 훨씬 편해졌다. 텍스트 파일 형식의 데이터를 스프레드시트 또는 관계형 데
이터베이스에서의 테이블 형식으로 변형할 때 pivot() 메서드는 유용하다.

6.11.2 pivot_table 함수와 메서드

pivot_table 메서드

df.pivot_table(values=None, index=None, columns=None, aggfunc='mean', fill_value=None,
margins=False, dropna=True, margins_name='All', observed=False, sort=True)

pivot() 메서드와 동일한 기능으로 pandas에는 pivot_table() 함수가 있다. 다만, 그 사용법이 데이터프레임의 pivot_table() 메서드와 동일하므로 pandas의 pivot_table() 함수 설명은 생략한다.

피벗 테이블pivot_table 메서드는 데이터를 스프레드시트 기반의 표 형태 테이블로 만든다. 열 단위 데이터를 입력값으로 하며 2차원 테이블로 항목을 그룹화한다. pivot() 메서드는 데이터의 형태를 변경한다면, pivot_table() 메서드는 이에 더해 집계 등 다양한 데이터 연산 기능을 제공한다.

간혹 pivot_table과 GroupBy가 혼란스러울 때가 있는데 GroupBy는 저차원적이고 프로그래밍적으로 집계 및 분할을 하는 반면에 pivot_table은 다차원 테이블, 스프레드시트에서 집계 및 분할하는 것처럼 더욱 다양하고 유연한 기법으로 열column 수가 많은 데이터를 쉽게 조작할 수 있다. 처음에는 GroupBy로 집계를 구하다가 복잡해지거나 검색 조건 열 수가 많은 데이터의 집계를 구할 때라면 pivot_table로 집계 및 분할 작업하길 추천한다.

groupby() 메서드와 pivot_table() 메서드가 어떻게 다른지 예제 코드로 살펴보자. 먼저 csv 파일을 불러온다.

```
>>> import numpy as np
>>> import pandas as pd
>>> import matplotlib.pyplot as plt

>>> df1 = pd.read_csv('stackPerDevice_datetime.csv')
>>> df1.head()
     deviceId        date   status  cnt
0  id_RTA6NEM  2022-09-01      ACT    5
1  id_RTA6NEM  2022-09-01  NOT_ACT    4
2  id_RTA6NEM  2022-09-01      ACT   10
3  id_RTA6NEM  2022-09-01  NOT_ACT    3
4  id_RTA6NEM  2022-09-01  NOT_ACT    8
```

각 센서별(deviceId), 일자별(date), 감지된 노약자 상태별(status)로 수집된 횟수(cnt)의 합계를 구해보자. 먼저 groupby() 메서드로 집계를 구한다.

```
>>> df1.groupby(['deviceId','date', 'status'])['cnt'].sum()
deviceId     date        status
id_OTc6RjQ  2022-09-01   ACT          808
                         NOT_ACT      211
            2022-09-02   ABSENCE        9
                         ACT          809
                         NOT_ACT       97
                                       ...
id_RTA6NEM  2022-09-27   NOT_ACT       82
            2022-09-28   ACT          363
                         NOT_ACT      316
            2022-09-29   ACT           40
                         NOT_ACT       91
Name: cnt, Length: 76, dtype: int64
```

상태(ACT, NOT_ACT)가 행으로 표시돼 보기 불편하므로 unstack() 메서드로 행을 열로 변형하자.

```
>>> df1.groupby(['deviceId','date', 'status'])['cnt'].sum().unstack()
status                  ABSENCE      ACT    NOT_ACT
deviceId     date
id_OTc6RjQ  2022-09-01     NaN     808.0     211.0
            2022-09-02     9.0     809.0      97.0
            2022-09-03     NaN     894.0      33.0
            2022-09-04     NaN     316.0     138.0
            2022-09-05     NaN     356.0     191.0
id_RTA6NEM  2022-09-01     NaN    2365.0     916.0
            2022-09-02    24.0    1860.0     964.0
                                               ...
```

코드가 길어지고 복잡해진 것 같다. 그렇다면 이번에는 pivot_table() 메서드로 동일한 결과를 만들어 보자. aggfunc 인자를 별도 지정하지 않으면 디폴트로 mean(평균값)이 산출된다.

```
>>> df1.pivot_table('cnt', index=['deviceId','date'],
...                  columns='status', aggfunc='sum')
status                  ABSENCE      ACT    NOT_ACT
deviceId     date
id_OTc6RjQ  2022-09-01     NaN     808.0     211.0
            2022-09-02     9.0     809.0      97.0
            2022-09-03     NaN     894.0      33.0
```

```
                    2022-09-04      NaN    316.0     138.0
                    2022-09-05      NaN    356.0     191.0
    id_RTA6NEM      2022-09-01      NaN   2365.0     916.0
                    2022-09-02     24.0   1860.0     964.0
                    2022-09-03      NaN   1726.0     479.0
                    2022-09-04      NaN   1951.0     237.0
```

간결해진 것 같다. 만약 열^{column} 수가 수십 개로 구성된 데이터라면 groupby() 메서드로 집계를 구하면 혼란스러울 때가 있다. 또한 pivot_table() 메서드의 aggfunc 인자를 딕셔너리 형태로 여러 열에 대한 집계도 구할 수 있다. 여기서는 'cnt'열에 대해서는 합계를 구하고, 'status'열에 대해서는 빈도 수를 구해보자.

```
>>> df1.pivot_table(index=['deviceId','date'], columns='status',
...             aggfunc={'cnt': sum, 'status': 'count'})
                              cnt                     status
                       ABSENCE   ACT NOT_ACT  ABSENCE   ACT NOT_ACT
status
deviceId   date
id_OTc6RjQ 2022-09-01     NaN  808.0   211.0      NaN  31.0    14.0
           2022-09-02     9.0  809.0    97.0      1.0  30.0     9.0
           2022-09-03     NaN  894.0    33.0      NaN  25.0    10.0
           2022-09-04     NaN  316.0   138.0      NaN  19.0    12.0
           2022-09-05     NaN  356.0   191.0      NaN  11.0    18.0
id_RTA6NEM 2022-09-01     NaN 2365.0   916.0      NaN  63.0    48.0
           2022-09-02    24.0 1860.0   964.0      1.0  40.0    48.0
           2022-09-03     NaN 1726.0   479.0      NaN  46.0    44.0
           2022-09-04     NaN 1951.0   237.0      NaN  51.0    30.0
```

위와 같이 pivot_table() 메서드가 groupby() 메서드보다 코드가 간결하고 유연성이 높은 점이 확인된다.

6.11.3 melt 메서드

melt() 메서드는 피벗 형태를 해제한다. 표현이 좀 어려운데 피벗 형식의 데이터프레임에서 열을 행으로 바꿀 수 있다. 그래서 해제한다는 표현을 사용한다. 다음과 같이 'status'열 이름을 'variable'열의 값으로 나열하고, 'status'열의 값을 'value'열의 값으로 나열할 수 있다.

```
>>> df1.melt(id_vars=['deviceId','date'], value_vars=['status'])
        deviceId        date variable     value
0      id_RTA6NEM  2022-09-01   status       ACT
1      id_RTA6NEM  2022-09-01   status   NOT_ACT
2      id_RTA6NEM  2022-09-01   status       ACT
3      id_RTA6NEM  2022-09-01   status   NOT_ACT
4      id_RTA6NEM  2022-09-01   status   NOT_ACT
...           ...         ...      ...       ...
1715   id_OTc6RjQ  2022-09-05   status   NOT_ACT
```

또한 위에서 피벗한 것을 `melt()` 메서드로 복원할 수도 있다.

```
>>> N201_act.pivot(index='deviceId', columns='Date', values='Act').melt()
          Date  value
0     20230102     82
1     20230102     92
2     20230103     65
3     20230103     75
4     20230104     55
5     20230104     65
6     20230105     86
7     20230105     96
8     20230106     84
9     20230106     94
10    20230107     87
11    20230107     97
12    20230108     82
13    20230108     92
14    20230109     81
15    20230109     91
```

6.12 문자열 다루기

pandas의 Series, Index 객체의 str 속성으로 파이썬에서 문자열을 다루듯이 문자열을 자유자재로 다룰 수 있다.

pandas에서 주로 사용하는 문자열 관련 메서드는 표 6-16과 같다.

메서드	설명
str[]	인덱싱 및 슬라이싱
str.len()	문자열 길이
str.split()	문자열 분할(디폴트 공백)
str.startswith(pat)	pat 문자열로 시작하면 True, 그 외 False
str.endswith(pat)	pat 문자열로 끝나면 True, 그 외 False
str.contains(pat)	pat 문자열을 포함하면 True, 그 외 False
str.replace(pat, repl)	pat 문자열을 repl로 변경
str.strip()	양 끝 공백 제거
str.lstrip()	앞 공백 제거
str.rstrip()	뒤 공백 제거
str.lower()	소문자로 변경
str.upper()	대문자로 변경
str.swapcase()	소문자와 대문자를 서로 바꿈
str.find(sub)	sub 문자열 검색 위치 반환: 발견하지 못하면 -1
str.capitalize()	첫 문자 대문자 변경
str.count(pat)	pat 문자열 출현 횟수(대소문자 구분함)

표 6-16 pandas 주요 문자열 관련 메서드들

6.12.1 정규표현식

pandas에서는 파이썬의 re 모듈에서의 '정규표현식'도 지원한다. 정규표현식 관련 메서드는 표 6-17과 같다.

메서드	설명
str.match(pat)	문자열이 pat 정규표현식으로 시작하면 True, 그 외 False
str.extract(pat)	pat 패턴이 일치하는 문자열 가운데 매칭된 그룹만 반환. 그룹을 괄호로 감싸야 함
str.findall(pat)	pat 패턴에 일치하는 문자열 반환

표 6-17 정규표현식 관련 메서드들

다음 예제 코드는 정규표현식 match() 메서드의 사용 방법을 보여준다.

```
>>> import pandas as pd
>>> s = pd.Series(['tokyo', 'osaka', 'yamagata'])
>>> s.str.match('[a-z]')
0    True
1    True
2    True
dtype: bool

>>> s = pd.Series(['tokyo2', 'osaka@', '1yamagata'])
>>> s.str.match('[0-9]')
0    False
1    False
2     True
dtype: bool

# 아래와 같이 sum() 메서드로 매칭된 수를 구할 수도 있다.
>>> s = pd.Series(['tokyo', 'osaka', '1yamagata'])
>>> s.str.match('^[oa]').sum()
1
```

다음 예제 코드는 정규표현식 extract() 메서드의 사용 방법을 보여준다.

```
>>> import pandas as pd
>>> s = pd.Series(['tokyo', 'osaka', 'yamagata'])
>>> s.str.extract(r'([to]+)')
    0
0  to
1   o
2   t
```

다음 예제 코드는 정규표현식 findall() 메서드의 사용 방법을 보여준다.

```
>>> s = pd.Series(['tokyo', 'osaka', '1yamagata'])
>>> s.str.findall('ga')
0      []
1      []
2    [ga]
dtype: object

>>> s = pd.Series(['tokyo', 'osaka', '1yamagata'])
>>> s.str.findall(r'^[a-z]+')
```

```
0      [tokyo]
1      [osaka]
2          []
dtype: object
```

정규표현식^{Regular Expression}을 익혀두면 데이터 전처리에 큰 도움이 된다. 뛰어난 SW 개발자 및 서버 관리자, 데이터 분석가가 되려면 반드시 학습해 둬야 한다. 특히 리눅스 서버에서 grep 및 awk, perl 등과 정규표현식을 활용하면 파일 전처리 및 데이터 분석을 굉장히 효율적으로 수행할 수 있다. 만약 정규표현식으로 사용하지 않고 if문, switch문, 사용자 정의 함수 등으로 전처리 작업을 하면 엄청난 시간 낭비가 발생한다.

참고로 저자의 경험에 따르면 동일한 정규표현식을 사용해 용량이 큰 임의의 로그 파일을 파이썬^{Python}과 펄^{Perl}에서 비교 분석한 적이 있었다. 펄의 속도가 파이썬보다 수배 이상으로 압도적으로 빨랐던 기억이 난다. 물론 이 결과는 환경과 상황에 따라 다소 차이가 있겠지만, 일반적으로 정규표현식 처리에 있어서 펄이 파이썬보다 훨씬 빠르다. 따라서 대용량 파일의 전처리 작업이 자주 필요하다면 펄 사용을 고려해 보길 바란다.

이외에도 문자열을 다루는 많은 메서드가 준비돼 있으니 pandas 공식 문서[5]를 참조하자.

6.13 query 및 eval 메서드

pandas는 정말 유용한 마법 같은 메서드를 제공한다. 마치 SQL문의 query문처럼 검색 조건에 부합하는 데이터를 추출할 수 있는 query() 메서드가 그것이다. 또한 논리 연산, 수치 연산, 연산 결과 대입 등 데이터 조작을 세련되게 처리하는 eval() 메서드도 제공한다.

---

5 https://pandas.pydata.org/docs/reference/api/pandas.Series.html

6.13.1 query 메서드

query() 메서드로 SQL문의 where 구문과 같은 조회문을 작성해 데이터 조회가 가능하다. SQL문 작성에 익숙하다면 마스킹보다 query() 메서드를 활용해 데이터를 추출하는 편을 선호할 것이다. 예제 코드를 통해 query() 메서드의 사용 방법에 대해 알아보자.

```
>>> import numpy as np
>>> import pandas as pd
>>> import matplotlib.pyplot as plt
>>> from datetime import datetime

>>> df = pd.read_csv('OTg6QzA_activities.csv')
>>> df.shape # 데이터 구조, 행과 열 크기 알아보기
>>> df.head()
```

데이터 가운데 X값이 100을 넘고, Y값이 100을 넘고, Z값이 50 미만(삼항 조건)인 데이터만 추출해 보자. 먼저 마스킹을 이용해 추출해 보자.

```
# X > 100 and Y > 100 and Z < 50인 자료만 추출해 보자.
>>> df[ (df['X'] > 100) & (df['Y'] > 100) & (df['Z'] < 50)]
                     timestamp    X    Y    Z
172      2022-01-01 05:39:21.184  112  453   27
174      2022-01-01 05:39:26.286  129  454   37
175      2022-01-01 05:39:28.883  102  440    1
180      2022-01-01 05:39:41.684  115  456   -6
294      2022-01-01 06:07:37.199  175  318   44
...                          ...  ...  ...  ...
52872    2022-01-22 14:04:35.255  104  237   46
56337    2022-01-25 08:47:26.385  112  228  -12
56347    2022-01-25 08:48:43.788  112  228  -12
58675    2022-01-28 18:43:55.864  123  126   19
64606    2022-01-30 08:29:23.876  105  250   40

[258 rows x 4 columns]
```

이번에는 같은 조건문을 query() 메서드로 작성해 보자. '@외부변수명'으로 외부 변수를 query() 메서드 안에서 사용할 수 있다.

```
>>> THRESHOLD_Y = 100
>>> df.query('X > 100 and Y > @THRESHOLD_Y and Z < 50')
                     timestamp    X    Y    Z
172    2022-01-01 05:39:21.184  112  453   27
174    2022-01-01 05:39:26.286  129  454   37
175    2022-01-01 05:39:28.883  102  440    1
180    2022-01-01 05:39:41.684  115  456   -6
294    2022-01-01 06:07:37.199  175  318   44
...                        ...  ...  ...   ..
52872  2022-01-22 14:04:35.255  104  237   46
56337  2022-01-25 08:47:26.385  112  228  -12
56347  2022-01-25 08:48:43.788  112  228  -12
58675  2022-01-28 18:43:55.864  123  126   19
64606  2022-01-30 08:29:23.876  105  250   40

[258 rows x 4 columns]
```

결과는 동일하지만, query() 메서드가 훨씬 간결하다. 따라서 2개 이상의 조건문으로
데이터를 추출할 경우에는 가급적 query() 메서드 사용을 권장한다.

6.13.2 eval 메서드

eval() 메서드는 논리 및 수치 연산뿐만 아니라 연산 결과 대입도 가능하다. 정말 마
법 같은 메서드라고 할 수 있다.

---

eval 메서드

eval(expr, inplace=False)

inplace=True이면 실행 결과가 원본 데이터에 적용된다.

---

eval 논리 연산 및 대입

앞의 query 조건문을 eval() 메서드로 구현해 보자. 조건에 부합하면 True, 그 외는
False를 반환한다.

```
>>> df.eval(' X > 100 and Y > 100 and Z < 50')
0          False
1          False
2          False
...
66279      False
66280      False
Length: 66281, dtype: bool
```

X, Y 위치 값이 제1사분면에 위치한 경우 새로운 'FQ'열에 True값을 대입하는 코드를 작성해 보자.

```
>>> df.eval('FQ = (X > 100 and Y > 100)', inplace=True)
```

query() 메서드로 조회해 보자.

```
>>> df df.query('FQ == True')
                    timestamp    X    Y    Z    FQ
167     2022-01-01 05:18:16.419  112  349   69  True
170     2022-01-01 05:39:16.082  143  460   75  True
171     2022-01-01 05:39:18.682  123  400  134  True
...                         ...  ...  ...  ...   ...
65228   2022-01-30 14:38:49.994  106  243   87  True
65333   2022-01-30 15:35:44.802  109  246   86  True
65879   2022-01-31 15:19:00.746  111  255   78  True

[2109 rows x 5 columns]
```

만약 query() 및 eval() 메서드를 사용하지 않고, 같은 결과를 도출하는 코드를 마스킹으로 작성하면 다음과 같다.

```
>>> df['FQ'] = (df['X'] > 100) & (df['Y'] > 100)
```

eval() 메서드를 사용하는 것이 더 간결하다.

eval 수치 연산 및 대입

eval() 메서드로 수치 연산한 결과를 대입해 보자. X 좌푯값의 거듭제곱값을 X2열에 대입하는 코드를 작성해 보자.

```
>>> df.eval('X2 = X ** 2', inplace=True)
>>> df
                       timestamp    X    Y    Z     FQ    X2
0       2022-01-01 00:01:40.363   33   76   56  False  1089
1       2022-01-01 00:01:42.961   34   87   56  False  1156
...
66280   2022-01-31 23:32:44.126  -91  129  138  False  8281

[66281 rows x 6 columns]
```

다음은 벡터 연산 결과이다.

```
>>> df['X^2'] = df['X'] ** 2
>>> df
                       timestamp    X    Y    Z     FQ    X2   X^2
0       2022-01-01 00:01:40.363   33   76   56  False  1089  1089
1       2022-01-01 00:01:42.961   34   87   56  False  1156  1156
...
66280   2022-01-31 23:32:44.126  -91  129  138  False  8281  8281

[66281 rows x 7 columns]
```

결과는 같지만, 복잡한 연산의 경우 벡터 연산보다는 eval() 메서드를 사용해 코드를 작성하길 추천한다. 코드가 훨씬 간결해져 가독성과 유지보수성이 향상되기 때문이다.

6.14 시계열 데이터 다루기

pandas에서는 시계열에 특화된 자료 구조 및 기능을 제공한다. 특히 Datetime Index, PeriodIndex, TimedeltaIndex를 제공하는데 groupby 및 resample 시 아주 유용하다. 먼저 DatetimeIndex, PeriodIndex, TimedeltaIndex를 만들어 보자.

pandas의 date_range() 함수로 시계열 데이터를 편리하게 생성할 수 있다.

6.14.1 date_range 함수

```
date_range 함수
pd.date_range(start=None, end=None, periods=None, freq='D', tz...)
```

pandas에서 제공하는 date_range() 함수의 매개변수는 표 6-18과 같다.

매개변수	설명
start	시작 시각
end	마지막 시각
periods	기간 수
freq	빈도: pandas 주기 약어 사용 가능
...	

표 6-18 date_range() 함수의 매개변수들

pandas 주기 약어

pandas에서 주로 사용되는 주기 관련 약어는 표 6-19와 같다.

약어	설명	약어	설명
D	달력 기준 하루	H	시간
B	영업일 기준 하루: 다른 약어와 혼합해 사용이 가능함 예) 'BM'은 영업일 월말	T, min	분
W	일요일 시작 기준 일주일	S	초
M	월말	L, ms	밀리초(1,000분의 1초)
Q	분기별 마지막 일	U, us	마이크로초(1,000,000분의 1초)
A, Y	연 마지막 일	N	나노초
SM	중간 일과 마지막 일	BM	영업일 기준 월말
MS	월초	BQ	영업일 기준 분기별 마지막 일
SMS	월초와 중간 일	BA	영업일 기준년 마지막 일
AS	연초	BMS	영업일 기준 월초
W-MON	매주 월요일	BAS	영업일 기준년 초

표 6-19 pandas의 주기 관련 약어들

이외에도 'W-TUE'(매주 화요일) 등 다양한 주기 약어가 있으므로 pandas 공식 문서[6]를 참조하길 바란다.

6.14.2 DatetimeIndex 만들기

DatetimeIndex는 date_range() 함수 및 to_datetime() 함수로 생성할 수 있다.

```
>>> import numpy as np
>>> import pandas as pd
>>> from datetime import datetime
# DatetimeIndex 생성 - 범위 지정
>>> dtidx1 = pd.date_range('2023-01-01', '2023-01-15')
>>> dtidx1
DatetimeIndex(['2023-01-01', '2023-01-02', '2023-01-03', '2023-01-04',
               '2023-01-05', '2023-01-06', '2023-01-07', '2023-01-08',
               '2023-01-09', '2023-01-10', '2023-01-11', '2023-01-12',
               '2023-01-13', '2023-01-14', '2023-01-15'],
              dtype='datetime64[ns]', freq='D')
```

데이터 타입이 datetime64[ns]인 점이 눈에 띈다. NumPy의 datetime64 자료형을 사용하며 나노초(10억 분의 1초)까지의 정보를 포함한다. freq='D'에서의 'D'는 달력 기준 하루(Date)를 의미한다.

또한 periods와 freq 인자로 주기성을 지닌 DatetimeIndex를 생성할 수도 있다.

```
# DatetimeIndex 생성 - freq 지점
>>> dtidx2 = pd.date_range('2023-01-01', periods=7, freq='W')
>>> dtidx2
DatetimeIndex(['2023-01-01', '2023-01-08', '2023-01-15', '2023-01-22',
               '2023-01-29', '2023-02-05', '2023-02-12'],
              dtype='datetime64[ns]', freq='W-SUN')
```

to_datetime() 함수로 단일 날짜의 DatetimeIndex를 만들 수 있으며, 주기성(freq=None)이 없는 점을 유념하자.

---

6 https://pandas.pydata.org/docs/user_guide/timeseries.html#timeseries-offset-aliases

```
# DatetimeIndex 생성 - to_datetime 함수
>>> dtidx3 = pd.to_datetime(['2023-01-01', '2023-01-02', '2023-01-03',
'2023-01-04'])
>>> dtidx3
DatetimeIndex(['2023-01-01', '2023-01-02', '2023-01-03', '2023-01-04'],
dtype='datetime64[ns]', freq=None)
```

6.14.3 PeriodIndex 만들기

period_range **함수**

pd.period_range(start=None, end=None, periods=None, freq=None, name=None)

period_range() 함수의 매개변수는 date_range() 함수와 유사하므로 설명을 생략한다.

period_range() 함수를 이용해 PeriodIndex를 만들어 보자.

```
# PeriodIndex 생성 - period_range 함수
>>> ridx1 = pd.period_range('2023-01-01', periods=7, freq='W')
>>> ridx1
PeriodIndex(['2022-12-26/2023-01-01', '2023-01-02/2023-01-08',
             '2023-01-09/2023-01-15', '2023-01-16/2023-01-22',
             '2023-01-23/2023-01-29', '2023-01-30/2023-02-05',
             '2023-02-06/2023-02-12'],
            dtype='period[W-SUN]')
```

dtidx2와 달리 각 데이터가 일주일 구간으로 생성된 점이 눈에 띈다. freq 매개변수에 'M' 인자 값을 부여해 월 단위로도 생성할 수 있다.

```
# PeriodIndex 생성 - period_range 함수
>>> ridx2 = pd.period_range('2023-01-01', periods=7, freq='M')
>>> ridx2
PeriodIndex(['2023-01', '2023-02', '2023-03', '2023-04', '2023-05',
             '2023-06', '2023-07'], dtype='period[M]')
```

6.14.4 TimedeltaIndex 만들기

> **timedelta_range 함수**
>
> pd.timedelta_range(start=None, end=None, periods=None, freq=None, name=None, closed=None)
>
> timedelta_range() 함수의 매개변수 또한 date_range() 함수와 유사하다. 다만, closed의 인자 값으로 'left', 'right', None을 부여할 수 있는데 closed='left'는 첫 요소 포함, 마지막 요소 버림을 뜻하며 'right'는 그 반대이다. None은 둘 다 포함이다.

다음 예제 코드로 사용 방법을 살펴보자.

```
# TimedeltaIndex 생성 - timedelta_range 함수
>>> tdidx1 = pd.timedelta_range(start='0', end='2days', freq='4H')
>>> tdidx1
TimedeltaIndex(['0 days 00:00:00', '0 days 04:00:00', '0 days 08:00:00',
                '0 days 12:00:00', '0 days 16:00:00', '0 days 20:00:00',
                '1 days 00:00:00', '1 days 04:00:00', '1 days 08:00:00',
                '1 days 12:00:00', '1 days 16:00:00', '1 days 20:00:00',
                '2 days 00:00:00'],
               dtype='timedelta64[ns]', freq='4H')

# TimedeltaIndex 생성 - timedelta_range 함수, left
>>> pd.timedelta_range(start='0', end='2days', freq='4H', closed='left')
TimedeltaIndex(['0 days 00:00:00', '0 days 04:00:00', '0 days 08:00:00',
                '0 days 12:00:00', '0 days 16:00:00', '0 days 20:00:00',
                '1 days 00:00:00', '1 days 04:00:00', '1 days 08:00:00',
                '1 days 12:00:00', '1 days 16:00:00', '1 days 20:00:00'],
               dtype='timedelta64[ns]', freq='4H')

# TimedeltaIndex 생성 - timedelta_range 함수, right
>>> pd.timedelta_range(start='0', end='2days', freq='4H', closed='right')
TimedeltaIndex(['0 days 04:00:00', '0 days 08:00:00', '0 days 12:00:00',
                '0 days 16:00:00', '0 days 20:00:00', '1 days 00:00:00',
                '1 days 04:00:00', '1 days 08:00:00', '1 days 12:00:00',
                '1 days 16:00:00', '1 days 20:00:00', '2 days 00:00:00'],
               dtype='timedelta64[ns]', freq='4H')
```

6.14.5 리샘플링하기

시계열 데이터를 분석할 때 데이터의 특성을 파악하는 데 리샘플링resampling 작업이 자주 사용된다. 이 작업은 데이터의 시간 빈도를 줄이거나 더 자세한 정보를 얻으려고 데이터를 재-샘플링re-sampling해 새로운 표본을 추출하는 것을 말한다. 이때 일일이 원본 데이터를 다시 만들어서 시각화하면 상당한 시간이 소요된다.

pandas에서는 시계열 데이터를 간단히 리샘플링할 수 있는 기능을 제공한다. 특히 더 조밀한 시간의 데이터로 리샘플링하는 것을 업샘플링Upsampling이라고 하고, 그 반대를 다운샘플링Downsampling이라고 한다.

앞에서 생성한 Index로 데이터프레임을 만들어 보고 리샘플링한 후 간단한 집계를 구해보자. 왜 시계열 데이터를 다룰 때 datetime 계열 인덱스(DatetimeIndex, PeriodIndex, TimedeltaIndex)로 데이터를 정리하면 좋은지 예제를 통해 확인해 보자.

```
# 간단한 시계열 데이터 만들기
>>> data = {"name": np.arange(15), "val": np.random.randint(15, size=15)}
>>> df1 = pd.DataFrame(data, index=dtidx1 )
>>> df1.head()
            name   val
2023-01-01     0     1
2023-01-02     1    10
2023-01-03     2     2
2023-01-04     3    10
2023-01-05     4     0
```

resample 메서드

> **resample 메서드**
>
> df.resample(rule, axis=0, closed=None, …)

pandas에서 제공하는 resample() 메서드의 매개변수는 표 6-20과 같다.

매개변수	설명
rule	리샘플링 기준 단위
axis	리샘플링할 축: 디폴트 axis=0
closed	'left', 'right' 간격의 시작 및 끝 중 닫을지 지정: 디폴트 'left'

...

표 6-20 resample() 메서드의 매개변수들

resample() 메서드를 이용해 '주' 단위로 집계해 보자.

```
# resample로 주 단위 합계 구하기
>>> df1.resample('w').sum()
            name   val
2023-01-01     0     1
2023-01-08    28    38
2023-01-15    77    44
```

groupby() 메서드로도 동일한 결과를 도출할 수 있다.

```
# groupby로 주별 합계 구하기
>>> df1.groupby(df1.index.isocalendar().week).sum()
      name   val
week
1       28    38
2       77    44
52       0     1
```

52가 맞는 출력(참조: https://en.wikipedia.org/wiki/ISO_week_date)이다.

asfreq 메서드

resample() 메서드와 유사한 asfreq() 메서드는 freq 인자로 지정된 주기에 맞춰 데이터를 선택한다. resample() 메서드는 데이터를 리샘플링해 주어진 주기에 따라 집계(평균, 합계 등)하는 반면에 asfreq() 메서드는 데이터를 선택하고자 하는 지정된 freq를 기반으로 데이터를 추출한다.

```
asfreq 메서드
df.asfreq(freq, method=None, how=None, normalize=False, fill_value=None)
```

pandas에서 제공하는 asfreq() 메서드의 매개변수는 표 6-21과 같다.

매개변수	설명
freq	빈도
method	결측치 채우는 방법 - backfill/bfill: 뒤의 내용으로 결측치를 채움 - pad/ffill: 앞의 내용으로 결측치를 채움
how	PeriodIndex에서만 사용이 가능함('start', 'end') 'start': 첫 요소를 포함, 'end': 마지막 요소를 포함 timedelta_range 함수에서의 closed 개념과 유사함
normalize	출력되는 인덱스에서 시간 정보를 생략함
fill_value	리샘플링으로 생성되는 결측치 대체 값

표 6-21 asfreq() 메서드의 매개변수들

다음 예제 코드에서는 df1(2023년 1월 1일~1월 15일) 데이터 가운데 매주 일요일 데이터(1월 1일, 1월 8일, 1월 15일)만 선택된다.

```
# asfreq로 주 단위 데이터 선택하기
>>> df1.asfreq('w')
            name  val
2023-01-01     0    1
2023-01-08     7   11
2023-01-15    14   11
```

다음에서는 20시간 주기별로 선택하고 normalize 인자를 부여해 보자.

```
>>> df1.asfreq('20H', normalize=False).head()
                      name   val
2023-01-01 00:00:00    0.0  13.0
2023-01-01 20:00:00    NaN   NaN
2023-01-02 16:00:00    NaN   NaN
2023-01-03 12:00:00    NaN   NaN
2023-01-04 08:00:00    NaN   NaN
```

```
>>> df1.asfreq('20H', normalize=True).head()
            name  val
2023-01-01   0.0  13.0
2023-01-01   NaN   NaN
2023-01-02   NaN   NaN
2023-01-03   NaN   NaN
2023-01-04   NaN   NaN
```

normalize=True 인자를 부여하면 일자 정보만 남고 시간 정보는 출력되지 않는다.

이제 사이렌케어 실사례 데이터로 시계열 데이터를 다뤄 보자.

```
>>> import numpy as np
>>> import pandas as pd
>>> import matplotlib.pyplot as plt
>>> from datetime import datetime

>>> act = pd.read_csv('OTg6QzA_activities.csv')
>>> act.shape # 데이터 구조, 행과 열 크기 알아보기
>>> act.head()
                timestamp   X   Y   Z
0  2022-01-01 00:01:40.363  33  76  56
1  2022-01-01 00:01:42.961  34  87  56
2  2022-01-01 00:01:45.562  25  89  47
3  2022-01-01 00:01:48.163  11  70  50
4  2022-01-01 00:02:08.864  33  72  58

>>> act.info()
<class 'pandas.core.frame.DataFrame'>
RangeIndex: 66281 entries, 0 to 66280
Data columns (total 4 columns):
 #   Column     Non-Null Count  Dtype
---  ------     --------------  -----
 0   timestamp  66281 non-null  object
 1   X          66281 non-null  int64
 2   Y          66281 non-null  int64
 3   Z          66281 non-null  int64
dtypes: int64(3), object(1)
memory usage: 2.0+ MB
```

일('D') 단위로 리샘플링해 보자.

```
>>> act.resample('D').mean() # 실패... index가 없으므로...
TypeError: Only valid with DatetimeIndex, TimedeltaIndex or PeriodIndex,
but got an instance of 'RangeIndex'
```

에러가 발생했다. act의 인덱스가 RangeIndex이기 때문에 리샘플링이 불가능하다. 리샘플링을 위해서는 DatetimeIndex, TimedeltaIndex or PeriodIndex가 필요하다는 에러 메시지가 출력됐다. 그렇다면 우선 시간을 나타내는 문자열 'timestamp'열을 to_datetime() 함수를 사용해 datetime64 데이터 타입으로 변형한 후 DatetimeIndex로 변경해 보자. 현재 act 데이터프레임의 인덱스는 RangeIndex(0~n)이다.

먼저 timestamp열의 시각 정보 문자열을 datetime64 데이터 타입으로 변형하자.

```
# 시각 정보 문자열을 datetime64 데이터 타입으로 변경하기
>>> act['new_time']  = pd.to_datetime( act['timestamp'], format='%Y-%m-%d
%H:%M:%S.%f')
# info 메서드로 칼럼 정보를 살펴보자.
>>> act.info()
<class 'pandas.core.frame.DataFrame'>
RangeIndex: 66281 entries, 0 to 66280
Data columns (total 5 columns):
 #   Column     Non-Null Count  Dtype
---  ------     --------------  -----
 0   timestamp  66281 non-null  object
 1   X          66281 non-null  int64
 2   Y          66281 non-null  int64
 3   Z          66281 non-null  int64
 4   new_time   66281 non-null  datetime64[ns]
dtypes: datetime64[ns](1), int64(3), object(1)
memory usage: 2.5+ MB
```

datetime64형의 new_time열이 새로 생성됐다. 이제 set_index() 메서드로 new_time열을 DatetimeIndex로 만들어 보자.

```
# RangeIndex를 DatetimeIndex로 변경
>>> act.set_index('new_time', inplace=True)
>>> act.info()
<class 'pandas.core.frame.DataFrame'>
DatetimeIndex: 66281 entries, 2022-01-01 00:01:40.363000 to 2022-01-31
```

```
23:32:44.126000
Data columns (total 4 columns):
 #   Column      Non-Null Count  Dtype
---  ------      --------------  -----
 0   timestamp   66281 non-null  object
 1   X           66281 non-null  int64
 2   Y           66281 non-null  int64
 3   Z           66281 non-null  int64
dtypes: int64(3), object(1)
memory usage: 2.5+ MB
```

act 데이터프레임의 인덱스가 DatetimeIndex로 변경됐다.

그럼 이제 resample() 메서드가 동작하는지 먼저 일 단위 평균값^{mean}을 구해보자.

```
# 일자별 X, Y, Z 평균 위치를 구해보자.
>>> act.resample('D').mean()
                     X           Y           Z
new_time
2022-01-01   45.181458   230.855784   79.015055
2022-01-02   33.717431   167.839047  104.839408
2022-01-03  -13.646741   187.623683  122.057785
2022-01-04   22.882040   278.679604   80.347032
2022-01-05   81.304762   182.480952  110.154762
2022-01-06   47.897631   193.845178   97.742809
```

2022년 1월 1일 X, Y, Z의 평균값이 각각 45.181458, 230.855784, 79.015055 로 산출됐다.

이번에는 일 단위 데이터 레코드 수를 조회해 보자.

```
>>> act.resample('D').count()
            timestamp      X      Y      Z
new_time
2022-01-01       1262   1262   1262   1262
2022-01-02       2771   2771   2771   2771
2022-01-03       3513   3513   3513   3513
2022-01-04       2628   2628   2628   2628
2022-01-05        420    420    420    420
```

일 단위 X, Y, Z별 합계도 산출해 보자.

```
>>> act.resample('D').sum()
                X       Y        Z
new_time
2022-01-01    57019   291340   99717
2022-01-02    93431   465082   290510
2022-01-03   -47941   659122   428789
2022-01-04    60134   732370   211152
2022-01-05    34148    76642   46265
```

엑셀에서 OTg6QzA_activities.csv 파일을 열어 확인한 결과 2022년 1월 1일 X 좌표 평균: 45.181458, 레코드 수: 1262, 합계: 57019로 앞의 계산과 동일한 점이 확인된다.

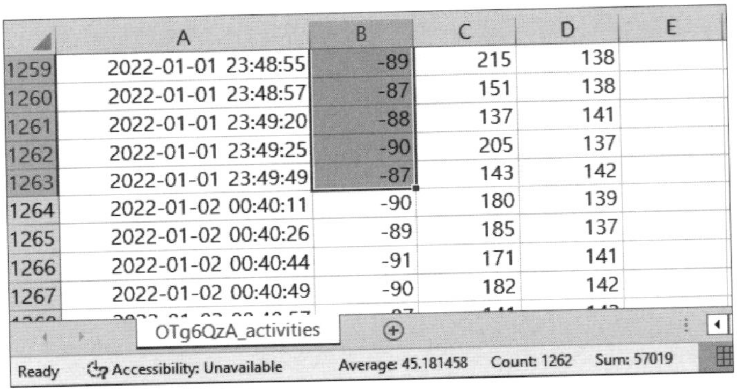

	A	B	C	D	E
1259	2022-01-01 23:48:55	-89	215	138	
1260	2022-01-01 23:48:57	-87	151	138	
1261	2022-01-01 23:49:20	-88	137	141	
1262	2022-01-01 23:49:25	-90	205	137	
1263	2022-01-01 23:49:49	-87	143	142	
1264	2022-01-02 00:40:11	-90	180	139	
1265	2022-01-02 00:40:26	-89	185	137	
1266	2022-01-02 00:40:44	-91	171	141	
1267	2022-01-02 00:40:49	-90	182	142	

OTg6QzA_activities

Ready   Accessibility: Unavailable   Average: 45.181458   Count: 1262   Sum: 57019

그림 6-5 OTg6QzA_activities.csv 파일의 일부 내용

위와 같이 resample() 메서드를 활용하면 시계열 데이터로 다양한 범위 및 주기별 집계를 손쉽게 산출해 낼 수 있다. 시계열 데이터에 대해서는 9장에서 더 상세히 살펴볼 예정이다. 또한 시계열에 관련된 더 많은 정보는 pandas의 'Time series/date functionality' 공식 문서[7]를 참조하길 바란다. 아주 상세하게 기술돼 있다.

6.14.6 shift 및 tshift 메서드

시계열 데이터를 다루다 보면 앞뒤 데이터와의 비교 분석을 위해 데이터 이동이 필요할 때가 있다. 이때 shift() 메서드를 사용한다.

---

7   https://pandas.pydata.org/docs/user_guide/timeseries.html

다음과 같이 일자별 평균 집계를 3일 뒤로 옮길 수 있다.

```
>>> act.resample('d').mean()
                     X           Y           Z
new_time
2022-01-01   45.181458  230.855784   79.015055
2022-01-02   33.717431  167.839047  104.839408
2022-01-03  -13.646741  187.623683  122.057785
...
2022-01-25   -7.387526  126.914110   85.981595
2022-01-26  -27.490000  137.340000   98.085000
2022-01-27   10.856315  113.894554   77.125145
2022-01-28  -12.712274  102.646881   93.190141
2022-01-29  -62.285688  129.760475  118.765480
2022-01-30  -16.488204  116.824377   98.586501
2022-01-31  -43.523156  143.596913  110.013722

>>> act.resample('d').mean().shift(3, fill_value=0)
                     X           Y           Z
new_time
2022-01-01    0.000000    0.000000    0.000000
2022-01-02    0.000000    0.000000    0.000000
2022-01-03    0.000000    0.000000    0.000000
2022-01-04   45.181458  230.855784   79.015055
2022-01-05   33.717431  167.839047  104.839408
...
2022-01-29  -27.490000  137.340000   98.085000
2022-01-30   10.856315  113.894554   77.125145
2022-01-31  -12.712274  102.646881   93.190141
```

tshift() 메서드는 데이터가 아니라 인덱스를 옮긴다. 그러나 shift() 메서드와의 혼동 때문에 pandas에서 공식적으로 사용을 권장하지 않는다. tshift() 메서드의 실행 결과는 다음과 같다.

```
>>> act.resample('d').mean().tshift(3)
                    X             Y             Z
new_time
2022-01-04   45.181458    230.855784     79.015055
2022-01-05   33.717431    167.839047    104.839408
2022-01-06  -13.646741    187.623683    122.057785
2022-01-07   22.882040    278.679604     80.347032
2022-01-08   81.304762    182.480952    110.154762
...
2022-01-28   -7.387526    126.914110     85.981595
2022-01-29  -27.490000    137.340000     98.085000
2022-01-30   10.856315    113.894554     77.125145
2022-01-31  -12.712274    102.646881     93.190141
2022-02-01  -62.285688    129.760475    118.765480
2022-02-02  -16.488204    116.824377     98.586501
2022-02-03  -43.523156    143.596913    110.013722
```

데이터 대신 인덱스가 2022-01-01~2022-01-31에서 2022-01-04~2022-02-03으로 이동됐다.

shift() 메서드에 freq="3D" 인자를 부여해 tshift(3)과 동일한 결과를 도출할 수 있다.

```
>>> act.resample('d').mean().shift(freq="3D")
                    X             Y             Z
new_time
2022-01-04   45.181458    230.855784     79.015055
2022-01-05   33.717431    167.839047    104.839408
2022-01-06  -13.646741    187.623683    122.057785
2022-01-07   22.882040    278.679604     80.347032
2022-01-08   81.304762    182.480952    110.154762
...
2022-01-28   -7.387526    126.914110     85.981595
2022-01-29  -27.490000    137.340000     98.085000
2022-01-30   10.856315    113.894554     77.125145
2022-01-31  -12.712274    102.646881     93.190141
2022-02-01  -62.285688    129.760475    118.765480
2022-02-02  -16.488204    116.824377     98.586501
2022-02-03  -43.523156    143.596913    110.013722
```

따라서 코드의 가독성 및 유지보수성을 위해 가급적이면 tshift() 메서드 대신 shift() 메서드를 사용하자.

데이터를 시프트한(옮긴) 후 원본 데이터와의 비교를 위해 시각화해 보자.

```
>>> plt.style.use('grayscale')
>>> act.resample('d').mean()['X'].plot(style=":", label="X")
>>> act.resample('d').mean()['X'].shift(3, fill_value=50).plot(
...             style="-", label="X shift(3)")
>>> act.resample('d').mean()['X'].tshift(3).plot(
...             style="--", label="X tshift(3)")
>>> plt.legend(loc="best")
>>> plt.show()
```

앞의 예제 코드를 실행하면 그림 6-6과 같은 결과를 확인할 수 있다.

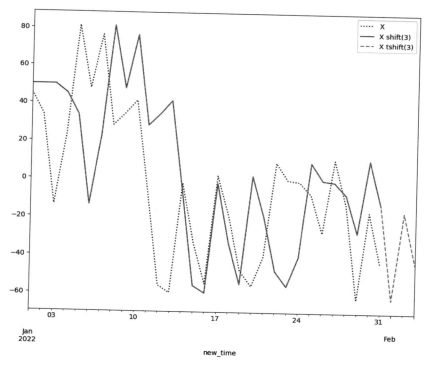

그림 6-6 resample 그래프와 shift, tshift 그래프

shift() 메서드는 9장에서도 다룰 예정이므로 참조하길 바란다.

6.15 카테고리(범주형) 데이터 다루기

종종 데이터를 다루다 보면 분류classification 및 범주category별로 데이터를 정리해야 할 때가 있다. 예를 들어 '사이렌케어'에서는 센서가 노약자의 움직임을 감지하면 제1사분면부터 제4사분면 가운데 어느 사분면에 위치하는지 판별한다. 마찬가지로 금융권에서는 고객을 신용등급으로 분류하는 작업을 흔히 행한다. 이런 분류 작업을 할 때마다 매번 filter()나 apply() 메서드 등으로 각 데이터를 분류 연산하면 그 계산량이 많고 상당한 시간이 허비될 수밖에 없다. 따라서 분류 작업을 미리 해놓은 후 분류 집계 연산을 하면 효율적이다. 보통 분류 작업은 일회성이기 때문이다. 달리 말해 '(분류 작업 + 집계 작업) × N회'보다는 '분류 작업 × 1회 + 집계 작업 × N회'가 효율적일 수밖에 없다.

물론 object로도 범주형 데이터를 다루는 데는 전혀 지장이 없다. 다만, 정해진 범위 내에 한정적인 데이터를 다룰 때는 고유한 상수 값과 이 값과 매핑된 이름의 집합인 파이썬 열거형(enum)과 같은 pandas의 category 데이터 타입을 사용하는 편이 효율적이다.

먼저 '사이렌케어' 일부 센서의 2022년 1월 한 달간 감지된 움직임 데이터에서 X, Y 좌푯값으로 어느 사분면에 위치하는지 산출해 보자.

```
>>> import pandas as pd
>>> import numpy as np
>>> df = pd.read_csv('OTg6QzA_activities.csv')
>>> df
               timestamp   X    Y    Z
0     2022-01-01 00:01:40.363   33   76   56
1     2022-01-01 00:01:42.961   34   87   56
2     2022-01-01 00:01:45.562   25   89   47
3     2022-01-01 00:01:48.163   11   70   50
4     2022-01-01 00:02:08.864   33   72   58
...                       ...  ...  ...  ...
```

```
66276   2022-01-31 23:28:00.481  -91   143   136
66277   2022-01-31 23:28:41.683  -89   145   138
66278   2022-01-31 23:28:49.383  -93   138   137
66279   2022-01-31 23:32:36.426  -93   131   137
66280   2022-01-31 23:32:44.126  -91   129   138

[66281 rows x 4 columns]

# (x,y) = (0, 200)을 기준으로 사분면 정하기
>>> def make_quadrant(df):
...     if df['X'] >= 0 and df['Y'] >= 200:
...         return "1st"
...     elif df['X'] < 0 and df['Y'] >= 200:
...         return "2nd"
...     elif df['X'] < 0 and df['Y'] < 200:
...         return "3rd"
...     elif df['X'] >= 0 and df['Y'] < 200:
...         return "4th"
...     else:
...         return "others"

>>> df['quadrant'] = df.apply(make_quadrant, axis=1)
>>> df
                     timestamp    X    Y    Z quadrant
0       2022-01-01 00:01:40.363   33   76   56     4th
1       2022-01-01 00:01:42.961   34   87   56     4th
2       2022-01-01 00:01:45.562   25   89   47     4th
3       2022-01-01 00:01:48.163   11   70   50     4th
4       2022-01-01 00:02:08.864   33   72   58     4th
...                         ...  ...  ...  ...     ...
66276   2022-01-31 23:28:00.481  -91  143  136     3rd
66277   2022-01-31 23:28:41.683  -89  145  138     3rd
66278   2022-01-31 23:28:49.383  -93  138  137     3rd
66279   2022-01-31 23:32:36.426  -93  131  137     3rd
66280   2022-01-31 23:32:44.126  -91  129  138     3rd

[66281 rows x 5 columns]
```

quadrant열의 데이터 타입을 'category'로 변경해 그 결과를 quadrant_cat열에 삽입하고, dtypes 속성으로 각 열의 데이터 타입을 확인해 보자.

```
>>> df['quadrant_cat'] = df['quadrant'].astype('category')
>>> df.dtypes
timestamp          object
X                   int64
Y                   int64
Z                   int64
quadrant           object
quadrant_cat     category
dtype: object
```

또한 pandas 공식 문서에서는 category 데이터 타입이 object 데이터 타입보다 메모리 절약 및 정렬 용이성에서 뛰어나다고 설명하고 있다(참조: https://pandas.pydata.org/docs/user_guide/categorical.html). 얼마나 차이가 나는지 nbytes 속성으로 확인해 보자.

```
>>> df['quadrant'].nbytes
530248

>>> df['quadrant_cat'].nbytes
66313

>>> df['quadrant_cat'].nbytes/df['quadrant'].nbytes
0.12506034911965722
```

메모리 사용량이 원본 object 데이터 타입(quadrant열)의 약 12%를 차지한다. 따라서 정해진 범위 내에서 한정적인 데이터를 다룰 때는 가급적 category 데이터 타입을 사용해 최적화를 꾀하는 것이 바람직하다. '사이렌케어'에서의 범주형 데이터를 예로 들어 보자. category 데이터 타입의 cat 접근자를 사용해 category 속성에 접근할 수 있다. 이는 앞서 살펴본 시리즈 객체의 str 접근자와 유사하다. cat.codes 와 cat.categories 속성을 살펴보자.

```
>>> df['quadrant_cat'].cat.codes
0      3
1      3
2      3
3      3
4      3
      ...
```

```
66276    2
66277    2
66278    2
66279    2
66280    2
Length: 66281, dtype: int8

>>> df['quadrant_cat'].cat.categories
Index(['1st', '2nd', '3rd', '4th'], dtype='object')

>>> df['quadrant_cat'].cat.codes.unique()
array([3, 2, 0, 1], dtype=int8)
```

'4th'가 code '3'이 됐고, '3rd'가 code '2'가 된 점이 눈에 띈다. categories는 code값과 매핑되는 원본 데이터로 구성돼 있다. 보는 바와 같이 문자열 object를 정수형 category 데이터 타입으로 변경해 사용함으로써 메모리 사용량과 연산 속도를 향상하는 것이 핵심이다. 물론 파이썬 enum으로 상수 집합을 사용자 정의해 구현할 수 있지만, 행렬 연산 및 메모리 사용량 등에서 pandas의 최적화된 category 데이터 타입에 미치지 못하므로 category 데이터 타입을 사용하길 권장한다.

다음은 category 데이터 타입을 사용하지 않고, 파이썬 enum 클래스로 구현한 예제 코드이다.

```
>>> from enum import Enum
>>> class Quadrant(Enum):
...     Q1st = 1
...     Q2dn = 2
...     Q3rd = 3
...     Q4th = 4
...     Others = 5
...
...     def __lt__(self, other):
...         if self.__class__ is other.__class__:
...             return self.value < other.value
...         return NotImplemented
```

```
>>> for q in Quadrant:
...     print(q.name + " : " + str(q.value))

Q1st : 1
Q2dn : 2
Q3rd : 3
Q4th : 4
Others : 5

# (x,y) = (0, 200)을 기준으로 사분면 정하기
>>> def make_quadrant_with_enum(df):
...     if df['X'] >= 0 and df['Y'] >= 200:
...         return Quadrant.Q1st
...     elif df['X'] < 0 and df['Y'] >= 200:
...         return Quadrant.Q2dn
...     elif df['X'] < 0 and df['Y'] < 200:
...         return Quadrant.Q3rd
...     elif df['X'] >= 0 and df['Y'] < 200:
...         return Quadrant.Q4th
...     else:
...         return Quadrant.Others

>>> df['quadrant_enum'] = df.apply(make_quadrant_with_enum, axis=1)
>>> df
                        timestamp    X    Y  ... quadrant_cat  quadrant_enum
0       2022-01-01 00:01:40.363    33   76  ...          4th  Quadrant.Q4th
1       2022-01-01 00:01:42.961    34   87  ...          4th  Quadrant.Q4th
2       2022-01-01 00:01:45.562    25   89  ...          4th  Quadrant.Q4th
3       2022-01-01 00:01:48.163    11   70  ...          4th  Quadrant.Q4th
4       2022-01-01 00:02:08.864    33   72  ...          4th  Quadrant.Q4th
...                          ...   ..  ...  ...          ...            ...
66276   2022-01-31 23:28:00.481   -91  143  ...          3rd  Quadrant.Q3rd
66277   2022-01-31 23:28:41.683   -89  145  ...          3rd  Quadrant.Q3rd
66278   2022-01-31 23:28:49.383   -93  138  ...          3rd  Quadrant.Q3rd
66279   2022-01-31 23:32:36.426   -93  131  ...          3rd  Quadrant.Q3rd
66280   2022-01-31 23:32:44.126   -91  129  ...          3rd  Quadrant.Q3rd

[66281 rows x 7 columns]

>>> df.dtypes
timestamp              object
X                      int64
```

```
Y                 int64
Z                 int64
quadrant          object
quadrant_cat      category
quadrant_enum     object
dtype: object
```

메모리 사용량은 df['quadrant']와 동일하다.

```
>>> df['quadrant_enum'].nbytes
530248
```

enum의 name 속성과 value 속성으로 코드와 값을 얻을 수 있다.

```
>>> df['quadrant_enum'].iloc[0].name
'Q4th'
>>> df['quadrant_enum'].iloc[0].value
4
>>> df.dtypes
timestamp         object
X                 int64
Y                 int64
Z                 int64
quadrant          object
quadrant_cat      category
quadrant_enum     object
dtype: object
```

원본 문자열 object 데이터 타입과 category 데이터 타입, 파이썬 enum의 object 데이터 타입으로 groupby 집계 연산에 소요된 시간을 측정해 보자.

TIP

IPython의 매직 명령어를 사용하려면 IPython 및 주피터 환경이 필요하다.

```
In [1]: %%timeit
        df.groupby('quadrant').agg(['count', 'mean', 'median'])
Out [1]: 39.1 ms ± 281 µs per loop (mean ± std. dev. of 7 runs, 10 loops
        each)
In [2]: %%timeit
        df.groupby('quadrant_cat').agg(['count', 'mean', 'median'])
Out [2]: 43.7 ms ± 613 µs per loop (mean ± std. dev. of 7 runs, 10 loops
        each)
In [3]: %%timeit
        df.groupby('quadrant_enum').agg(['count', 'mean', 'median'])
Out [3]: 54.2 ms ± 649 µs per loop (mean ± std. dev. of 7 runs, 10 loops
        each)
```

enum형이 가장 느린 점이 두드러진다. 이는 quadrant(enum)의 __lt__ 메서드 최적화가 요인으로 추측된다. 범주형 데이터를 object가 아닌 category 데이터 타입으로 다루면 메모리 사용량 및 속도 면에서 효율적이라는 점을 예제 코드를 통해 확인했다.

이외의 카테고리(범주) 관련 메서드는 표 6-22와 같다.

메서드	설명
add_categories	새 카테고리 추가
remove_categories	카테고리 삭제
remove_unused_categories	사용하지 않는 카테고리 삭제
set_categories	카테고리 설정

표 6-22 나머지 카테고리 관련 메서드들

6.16 파일로부터 읽어오기 및 저장하기

일반적으로 데이터 분석 시 함수 등을 사용해 데이터프레임을 직접 생성하는 것보다는 외부 DBMS로부터 파싱해 정제된 CSV 파일이나 RESTful API로부터 취득한 데이터를 저장한 JSON 파일 등을 읽어와서 분석한다. 파일로부터 데이터프레임을 읽어오고 저장하는 함수는 다음과 같다.

- 읽어오기

  pd.read_csv('파일명'), read_json('파일명')으로 데이터프레임으로 불러올 수 있다.

  `read_csv()` 함수 사용 시 주로 사용하는 매개변수는 header, names, usecols, index_col, skiprows, nrows 등이다. 예를 들어 CSV 파일의 첫 번째 행은 일반 데이터가 아니라 열 이름(레이블)이므로 데이터를 불러올 때 이를 무시하고 싶을 때가 있다. 이때 header=0 파라미터를 전달하면 pandas는 해당 행을 열 이름으로 간주하고 데이터로 취급하지 않는다. 사용자가 names로 열 이름을 정의할 수 있으며 usecols로 읽어올 열로 지정할 수 있다. 게다가 index_col로 인덱스 열을 지정할 수 있고, 인덱스 열은 데이터프레임이 생성된 이후에도 지정할 수 있다. skiprows는 이름에서 유추되듯이, 건너뛸 행 수를 지정할 수 있다. 예를 들어 skiprows=10을 부여하면 파일의 10번째 행까지는 무시하고 11번째 행부터 읽는다. 또한 nrows로 읽을 전체 행수를 지정할 수 있는데 skiprows와 nrows 옵션은 큰 파일에서 일부 데이터를 읽을 때 매우 유용하다.

- 저장하기

  df.to_json('파일명'), df.to_csv('파일명') 메서드로 데이터프레임 데이터를 파일로 저장할 수 있다. df는 데이터프레임을 뜻한다.

CSV 파일을 읽어와서 새로운 열을 추가한 후 CSV 파일을 저장해 보자. CSV 파일에 헤더가 있는 경우에는 header 및 names 인자를 굳이 부여할 필요가 없지만, 이해를 돕고자 CSV 파일의 헤더를 무시하고 새로운 열 이름을 부여해 보자.

6.16.1 파일로부터 읽어오기

```
>>> import pandas as pd
>>> df = pd.read_csv('OTg6QzA_activities.csv', header=0, names=['t','x','y','z'])
>>> df.head()
                    t   x   y   z
```

```
0   2022-01-01 00:01:40.363   33   76   56
1   2022-01-01 00:01:42.961   34   87   56
2   2022-01-01 00:01:45.562   25   89   47
3   2022-01-01 00:01:48.163   11   70   50
4   2022-01-01 00:02:08.864   33   72   58
```

여기에 usecols 매개변수를 부여해 읽어올 열만 지정할 수 있다. 또한 index_col 매
개변수로 인덱스 열을 지정할 수 있다.

```
# usecols로 원하는 열 데이터를 읽어올 수 있다.
>>> df = pd.read_csv('OTg6QzA_activities.csv', header=0,
names=['t','y','z'], usecols=[0,2,3])
>>> df.head()
                         t   y    z
0   2022-01-01 00:01:40.363   76   56
1   2022-01-01 00:01:42.961   87   56
2   2022-01-01 00:01:45.562   89   47
3   2022-01-01 00:01:48.163   70   50
4   2022-01-01 00:02:08.864   72   58


# index_col로 인덱스를 생성할 수 있다.
>>> df = pd.read_csv('OTg6QzA_activities.csv', header=0,
names=['t','x','y','z'], index_col='t')
>>> df.head()
                         x   y    z
t
2022-01-01 00:01:40.363   33   76   56
2022-01-01 00:01:42.961   34   87   56
2022-01-01 00:01:45.562   25   89   47
2022-01-01 00:01:48.163   11   70   50
2022-01-01 00:02:08.864   33   72   58


>>> df.index
Index(['2022-01-01 00:01:40.363', '2022-01-01 00:01:42.961',
       '2022-01-01 00:01:45.562', '2022-01-01 00:01:48.163',
       '2022-01-01 00:02:08.864', '2022-01-01 00:02:21.765',
       '2022-01-01 00:02:32.092', '2022-01-01 00:02:37.297',
       '2022-01-01 00:03:10.795', '2022-01-01 00:03:31.301',
       ...
       '2022-01-31 23:25:15.974', '2022-01-31 23:27:32.381',
       '2022-01-31 23:27:42.580', '2022-01-31 23:27:50.282',
       '2022-01-31 23:27:55.381', '2022-01-31 23:28:00.481',
       '2022-01-31 23:28:41.683', '2022-01-31 23:28:49.383',
```

```
       '2022-01-31 23:32:36.426', '2022-01-31 23:32:44.126'],
    dtype='object', name='t', length=66281)
```

skiprows에 스칼라값을 부여해 해당 값 이후의 행 데이터부터 읽어올 수 있다.

```
>>> df1 = pd.read_csv('OTg6QzA_activities.csv', header=0,
names=['t','x','y','z'])
>>> df1
                         t    x    y    z
0       2022-01-01 00:01:40.363   33   76   56
1       2022-01-01 00:01:42.961   34   87   56
2       2022-01-01 00:01:45.562   25   89   47
3       2022-01-01 00:01:48.163   11   70   50
4       2022-01-01 00:02:08.864   33   72   58
...                       ...  ...  ...  ...
66276   2022-01-31 23:28:00.481  -91  143  136
66277   2022-01-31 23:28:41.683  -89  145  138
66278   2022-01-31 23:28:49.383  -93  138  137
66279   2022-01-31 23:32:36.426  -93  131  137
66280   2022-01-31 23:32:44.126  -91  129  138

[66281 rows x 4 columns]

# skiprows 인자를 부여해 일부 데이터만 읽어보자.
>>> df2 = pd.read_csv('OTg6QzA_activities.csv', header=0,
names=['t','x','y'], skiprows=60000)
>>> df2
                         t    x    y
2022-01-29 11:33:16.265  -94  112  140
2022-01-29 11:33:18.866  -92  121  141
2022-01-29 11:33:21.466  -82  115  143
2022-01-29 11:33:24.066  -96  120  141
2022-01-29 11:33:26.666  -94  120  142
...                       ...  ...  ...
2022-01-31 23:28:00.481  -91  143  136
2022-01-31 23:28:41.683  -89  145  138
2022-01-31 23:28:49.383  -93  138  137
2022-01-31 23:32:36.426  -93  131  137
2022-01-31 23:32:44.126  -91  129  138

[6281 rows x 3 columns]
```

60001번째 데이터부터 읽어온 점이 확인된다.

skiprows에 스칼라값이 아닌 배열을 부여해 여러 개의 행 데이터를 제외할 수도 있다. 예를 들어 skiprows=[1,3,5]와 같이 부여하면 1행, 3행, 5행 데이터를 제외하고 읽어오게 된다. 이를 코드로 확인해 보자.

```
>>> df1 = pd.read_csv('OTg6QzA_activities.csv', header=0, names=['t','x','y','z'])
>>> df1[:10]
                       t    x    y    z
0   2022-01-01 00:01:40.363   33   76   56
1   2022-01-01 00:01:42.961   34   87   56
2   2022-01-01 00:01:45.562   25   89   47
3   2022-01-01 00:01:48.163   11   70   50
4   2022-01-01 00:02:08.864   33   72   58
5   2022-01-01 00:02:21.765   21   68   58
6   2022-01-01 00:02:32.092   24   69   56
7   2022-01-01 00:02:37.297   27   74   56
8   2022-01-01 00:03:10.795   29   66   58
9   2022-01-01 00:03:31.301   27   78   57


# skiprows 인자를 부여해, 일부 데이터만 읽어보자.
>>> df2 =pd.read_csv('OTg6QzA_activities.csv', header=0,
names=['t','x','y'], skiprows=[1,3,5] )
>>> df2[:10]

                             t    x    y
2022-01-01 00:01:42.961   34   87   56 # 원본 데이터의 1번째 데이터
2022-01-01 00:01:48.163   11   70   50 # 원본 데이터의 4번째 데이터
2022-01-01 00:02:21.765   21   68   58 # 원본 데이터의 6번째 데이터
2022-01-01 00:02:32.092   24   69   56
2022-01-01 00:02:37.297   27   74   56
2022-01-01 00:03:10.795   29   66   58
2022-01-01 00:03:31.301   27   78   57
2022-01-01 00:03:41.495   19   62   51
2022-01-01 00:03:43.995   29   69   59
2022-01-01 00:04:30.098   25   74   52
```

nrows 인자를 부여하면 지정된 행 수만 읽어올 수 있다.

```
>>> df4 = pd.read_csv('OTg6QzA_activities.csv', header=0, skiprows=60000,
nrows=5)
>>> df4
    2022-01-29 11:33:13.665   -92   118   142
0   2022-01-29 11:33:16.265   -94   112   140
```

```
1   2022-01-29 11:33:18.866   -92   121   141
2   2022-01-29 11:33:21.466   -82   115   143
3   2022-01-29 11:33:24.066   -96   120   141
4   2022-01-29 11:33:26.666   -94   120   142
```

6.16.2 파일로 저장하기

좌푯값이 제1사분면을 나타내는 FQ열을 추가한 데이터프레임을 'OTg6QzA_FQ.csv' 파일로 저장하자.

```
>>> df.eval('FQ = (x > 100 and y > 100)', inplace=True)
>>> df.to_csv('OTg6QzA_FQ.csv', index_label='No')
```

가급적 저장 시 인덱스 레이블을 지정해 주는 편이 좋다. 나중에 CSV 파일을 열었을 때 인덱스 열인지 데이터 열인지 구분하기 어려울 때가 종종 있기 때문이다. 저장된 파일 OTg6QzA_FQ.csv를 열어보면 그림 6-7과 유사한 파일 내용을 볼 수 있다.

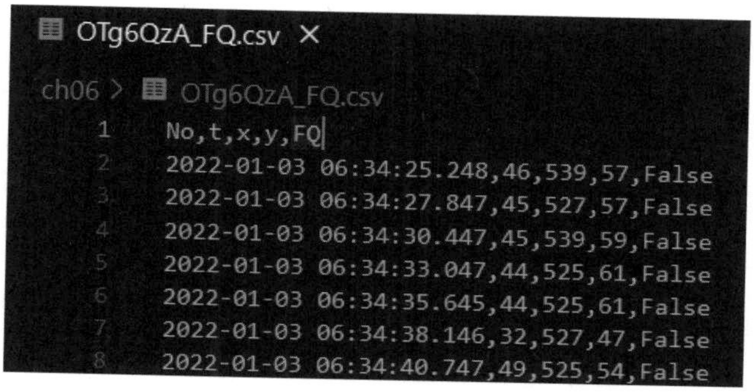

그림 6-7 OTg6QzA_FQ.csv 파일의 일부 내용

앞의 데이터프레임을 JSON 파일로 저장하려면 to_json() 메서드로 저장할 수 있다.

```
>>> df = pd.read_csv('OTg6QzA_activities.csv', header=0,
names=['t','x','y','z'])
>>> df.to_json('OTg6QzA_FQ.json')
```

저장된 OTg6QzA_FQ.json을 열어보면 그림 6-8과 유사한 파일 내용을 확인할 수 있다.

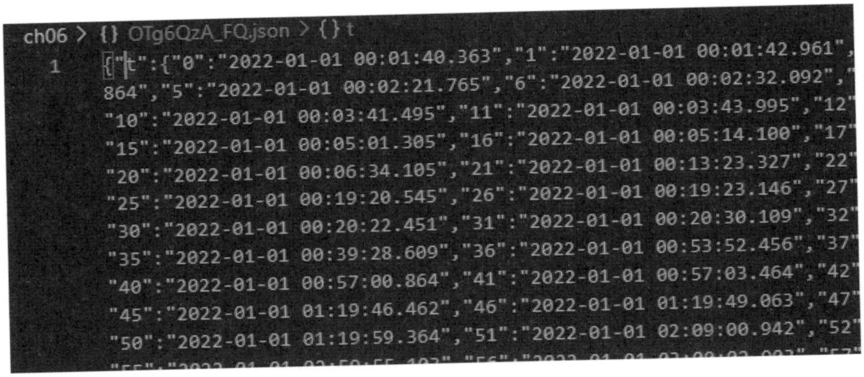

그림 6-8 OTg6QzA_FQ.json 파일 일부 내용

JSON 파일은 CSV 파일보다 메타 데이터가 많아서 파일 크기가 훨씬 커질 수 있다. 예를 들어 'OTg6QzA_FQ.csv' 파일 크기는 3,084KB인 반면에 'OTg6QzA_FQ.json' 파일 크기는 5,306KB이다. 따라서 가능하다면 CSV 파일을 사용하는 것이 메모리 사용량을 줄여 성능에 도움이 된다.

read_csv(), read_json() 외에도 read_table(), read_excel(), read_html() 그리고 파이썬 requests 모듈을 이용해 벡엔드 RESTful API를 호출하거나 sqlite3, pymysql 모듈 등을 이용해 DBMS에 직접 접속해 데이터를 읽어오는 방법이 있지만, 가급적 추천하지 않는다. 이는 해당 데이터를 호출하는 시점마다 데이터 내용이 변경될 가능성이 있고, 매번 호출할 때마다 네트워크 부하 등이 발생할 수 있기 때문이다. 필요하다면 API 및 DBMS에서 CSV 및 JSON 파일 형식으로 저장한 후 해당 파일을 읽어와 데이터 분석을 수행하길 추천한다.

6.17 그 외 메서드와 속성

유용하면서 자주 사용되는 메서드 및 속성은 표 6-23과 같다. 상세한 사용 방법은 pandas 공식 문서를 참조하길 바란다.

메서드/속성	설명
df.at[]	loc와 유사하지만 하나의 스칼라값 반환. 슬라이싱 등 범위 지정 지원 안함
df.iat[]	iloc와 유사하지만 하나의 스칼라값 반환
df.head(n=5)	데이터프레임 상위 n개 행 반환
df.tail(n=5)	데이터프레임 하위 n개 행 반환
df.take([])	암묵적 인덱스의 배열로 데이터프레임 축의 요소 리스트 반환. iloc와 유사하지만 take는 스칼라값보다는 축 기준 요소 값 리스트 반환에 특화돼 있음
df.shape	데이터프레임의 행, 열 개수 (모양새) 반환
df.index	인덱스 정보 반환
df.columns	열 정보 반환
df.assign()	새로운 열을 할당
df.rename()	열 레이블 이름 변경
df.dtypes	열들의 데이터 타입 반환
df.col.dtype	특정 열의 데이터 타입 반환
df.info()	데이터 수 및 데이터 타입 요약 정보 반환
df.describe()	수치형 요약 통계량 정보 반환
df.drop(labels, axis=0, inplace=Fale)	행 및 열 삭제하기: labels: 행 또는 열 이름, axis=0: 행 삭제, 1: 열 삭제, inplace=True: 원본 삭제
df.first(offset)	시계열 데이터에서 처음부터 offset만큼의 데이터 반환
df.last(offset)	시계열 데이터에서 마지막부터 offset만큼의 데이터 반환
df.rank(axis=0, ...)	데이터의 순위 구하기
df.sort_values(ascending=True, ...)	데이터 값 기준 정렬
df.sort_index(ascending=True, ...)	인덱스 레이블 기준 정렬(디폴트 오름차순). 내림차순은 df[::-1]과 동일
df.nlargest(n,col,keep='first')	정렬 후 상위 n번째까지 추출
df.nsmallest(n,col,keep='first')	정렬 후 하위 n번째까지 추출
df.eqauls(other)	두 객체가 일치하면 True, 그 외는 False
df.eq(other)	두 데이터프레임의 각 요소가 같은지 불리언 배열 반환

메서드/속성	설명
df.ne(other)	두 데이터프레임의 각 요소가 다른지 불리언 배열 반환
df.lt(other)	self의 각 요소가 other의 요소보다 작은지 불리언 배열 반환
df.gt(other)	self의 각 요소가 other의 요소보다 큰지 불리언 배열 반환
df.le(other)	self의 각 요소가 other의 요소와 같거나 작은지 불리언 배열 반환
df.ge(other)	self의 각 요소가 other의 요소와 같거나 큰지 불리언 배열 반환
df.all()	축의 값이 모두 True이면 True, 그 외는 False
df.any()	축의 값 중 하나라도 True이면 True, 그 외는 False
df.empty	비어 있으면 True. 다만, 공백('') 및 NaN은 False로 간주
df.isin(values)	요소가 values 객체를 포함하면 True, 그 외는 False 불리언 배열 반환
df.stack()	열을 하위 인덱스로 피벗함(6.5. Index절 참조)
df.unstack()	stack과 반대 개념. 행 및 인덱스를 하위 열로 피벗함(6.5 Index절 참조)
df.quantile()	분위수에 해당하는 값 반환. NumPy의 percentile과 유사
df.where(조건문, 대체 값)	조건문이 False이면 대체 값을 반환함
df.select_dtypes()	열의 데이터 타입(dtypes)으로 데이터프레임 열의 하위 집합을 반환

표 6-23 그 외 유용한 데이터프레임 메서드 및 속성 목록

공개 소스 코드를 보면 종종 at[], iat[]가 나오는데 loc[], iloc[]와 유사하지만, 스칼라값을 반환하며, 슬라이싱 등 범위 지정을 지원하지 않는다. 예제 코드를 통해 loc[]와 at[], iat[]의 사용 방법을 구별하자.

```
>>> import pandas as pd
>>> adams_breath3 = pd.DataFrame(
...             [
...                 ['20230102', '0100', 90],
...                 ['20230102', '0200', 89],
...                 ['20230103', '0300', 71],
...                 ['20230104', '0400', 81]
...             ],
...             columns=['Date', 'Time', 'Breath'])
>>> adams_breath3.set_index('Date', inplace=True)
```

```
>>> print(adams_breath3.loc['20230102', 'Breath'])
Date
20230102    90
20230102    89
Name: Breath, dtype: int64

>>> print(adams_breath3.at['20230102', 'Breath'])
Date
20230102    90
20230102    89
Name: Breath, dtype: int64

>>> print(adams_breath3.loc['20230102':'20230103'])
          Time  Breath
Date
20230102  0100    90
20230102  0200    89
20230103  0300    71

>>> print(adams_breath3.at['20230102':'20230103']) # at은 슬라이싱 지원 안함
ValueError: Invalid call for scalar access (getting)!

>>> print(adams_breath3.iloc[2, 1])
71

>>> print(adams_breath3.iat[2, 1])
71

>>> print(adams_breath3.iloc[1:3, 1])
Date
20230102    89
20230103    71
Name: Breath, dtype: int64

>>> print(adams_breath3.iat[1:2, 1]) # iat 또한 슬라이싱 지원 안 함
ValueError: iAt based indexing can only have integer indexers
```

take() 메서드는 iloc[] 속성과 유사하지만, 사용 방법이 다소 다르다. iloc는 축상의 요소 리스트와 스칼라값을 반환할 수 있지만, take()는 축상의 요소 리스트 반환에 특화됐다고 할 수 있다. 예를 들어 iloc[1]과 iloc[1,:]은 take(1)과 동일하다. 그러나 iloc는 iloc[1,0]으로 스칼라값을 얻을 수 있다.

```
>>> print(adams_breath3.iloc[1, :])
Time      0200
Breath      89
Name: 20230102, dtype: object

>>> print(adams_breath3.iloc[1]) # iloc[1, :]과 동일함
Time      0200
Breath      89
Name: 20230102, dtype: object

>>> print(adams_breath3.take([1]) )
          Time   Breath
Date
20230102  0200      89

>>> print(adams_breath3.iloc[1,0]) # 스칼라값
0200

>>> print(adams_breath3.iloc[:, 1])
Date
20230102    90
20230102    89
20230103    71
20230104    81
Name: Breath, dtype: int64

>>> print(adams_breath3.take([1], axis=1) )
          Breath
Date
20230102      90
20230102      89
20230103      71
20230104      81

>>> print("sum1:" , adams_breath3.iloc[:, 1].sum() )
sum1: 331

>>> print("sum2:" , adams_breath3.take([1], axis=1).sum() )
sum2: Breath    331
dtype: int64

# 아래와 같이 인덱스를 배열로 지정 가능함
```

```
>>> print(adams_breath3.take([1,3]) )
           Time  Breath
Date
20230102   0200      89
20230104   0400      81
```

df.eq() 메서드와 df.equals() 메서드를 혼동하는 경우가 있는데 다음 예제 코드를 통해 그 활용법이 다름을 기억하자.

```
>>> import pandas as pd
>>> df1 = pd.DataFrame({'A': [1, 2, 3], 'B': [4, 5, 6]})
>>> df2 = pd.DataFrame({'A': [1, 2, 4], 'B': [4, 5, 6]})

>>> print(df1.eq(df2))
       A      B
0   True   True
1   True   True
2  False   True

>>> print(df1.equals(df2))
False

>>> print(df1.ne(df2))
       A      B
0  False  False
1  False  False
2   True  False

>>> print(df1.lt(df2))
       A      B
0  False  False
1  False  False
2   True  False

>>> print(df1.ge(df2))
       A      B
0   True   True
1   True   True
2  False   True
```

다음은 df.quantile() 메서드로 분위수에 해당하는 값을 찾는 예제 코드이다.

```
>>> df = pd.DataFrame({'cat': ['A','A','A','A','A','B','B','B','B','B'],
...                    'sales': [10, 20, 30, 40, 50, 1, 2, 3, 4, 5]})

>>> print(df['sales'].quantile(q=0.5, interpolation='nearest'))
5

>>> print(df['sales'].quantile(0.2, interpolation='nearest'))
3
```

이외에도 pandas에서는 수많은 함수와 메서드를 제공한다. pandas만 전문적으로 다뤄도 책 한 권 이상이 될 정도로 그 내용이 방대하다. 6장에서 소개한 함수와 메서드를 참조하되 더 많은 정보는 pandas 공식 문서 및 관련 서적 등을 참조하길 바란다.

마치며

6장에서는 파이썬 데이터 분석에 있어 가장 중요한 라이브러리인 pandas의 기본 개념과 사용법을 살펴봤다. 데이터 합치기, GroupBy, 피벗테이블, query() 및 eval() 메서드 등 pandas의 핵심 기능을 배웠다. 또한 시계열 데이터를 다루는 방법에 대해서도 학습했다. 이 책 한 권으로 pandas의 기본 사용법을 충분히 익힐 수 있으며, 웬만한 데이터 분석 작업에 지장 없을 정도로 내용이 구성됐다는 점을 자부한다.

시리즈는 1차원 자료 구조이며, 데이터프레임은 2차원 자료 구조를 기반으로 한다. pandas는 3차원 및 4차원 자료 구조인 Panel과 Panel4D를 제공하고 있지만, 자료 구조가 2차원보다 복잡해 일반적으로 잘 사용되지 않는다. 대신 3차원 데이터를 데이터프레임으로 구성하고, 두 축을 MultiIndex로 활용해 데이터 분석을 수행하는 것이 일반적이다. 이는 대부분의 사람들이 행과 열로 구성된 엑셀 스프레드시트에 익숙하기 때문이다. 3차원 자료 구조로 분석 결과를 설명하면 이해가 어려울 수 있으므로 Panel 관련 정보는 pandas 공식 문서를 참조하길 바란다.

pandas를 다루는 6장의 내용은 다른 장에 비해 그 양이 엄청 많다. 솔직히 pandas만으로도 책 한 권을 충분히 다룰 만큼 pandas에 대해 알아볼 내용은 굉장히 많다. 이는 데이터 분석가들을 위해 pandas가 많은 기능을 제공한다는 점을 방증하는 것이다. 다만, 이 책에서는 '헬스케어 빅데이터 분석'에 초점을 두고, '헬스케어 데이터'를 다루는 데 반드시 필요한 내용만을 다뤘다. 만약 더 심오한 pandas 학습을 원하다면 다음 서적을 추천한다. 해당 서적은 pandas 중심으로 다양한 과제를 해결하는 많은 예제 코드를 제공한다.

- 『Pandas Cookbook 2/e』(에이콘, 2020)

- 『Pandas를 이용한 데이터 분석 실습 2/e』(에이콘, 2022)

- 『Pandas로 하는 데이터 과학 2/e』(에이콘, 2018)

- 『파이썬 라이브러리를 활용한 데이터 분석 3/e』(한빛미디어, 2023)

- 『파이썬 데이터 사이언스 핸드북』(위키북스, 2023)

- 『판다스 인 액션』(한빛미디어, 2022)

또한 pandas 공식 문서에 사용 예제가 있으므로 참조하길 바란다.

## CHAPTER 07

데이터 수집과 전처리하기

앞에서도 언급한 바 있지만, 데이터 분석 분야에서 "데이터과학의 80/20 규칙[80/20 Rule of Data Science]"이라는 유명한 말이 있다. 이는 데이터 분석 작업에서 가장 많은 노력과 시간, 비용이 발생하는 일이 대개 데이터 수집이기 때문이다. 양질의 데이터를 수집하는 것은 모델을 개선하는 것보다 더 나은 결과를 도출하기 위한 필수적인 단계라고 할 수 있다. 과거에는 알고리듬에 따른 성능 차이가 두드러졌지만, 최근에는 충분한 양의 양질의 데이터가 더 좋은 성능을 도출하게 된다는 것이 입증됐다. 알고리듬보다 데이터가 더 중요하다는 이 생각은 아론 할레비[Alon Halevy] 등 구글 연구원들이 2009년에 발표한 논문 "The Unreasonable Effectiveness of Data"에서 시사한 바 있다.

하지만 실제 데이터 수집과 전처리는 매우 어렵고 힘든 작업이다. 이상적인 데이터는 드물며, 일정 수준의 잡음[noise]이 포함되기 마련이다. 따라서 데이터 수집 후에는 전처리 과정이 반드시 이뤄져야 하고 수집한 데이터가 모델링하기에 충분한지를 검토해야 한다. 데이터의 양이 많을수록 더 좋은 모델을 만들 수 있다.

페드로 도밍고스는 "머신러닝은 씨앗, 데이터는 토양, 학습된 프로그램(알고리듬)은 성장한 식물"이라고 말했다. 이는 데이터가 머신러닝 및 데이터 분석에서 중요한 역할을 한다는 것을 시사한다. 최근 머신러닝 기술이 발전하면서 데이터를 이용해 학습을 진행하면 머신러닝이 알고리듬을 구현해 내는 등 데이터의 중요성이 더욱 높아졌다. 머신러닝은 인공지능의 핵심 분야로 지능을 구현하는 소프트웨어를 담당하고 있다. 예전에는 프로그래머가 알고리듬을 일일이 구현했지만, 최근에는 데이터를 부여하면 머신러닝이 학습을 통해 알고리듬을 구현해 내는 것이 일반적이다.

따라서 데이터 수집과 전처리, 시각화는 데이터 분석 및 머신러닝 분야에서 매우 중요한 단계이다. 이런 작업들은 철저한 준비와 노력이 필요하다.

7.1 데이터 전처리에 앞서

데이터 분석을 시작하기 전에 데이터에 대한 충분한 이해와 통찰력이 필요하다. 우선 수집된 데이터가 원하는 형식과 값으로 구성돼 있는지 확인해야 한다. 이를 위해 일부 데이터를 직접 검토하며 데이터를 탐색할 수 있다. 산점도, 히스토그램, 히트맵 등을 사용해 데이터의 특성(빈도, 범위, 분포 등)을 파악하는 것이 좋다. 일정한 패턴이 발견된다면 데이터를 이해하고 분석할 수 있는 통찰력을 얻은 것이다.

데이터의 특징과 특성을 충분히 이해했다면 데이터 분석의 최종 목표를 정확히 설정해야 한다. 목표 없이 분석에 들어가면 막연히 시간만 낭비될 뿐이다. 최종 목표를 정한 후 작은 목표를 정하고 하나씩 달성해 나가는 것이 좋다. 예를 들어 순위 결정, 정밀도 수치화, 분류, 낙상 위험도, 새벽 시간 움직임 지수 등의 분석 목표를 설정할 수 있다.

또한 데이터 정제를 진행할 때는 누락된 데이터가 있는지도 확인해야 하고, 만약 누락된 데이터가 있다면 결측치를 어떻게 다룰지도 결정해야 한다.

7.2 데이터 수집하기

데이터 수집하는 대표적인 방법으로는 인터넷에 공개된 정보를 웹 크롤링으로 추출하는 기법과 실제 서비스하는 운영 환경에서 추출하는 기법을 들 수 있다.

수집된 데이터는 흔히 다음과 같이 분류된다.

- **정형 데이터**: 엑셀 스프레드시트와 같은 테이블 형태의 데이터(예: CSV 파일, DBMS에서의 테이블)
- **반정형 데이터**: 웹 크롤링 등으로 수집한 내부에 메타 데이터를 포함하는 데이터(예: JSON, XML)
- **비정형 데이터**: 텍스트 및 로그 파일, 이미지와 같은 일정한 규칙성이 전혀 없는 데이터. 반드시 데이터 전처리 과정 및 정규화 작업을 해야 함

'사이렌케어'의 특정 센서의 2022년 9월 한 달간 10분 단위 활동지수 집계 정보를 CSV 파일로 저장할 때와 JSON 파일로 저장할 때 두 파일 형식의 차이점을 살펴보자. 먼저 CSV 파일은 그림 7-1과 같이 값으로만 구성된 행렬 형식을 갖고 있는 반면에 JSON 파일은 그림 7-2와 같이 하나의 행을 중괄호({})로 감싸고, 각 행마다 열 이름과 값의 매핑이 나열돼 있다. 이런 정보가 메타 데이터(데이터의 데이터)라고 불리는 것이며, 불필요한 정보일 수도 있다.

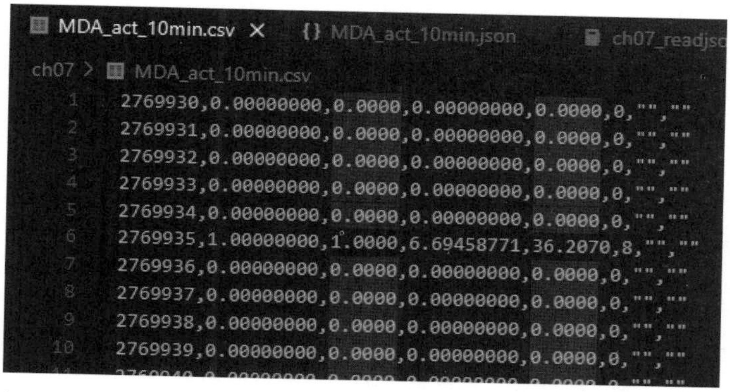


```
2769930,0.00000000,0.0000,0.00000000,0.0000,0,"",""
2769931,0.00000000,0.0000,0.00000000,0.0000,0,"",""
2769932,0.00000000,0.0000,0.00000000,0.0000,0,"",""
2769933,0.00000000,0.0000,0.00000000,0.0000,0,"",""
2769934,0.00000000,0.0000,0.00000000,0.0000,0,"",""
2769935,1.00000000,1.0000,6.69458771,36.2070,8,"",""
2769936,0.00000000,0.0000,0.00000000,0.0000,0,"",""
2769937,0.00000000,0.0000,0.00000000,0.0000,0,"",""
2769938,0.00000000,0.0000,0.00000000,0.0000,0,"",""
2769939,0.00000000,0.0000,0.00000000,0.0000,0,"",""
```

그림 7-1 '사이렌케어' 특정 센서의 2022년 9월 한 달간 10분 단위 집계 정보 CSV 파일

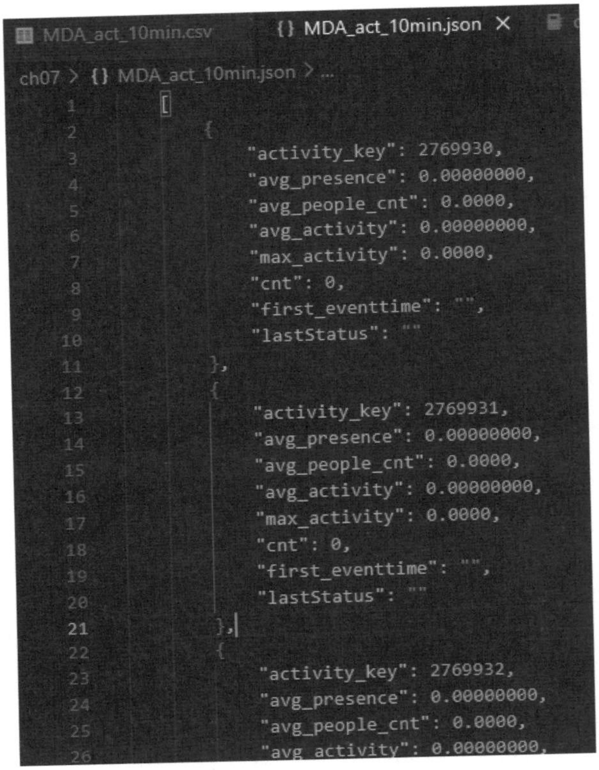

그림 7-2 '사이렌케어' 특정 센서의 2022년 9월 한 달간 10분 단위 집계 정보 JSON 파일

CSV 파일 용량은 227KB이지만, JSON 파일 용량은 953KB로 약 4배 이상 크다. 이처럼 JSON 파일과 같은 반정형 데이터는 가능하면 정형 데이터인 CSV 파일로 변환한 후 데이터 분석하는 편이 좋다는 것을 알 수 있다.

반정형 데이터를 정형 데이터로 변환하는 간단한 방법으로는 pandas의 `pd.read_json()` 함수를 사용해 데이터를 데이터프레임으로 변환한 후 `pd.to_csv()` 함수를 사용해 CSV 파일로 저장하고, 다시 `pd.read_csv()` 함수로 불러오는 방법이 있다. 다음 예제 코드를 살펴보자.

```
>>> import pandas as pd
>>> act = pd.read_json('MDA_act_10min.json')
>>> act.shape # 데이터 구조, 행과 열 크기 알아보기
(4327, 8)
```

```
>>> act.head()
    activity_key   avg_presence   avg_people_cnt   avg_activit          ...
0      2769930               0                0              0.0         ...
1      2769931               0                0              0.0         ...
2      2769932               0                0              0.0         ...
3      2769933               0                0              0.0         ...
4      2769934               0                0              0.0         ...

# CSV 파일로 저장하기
>>> act.to_csv('csv_test.csv')
```

CSV 파일로 제대로 저장됐는지 확인해 보자.

```
ch07 >  csv_test.csv
  1    ,activity_key,avg_presence,avg_people_cnt,avg_ac
  2   0,2769930,0,0,0.0,0.0,0,,
  3   1,2769931,0,0,0.0,0.0,0,,
  4   2,2769932,0,0,0.0,0.0,0,,
  5   3,2769933,0,0,0.0,0.0,0,,
  6   4,2769934,0,0,0.0,0.0,0,,
  7   5,2769935,1,1,6.69458771,36.207,8,,
  8   6,2769936,0,0,0.0,0.0,0,|
  9   7,2769937,0,0,0.0,0.0,0,,
 10   8,2769938,0,0,0.0,0.0,0,,
 11   9,2769939,0,0,0.0,0.0,0,,
 12   10,2769940,0,0,0.0,0.0,0,,
 13   11,2769941,0,0,0.0,0.0,0,,
 14   12,2769942,0,0,0.0,0.0,0,,
```

그림 7-3 csv_test.csv 파일 내용

그렇다면 새로 저장된 'csv_test.csv' 파일을 pd.read_csv() 함수로 불러올 수 있는 지 확인해 보자.

```
# CSV 파일로 불러오기
>>> df = pd.read_csv('csv_test.csv')
>>> df.head()
   Unnamed: 0   activity_key   avg_presence   avg_people_cnt          ...
0          0        2769930              0                0           ...
1          1        2769931              0                0           ...
2          2        2769932              0                0           ...
3          3        2769933              0                0           ...
4          4        2769934              0                0           ...
```

이와 같이 반정형 데이터에는 메타 데이터가 포함돼 있어 정형 데이터에 비해 파일 용량과 메모리 사용량이 더 많이 발생하므로 가능한 한 정형 데이터 사용을 권장한다.

7.2.1 웹 크롤링

일반적으로 웹 크롤링 작업은 운영 중인 시스템에서 제공하는 REST API를 이용해 데이터를 받아와 로컬 파일로 저장한 후 해당 파일을 읽어와서 원하는 데이터로 구성된 행렬 형태로 변환해 CSV 파일 등으로 저장한다.

대한민국 전국 전기차 충전소 표준 데이터 OPEN REST API를 이용해 웹 크롤링하는 방법을 알아보자. 다음 예제 코드는 대한민국 전국 전기차 충전소 표준 데이터를 제공하는 OPEN REST API를 호출해 데이터를 가져와 XML 파일에 저장한 후 해당 파일을 읽어와서 필요한 데이터만 추출해 행렬 형태로 변환하고, 이를 CSV 파일로 저장하는 작업을 수행할 수 있다.

```
url = http://open.ev.or.kr:8080/openapi/getChargerStatus?xxxxxxxx #sample
URL

payload={}
headers = {}

response = requests.request("GET", url, headers=headers, data=payload)
filename = './{}/res_{}.xml'.format( 'data', d1 )

file = open(filename, 'w')
file.write(response.content)
file.close()
```

저장된 CSV 파일을 읽은 후 parsingAFile() 함수를 호출해 데이터를 파싱하고 해당 데이터를 정규화해 stationInfo 구조체에 저장한다. 모든 파싱 작업이 완료되면 JSON 파일 형식으로 저장한다.

```
def parsingAFile(filename):
    print('parse ' + filename)
    tree = parse(filename)
    root = tree.getroot()
```

```
    items = root.find('body').iter('item')
    for item in items:
      statNm = item.find('statNm').text.strip()
      statId = item.find('statId').text.strip()
      addr = item.find('addr').text.strip()

      value = ''

      try:
        value = '{{"statId":"{}","statNm":"{}", "addr":"{}", }}'.format(statId.
encode('utf8'), statNm.encode('utf8'), addr.encode('utf8'))
      except:
        print("parsing error: " + statId)

      stationInfo[statId] = value

      x = {
          "statId": item.find('statId').text.strip(),
          "statNm": item.find('statNm').text.strip(),
          "addr": addr
        }

      stationInfo_json[statId] = json.dumps(x, ensure_ascii=False,
encoding='utf8')

# all files
listOfFiles = os.listdir('./data')
pattern = "*.xml"
for entry in listOfFiles:
  if fnmatch.fnmatch(entry, pattern):
    parsingAFile('./data/' + entry)

with io.open('station.json', 'w', encoding='utf-8') as f:
  str_ = json.dumps(stationInfo_json, indent=4,
                    ensure_ascii=False, sort_keys=True)
  f.write(to_unicode(str_))
```

7.2.2 DBMS로부터 CSV 파일 만들기

기업 및 병원에서 운영하는 실제 서비스의 데이터는 일반적으로 DBMS를 사용해 관리된다. OPEN API를 제공하는 단체에서도 외부에서 API를 호출하면 내부 DBMS에서 데이터를 읽어와 정규화된 데이터를 XML 파일 형식으로 반환한다. 하지만 외부에서 직접 DBMS에 접근하는 것은 보안상의 이유로 허용되지 않기 때문에 OPEN API를 사용해 데이터를 수집하는 것이 일반적이다.

DBMS를 사용해 데이터를 수집하는 것이 OPEN API보다 더 유연하기 때문에 데이터 분석을 위해서는 먼저 DBMS 접근 권한을 얻는 것이 좋다. 예를 들어 MySQL을 사용하는 경우 각 테이블의 레코드를 추출할 수도 있고, join 구문 등을 사용해 병합된 데이터나 groupby 구문 등을 사용해 집계된 데이터를 추출하는 등 다양한 query문의 결과물을 로컬 파일로 저장할 수 있다. 다음 SQL문은 mda_temp_10min 테이블과 mda_temp2_10min 테이블을 left join한 결과물을 MDA_act_10min.csv 파일로 저장하는 예제 코드이다.

```
select A.*, ifnull(B.first_eventtime,'') as first_eventtime,
ifnull(B.lastStatus, '') as lastStatus
from mda_temp_10min as A left join mda_temp2_10min as B
on A.activity_key = B.activity_key
order by activity_key

into outfile 'C:/works/healthcare_bigdata/ch07/MDA_act_10min.csv'
character set utf8
fields terminated by ',' OPTIONALLY ENCLOSED BY '"'
ESCAPED BY '\\'
LINES TERMINATED BY '\n'
```

'into outfile' 키워드로 query문의 실행 결과물을 로컬 파일로 저장할 수 있다. 그림 7-4는 생성된 CSV 파일 MDA_act_10min.csv의 일부이다.

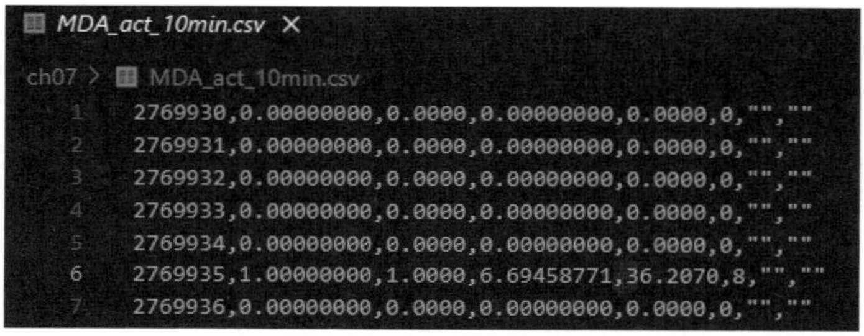

```
MDA_act_10min.csv ×
ch07 > MDA_act_10min.csv
2769930,0.00000000,0.0000,0.00000000,0.0000,0,"",""
2769931,0.00000000,0.0000,0.00000000,0.0000,0,"",""
2769932,0.00000000,0.0000,0.00000000,0.0000,0,"",""
2769933,0.00000000,0.0000,0.00000000,0.0000,0,"",""
2769934,0.00000000,0.0000,0.00000000,0.0000,0,"",""
2769935,1.00000000,1.0000,6.69458771,36.2070,8,"",""
2769936,0.00000000,0.0000,0.00000000,0.0000,0,"",""
```

그림 7-4 MDA_act_10min.csv 파일의 앞부분

SQL문을 실행할 때 select...union all 구문을 추가해 CSV 파일의 칼럼 헤더를 정의할 수 있다. 이렇게 칼럼 헤더를 정의하면 CSV 파일을 불러올 때 칼럼의 이름이 정해지기 때문에 데이터를 다루기 더 편리하다. 예를 들어 다음 예제의 SQL문은 mda_temp_10min 테이블과 mda_temp2_10min 테이블을 left join한 결과를 stackPerDevice.csv 파일로 저장하며, 칼럼 헤더로 'deviceId','activity_key','avg_presence' 등을 지정한다.

```
select 'deviceId','activity_key','avg_presence','avg_people_cnt','avg_
activity',
'max_activity','cnt', 'first_eventtime','lastStatus'
union all
select A.*, ifnull(B.first_eventtime,'') as first_eventtime, ifnull(B.
lastStatus,'') as lastStatus
from mda_temp_10min as A left join mda_temp2_10min as B
on A.deviceId = B.deviceid and  A.activity_key = B.activity_key
order by deviceId, activity_key

into outfile 'C:/works/healthcare_bigdata/stackPerDevice.csv'
character set utf8
fields terminated by ',' OPTIONALLY ENCLOSED BY '"'
ESCAPED BY '"'
LINES TERMINATED BY '\r\n'
```

그림 7-5는 생성된 CSV 파일 stackPerDevice.csv의 일부이다.

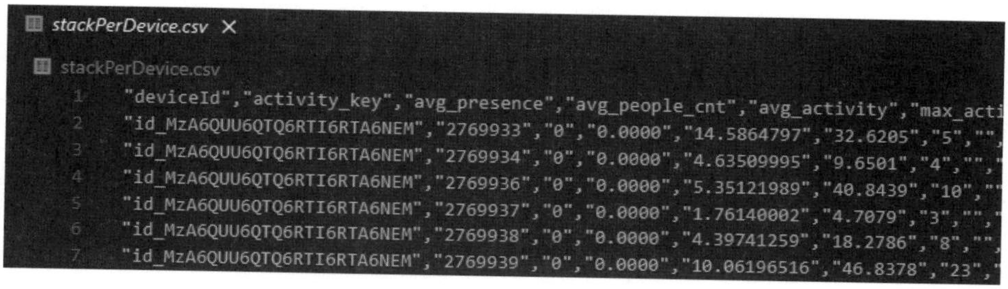

그림 7-5 stackPerDevice.csv 파일의 앞부분

7.3 데이터 전처리

데이터 분석을 위한 이상적인 데이터 수집은 어렵기 때문에 대부분의 데이터에는 잡음, 결측치, 이상치 등이 혼재돼 있다. 따라서 데이터 분석을 하기 전에 데이터 전처리 과정이 필수적이다.

데이터 전처리는 원본 데이터를 분석하기 적합한 형태로 만드는 작업으로 누락된 데이터 처리, 중복 데이터 제거, 잡음 제거, 데이터 구조 변경(모양새 변경), 정규화 등이 포함된다. 또한 인덱스 생성, merge() 함수로 데이터 합치기, pivot_table() 함수로 데이터 구조 변경, 시계열 데이터 처리, 분류형 데이터 처리 등의 작업도 포함될 수 있다. 전처리가 완료된 pandas의 데이터프레임을 CSV 파일 등으로 저장해 두면 다음 데이터 분석 시간을 절약할 수 있으며, 이런 작업을 함수나 프로시저로 만들어 둠으로써 다른 데이터셋을 전처리할 때도 시간을 절약할 수 있다.

수치형 데이터를 문자열 데이터로 처리하는 것은 성능 면에서 큰 차이가 있으므로 가능하면 수치형 데이터로 변환해 사용하는 편이 좋다. 다음 예제 코드를 통해 그 성능 차이를 확인할 수 있다.

```
In [1]: import pandas as pd
        import numpy as np
        import timeit

        s1 = pd.Series(np.random.randint(1_000, 1_000_000, 1_000))
        s2 = pd.Series(np.random.randint(1_000, 1_000_000, 1_000)).
        astype('object')

        def add_series(arr):
          ret = arr
          for x in range(100):
            ret += x

        def add_series2(arr):
          ret = arr
          for x in range(100):
            str_x = str(x)
            ret += str_x
```

```
        s1
Out [1]: 0       205913
         1       280174
         2       641533
         3        43199
         4       954618
                  ...
         995     956836
         996     248798
         997     352902
         998     747523
         999     758547
         Length: 1000, dtype: int32

 In [2]: s2
Out [2]: 0       646855
         1       690015
         2       618521
         3        87444
         4       186842
                  ...
         995     551024
         996     999554
         997     740324
         998     949344
         999      72245
         Length: 1000, dtype: object
```

IPython의 **%timeit** 매직 함수를 사용해 속도를 측정해 보자. 이를 통해 문자열 object 데이터 타입이 더 느린 점이 확인된다.

TIP

%timeit 매직 함수를 사용하기 위해서는 반드시 IPython 또는 주피터 환경에서 코드를 실행해야 한다. 파이썬 인터프리터에서 실행을 원한다면 timeit.Timer 객체로 구현해야 한다.

```
 In [3]: %timeit -n 100 add_series(s1)
Out [3]: 5.58 ms ± 56.6 μs per loop (mean ± std. dev. of 7 runs, 100 loops
         each)
 In [4]: %timeit -n 100 add_series(s2)
Out [4]: 7.38 ms ± 73.3 μs per loop (mean ± std. dev. of 7 runs, 100 loops
         each)
```

```
 In [5]: s1
Out [5]: 0       4150002
         1       3944356
         2       3629388
         3       3979271
         4       4200437
                  ...
         995     4026659
         996     3495031
         997     4107242
         998     4129396
         999     4162661
         Length: 1000, dtype: int32
 In [6]: s2
Out [6]: 0       4247329
         1       4390021
         2       3881387
         3       4128242
         4       4233663
                  ...
         995     4171205
         996     3807064
         997     3632449
         998     4074324
         999     3940524
         Length: 1000, dtype: object
```

문자열String 데이터 타입은 메모리 사용량이 크게 증가해 성능 저하를 초래할 수 있다. 예를 들어 Java 프로그래밍 언어에서 6자리 정수를 정수형(int)으로 표현할 경우에는 4바이트를 사용하지만, 문자열로 표현하면 char(2바이트)가 6개 필요하므로 총 12바이트를 사용하게 된다. 따라서 대량의 데이터를 다룰 경우 문자열 데이터를 사용하면 메모리 사용량이 급격히 증가하고 성능이 저하될 수 있다.

또한 정수형 데이터를 문자열로 다루게 되면 비교 연산 비용이 높아진다. n자리 정수(int)의 계산량이 $O(1)$인 반면에 n자리 정수형 문자열은 최대 $O(n)$으로 그 계산량이 증가하게 된다. 이로 인해 처리 시간이 길어질 수 있다. 따라서 가능한 한 수치형 데이터는 정수형(int, float 등)으로 다루는 것이 바람직하다. 이렇게 함으로써 메모리 사용량을 줄이고 성능을 향상시킬 수 있다. 예를 들어 정수형 4바이트가 아닌 문자열 12바이트로 5,000행 × 5,000열의 행렬을 생성하면 결국 5,000행 × 5,000

열 × 8 바이트, 즉 200메가바이트^{MByte}가 불필요하게 소모된다. 이런 이유로 문자열 데이터 연산은 가급적 피하는 것이 좋다. 이를 통해 프로그램의 전체적인 성능을 개선하고 메모리 사용량을 최소화할 수 있다.

```
>>> s1.nbytes
4000

>>> s2.nbytes
8000
```

7.3.1 정제하기

실제 데이터에는 대부분 잡음^{Noise}, 이상치^{Outlier}, 결측치$^{Missing Value}$가 존재한다.

- 잡음: 실제 데이터가 아닌 잘못 생성된 데이터를 의미한다.

- 이상치: 관측된 데이터의 범위에서 아주 많이 벗어난 데이터, 즉 정규 분포에서 표준편차를 크게 초과하는 데이터를 가리킨다. 이상치 판별 기준은 1표준편차부터 3표준편차로 정할 수 있으며, 이는 데이터 분석가의 판단에 따라 결정된다.

- 결측치: 누락된 데이터를 의미한다. 예를 들어 2023년 1월 1일부터 31일까지 측정한 시계열 데이터에서 1월 3일에 센서 전원이 공급되지 않아 데이터 수집에 실패한 경우 해당 구간의 누락된 데이터는 결측치가 된다.

이런 문제들을 처리하고 정제하는 과정은 데이터 전처리의 핵심 부분을 차지한다. 잡음을 제거하고 이상치를 식별하며 결측치를 적절히 처리함으로써 데이터의 품질을 향상시키고 분석 결과의 정확도를 높일 수 있다. 이 과정에서 데이터 분석가의 역량이 중요한 역할을 하며, 적절한 전처리 방법을 적용해야 데이터 기반의 의사 결정이나 모델링이 효과적으로 이뤄질 수 있다.

결측치를 처리하는 가장 손쉬운 방법은 해당 데이터를 삭제하는 것이다. 하지만 결측치가 많은 경우에는 데이터 손실이 크게 발생할 수 있다. 이로 인해 수고스럽게 수집한 데이터를 삭제하는 것은 불필요한 손실로 여겨질 수 있다. 또한 결측치를 다른 값으로 대체할 때 잘못 다루면 데이터 조작으로 인한 편향이 발생할 위험이 있다.

편향이 심각하게 발생한다면 해당 구간의 데이터를 버리거나 새로운 데이터를 수집해야 할지도 모른다. 이런 이유로 데이터 수집과 정제 작업이 데이터 분석 과정의 상당 부분을 차지하게 된다.

결측치를 보간하고자 할 때 종종 무의식적으로 '0'과 같은 임의값으로 대체하는 경우가 있으나, 상황에 따라서는 '평균값', '중위값', '이전 값', '이후 값' 등이 더 적절한 대체 방법이 될 수 있다. 따라서 데이터의 특성을 파악한 후 대체 값 후보군을 선정하고, 이들 값을 대체한 후 시각화를 통해 어떤 대체 값이 더 적절한지 항상 평가해야 한다. 그리고 이 과정은 최적의 대체 값을 찾을 때까지 반복적으로 진행되야 한다. 이때 고객 및 이해관계자들과 결측치 처리 방법에 관한 논의는 필수적이다.

결측치 처리를 효과적으로 수행하려면 데이터의 특성과 분포를 이해하고 적절한 대체 방법을 선택할 수 있는 역량이 필요하다. 그럼으로써 데이터 분석의 정확도와 신뢰성을 높이고 데이터 기반 의사 결정에 기여할 수 있다. 이런 절차를 통해 데이터의 완결성을 유지하고 분석 과정에서 발생할 수 있는 문제를 최소화할 수 있다. 결측치 처리 과정은 데이터 전처리의 핵심 요소 중 하나이며 전문적인 지식과 경험을 바탕으로 신중하게 진행돼야 할 것이다.

데이터 분석가는 결측치 처리에 있어 여러 전략을 동시에 고려하고 비교해야 한다. 이를 위해 다양한 기법을 활용해 왜곡 없이 데이터의 결측치를 처리하고, 데이터의 일관성과 품질을 향상시키는 것이 매우 중요하다. 이 과정에서 데이터 분석가의 통찰력과 직관력, 분석 능력이 결정적인 역할을 한다. 이는 최종적으로 분석 결과의 타당성과 신뢰도에 영향을 미친다.

결측치를 다루는 더 자세한 내용은 "6.4 누락된 데이터 다루기"절을 참조하길 바란다.

7.3.2 정규표현식으로 치환하기

정규표현식 사용법을 몰라 파일에서 문자열 치환을 어렵게 하는 경우가 있다. 하지만 정규표현식을 활용하면 문자열 치환 작업을 매우 간편하게 처리할 수 있다. 간단한 예제를 통해 그 사용 방법과 효율성을 살펴보자. "6.7 집계 및 통계 구하기"

절에서 사용된 CSV 파일인 data/kr_population.csv를 엑셀에서 열어보면 큰 숫자들을 한눈에 알아보기 어렵다. 이를 개선하기 위해 population, birth, death, increments열 값을 천 단위로 콤마(,)를 포함하는 형식으로 변경하고 저장하면 그림 7-6과 같이 CSV 파일이 변경된다.

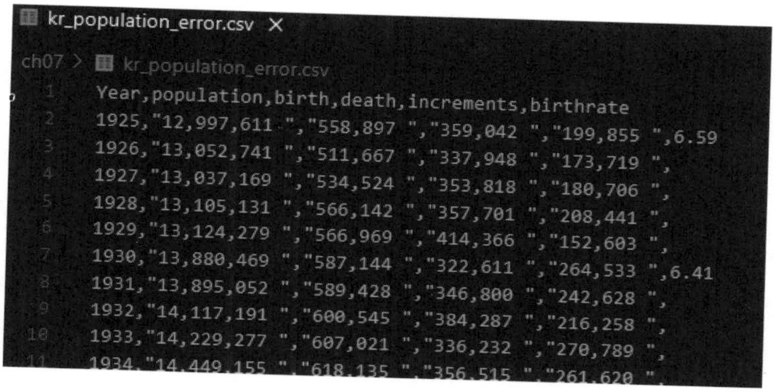

```
kr_population_error.csv
ch07 > kr_population_error.csv
Year,population,birth,death,increments,birthrate
1925,"12,997,611 ","558,897 ","359,042 ","199,855 ",6.59
1926,"13,052,741 ","511,667 ","337,948 ","173,719 ",
1927,"13,037,169 ","534,524 ","353,818 ","180,706 ",
1928,"13,105,131 ","566,142 ","357,701 ","208,441 ",
1929,"13,124,279 ","566,969 ","414,366 ","152,603 ",
1930,"13,880,469 ","587,144 ","322,611 ","264,533 ",6.41
1931,"13,895,052 ","589,428 ","346,800 ","242,628 ",
1932,"14,117,191 ","600,545 ","384,287 ","216,258 ",
1933,"14,229,277 ","607,021 ","336,232 ","270,789 ",
1934,"14,449,155 ","618,135 ","356,515 ","261,620 ",
```

그림 7-6 kr_population.csv 파일의 앞부분

CSV 파일에서의 열 구분자 콤마(,)와 구분하기 위해 엑셀에서 값을 큰따옴표(" ")로 감싸 파일로 저장한 점을 확인할 수 있다. 이제 3가지 텍스트 에디터에서 정규표현식을 활용해 원래의 형식으로 복원해 보자.

정규표현식을 사용해 문자열을 치환하려면, 예를 들어 Notepad++(개인 및 기업에서 무료 사용 가능)에서 Replace(Ctrl+H)를 선택해 Replace 대화상자를 연다. 그림 7-7의 아래 'Search Mode' 박스에서 'Regular expression' 옵션을 선택한 후 Find what 입력창에 "([0-9]+)[,]+([0-9]+)\s"를 입력하고 Replace with 입력창에 \1\2를 입력하고 **Replace All** 버튼을 클릭하면 birth 및 death열의 값이 모두 치환된다. "([0-9]+)[,]+([0-9]+)\s"는 큰따옴표(")로 시작해서 0에서 9 사이의 숫자가 하나 이상 나오고, 이후에 콤마(,)가 하나 이상 나오고, 다시 0에서 9 사이의 숫자가 하나 이상 나오고, 하나의 공백이 있고, 큰따옴표(")로 끝나는 문자열을 찾으라는 뜻이다. 괄호는 매칭된 부분을 선택하라는 의미인데 선택된 부분이 앞에서부터 \1, \2로 매핑된다.

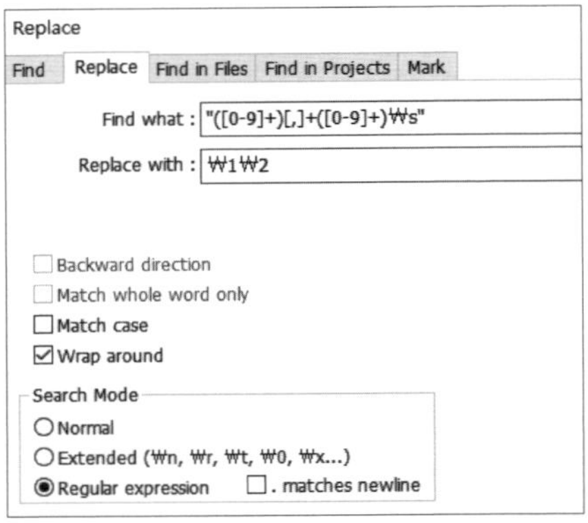

그림 7-7 Notepad++에서 정규표현식으로 문자열 치환 첫 번째

population열에는 콤마(,)가 2개 있으므로 Find what 입력창에 '([0-9]+)[,]+'를 하나 더 추가하자. 즉 "([0-9]+)[,]+([0-9]+)[,]+([0-9]+)\s"를 입력하고 Replace with 입력창에 \1\2\3을 입력하고 **Replace All** 버튼을 클릭하면 population열의 값이 모두 치환된다.

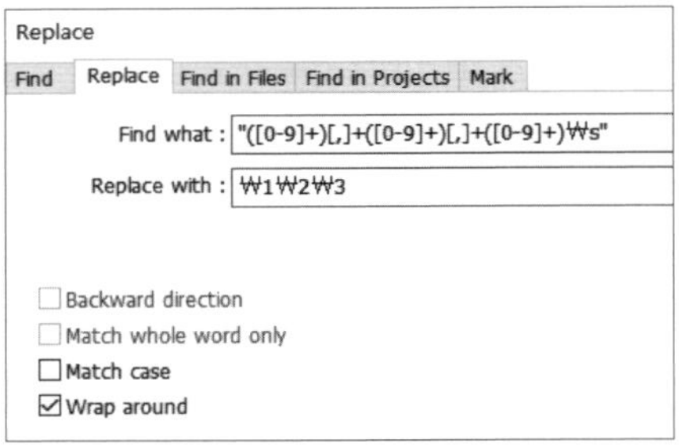

그림 7-8 Notepad++에서 정규표현식으로 문자열 치환 두 번째

이렇게 정규표현식을 활용하면 문자열 치환 작업을 더욱 간편하고 세련되게 할 수 있다. 데이터 전처리 과정에서 정규표현식을 사용하면 시간을 절약하고 효율성을 높일 수 있다.

저자는 Vim[Vi Improved]을 자주 사용한다. Vim은 무료이며, 특히 리눅스 및 유닉스 계열에서 소프트웨어 개발자들이 즐겨 사용하는 전설적인 텍스트 에디터이다. 유닉스 기본 에디터인 vi의 개선형 버전이기도 하다. Vim 명령 모드에서 ':'을 입력한 후 창

아래 명령어 입력란에 다음과 같이 입력하면 Notepad++에서 했던 동일한 치환 결과를 얻을 수 있다.

```
: %s/"\([0-9]*\),\([0-9]*\)\s"/\1\2/g
```

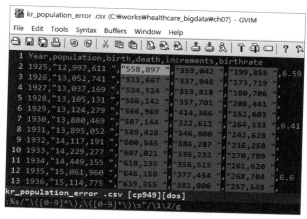

그림 7-9 Vim에서의 문자열 치환

Vim에서 문자열 치환 명령은 다음과 같다.

```
:(시작 줄),(끝 줄)s/찾을 패턴/치환될 문자열/옵션
```

예를 들어 2번째 줄부터 20번째 줄까지 전부 치환을 원하는 경우는 다음과 같이 입력하면 된다.

```
:2,20s/"\([0-9]*\),\([0-9]*\)\s"/\1\2/g
```

만약 파일 전체를 대상으로 치환을 원할 때는 % 키워드를 입력하면 된다.

```
:%s/"\([0-9]*\),\([0-9]*\)\s"/\1\2/g
```

Vim의 옵션은 표 7-1과 같으며 population열도 마찬가지 방법으로 치환할 수 있다.

옵션	설명
i	ignore case: 대소문자 구분 없음
c	confirm: 치환 시 사용자 확인
g	global: 전역 치환

표 7-1 Vim 문자열 치환 옵션

물론 VSCode에서도 가능하다. 먼저 **Ctrl+H**키로 검색 대화상자를 열고 난 후 **Alt+R** 키로 정규표현식 검색을 선택한 다음 Notepad++에서 사용한 정규표현식과 동일하게 입력("([0-9]+)[,]+([0-9]+)\s")하고 치환될 문자열로 $1$2를 입력해 치환할 수 있다. 치환될 문자열이 Notepad++에서는 \1\2인 반면에 VSCode에서는 $1$2를 사용하는 점이 다르니 주의하자.

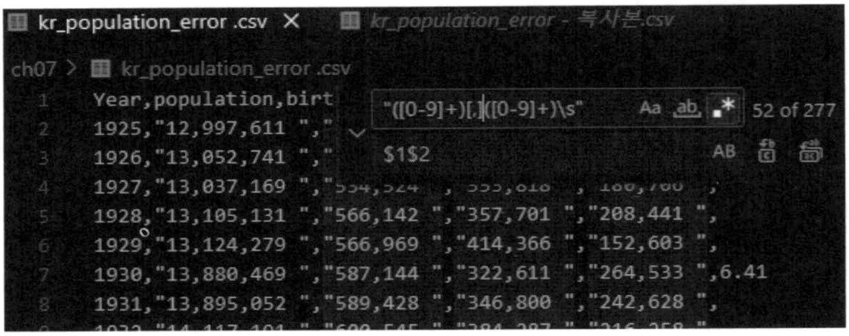

그림 7-10 VSCode에서의 문자열 치환

이와 같이 정규표현식을 익혀두면 데이터 전처리뿐만 아니라 코딩할 때도 굉장히 효과적으로 작업할 수 있다. 또한 정규표현식은 다양한 프로그래밍 언어와 툴에서 지원되며, 일관된 패턴 찾기와 문자열 조작 작업을 다양한 플랫폼에서 쉽게 수행할 수 있다. 정규표현식의 활용 범위는 매우 넓어 파일명 변경 및 웹 크롤링, 데이터 검증 및 입력값 검사 등 다양한 분야에서 활용할 수 있다. 데이터 분석가, 개발자 또는 다양한 IT 전문가라면 정규표현식을 숙지함으로써 작업의 효율성과 정확성을 높이고 코드의 간결성과 가독성 또한 향상시킬 수 있다.

7.3.3 열 선택해서 수정하기

여러 텍스트 에디터에서는 문자열 및 코드를 행 기준이 아닌 열 기준으로 상하좌우 선택이 가능한 블록 선택 기능이 제공된다. 이 열 선택 기능은 정규화된 데이터에서 특정 열의 문자열을 제거하거나 복사하는 작업에 매우 유용하게 사용된다.

Notepad++에서 삭제하고자 하는 영역에 커서를 두고 Alt+Shift+방향 키를 눌러 열을 선택할 수 있다. 이를 활용해 population열과 birth열 사이의 큰따옴표(")와 공백을 삭제해 보자. 그림 7-11과 같이 먼저 2행의 12,997,611 다음 공백에 커서를 두고 Alt+Shift+ → 키를 누르면 공백과 큰따옴표(")가 선택된다. 이후 Alt+Shift+↓ 키를 눌러 삭제를 원하는 행까지 이동한다.

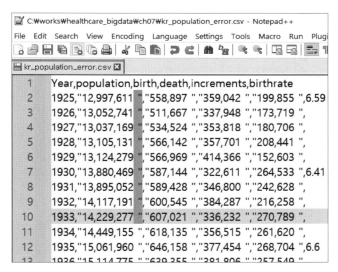

그림 7-11 Notepad++에서 블록 선택

그 후 Del키를 눌러 삭제하면 된다. 그림 7-12는 Del키를 눌러 공백과 큰따옴표가 삭제된 모습을 보여준다.

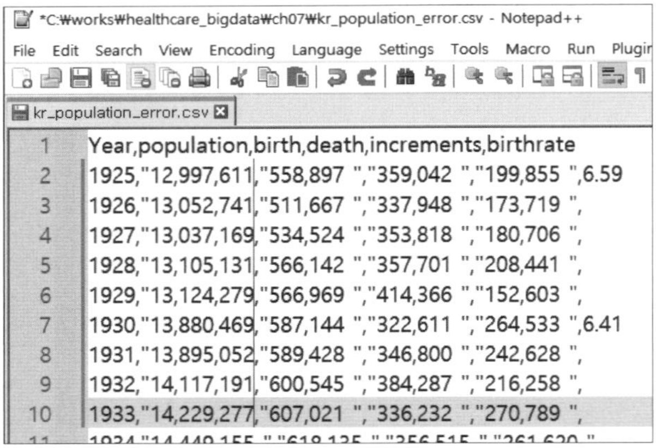

그림 7-12 Notepad++에서 블록 선택 영역 삭제

Vim에서는 Alt+Shift키 대신 Ctrl+V키로 열 선택을 할 수 있다.

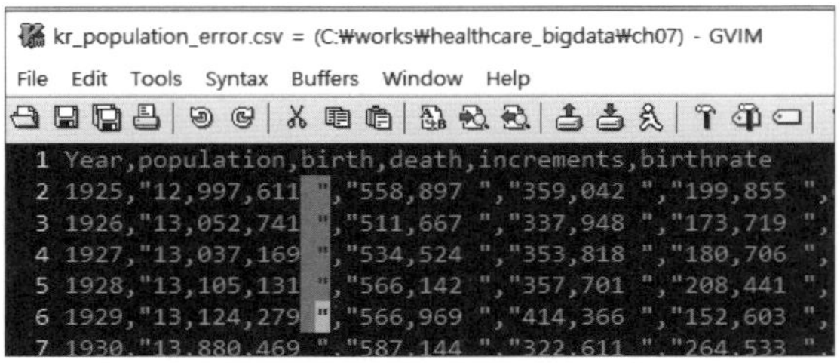

그림 7-13 Vim에서 블록 선택

VSCode에서도 열 선택 기능을 제공하며 Ctrl+Alt+Shift+방향키를 눌러 열 선택을 할 수 있다.

그림 7-14 VSCode에서 블록 선택

마치며

7장에서는 데이터 수집과 전처리에 대해 살펴봤다. 데이터 수집의 대표적인 방법인 웹 크롤링과 DBMS에서 CSV 파일을 추출하는 과정과 외부 텍스트 에디터를 활용해 효율적인 데이터 전처리 과정도 살펴봤다. 물론 pandas를 이용한 데이터 전처리도 가능하지만, 간단한 예제를 통해 외부 텍스트 에디터를 이용한 전처리 과정을 다뤄 봤다. 그리고 정규표현식을 활용해 문자열 치환하는 방법도 다뤘다.

고급 전처리 과정에서는 정규표현식을 반드시 익혀둘 필요가 있다. 유닉스 계열에서 grep, awk, Perl 등을 사용해 대용량 로그 파일 등을 분석하는 경우가 많기 때문이다. 또한 대용량 파일을 파싱하고 정제할 때도 grep, sed, awk, Perl 등을 자주 사용한다. grep 및 sed로 정규표현식을 활용해 문자열 치환을 고속으로 처리할 수 있으며, awk와 Perl은 좀 더 복잡한 처리를 수행할 수 있다. awk는 행 단위로 텍스트 파일을 읽고 각 행을 공백으로 구분된 필드로 나누며, 이런 필드 단위로 데이터를 처리하므로 텍스트 파일 내의 특정 필드만 추출하거나 조작하는 작업이 용이하다. 무엇보다도 그 처리 속도가 매우 빠르다. 만약 awk로 처리하기에 복잡한 텍스트 파일이라면 Perl 사용을 권장한다. 물론 파이썬으로도 텍스트 파일을 파싱하고 재구성할 수 있지만, 성능 면에서는 위에서 언급한 유틸리티 및 언어보다 느릴 수 있기 때문에 성능이 중요한 경우에는 grep, sed, awk, Perl 사용을 적극적으로 고려해 보는 것이 좋다.

## CHAPTER 08

사례#1-데이터를 시각화해 보기

대량의 데이터를 분석 및 시각화할 때 종종 어떻게 접근해야 할지 막막한 경우가 있다.
이런 상황에서 데이터의 특성과 성질을 이해하는 데 도움이 되는 방법 중 하나는 스프레드시트보다는
그래프와 차트를 활용한 데이터 시각화이다. 이를 통해 데이터의 특성을 더욱 직관적으로 파악할 수 있다.
사이렌케어의 실제 데이터를 활용해 데이터 시각화를 진행하고,
이를 통해 데이터의 특성과 성질을 분석해 보도록 하자.

8.1 MySQL 테이블에서 CSV 파일 추출하기

먼저 사이렌케어에서 실제 운영되는 DBMS에 접속해 시각화를 원하는 데이터를 query 구문으로 조회한 후 그 결과물을 CSV 파일로 추출해 보자.

8.1.1 MySQL shell 접속하기

```
c:\works>mysql -u bighave -p
Enter password: ***********
Welcome to the MariaDB monitor.  Commands end with ; or \g.
Your MariaDB connection id is 16
Server version: 10.10.2-MariaDB mariadb.org binary distribution
Copyright (c) 2000, 2018, Oracle, MariaDB Corporation Ab and others.
Type 'help;' or '\h' for help. Type '\c' to clear the current input
statement.

MariaDB [(none)]> use sirendb;
<- 디폴트 사용 DB를 sirendb로 변경한다.
Database changed
MariaDB [sirendb]>
```

참고로 저자는 윈도우 환경에서 MySQL 데이터를 다룰 때는 HeidiSQL GUI 무료 툴[1]을 사용한다. 사용하기 편리하므로 사용해 보길 추천한다.

8.1.2 MySQL 사용자 권한 부여하기

mysql 접속 명령(예: $> mysql -u bighave -p)을 입력했는데 다음과 같은 에러가 발생한다면 해당 데이터베이스 테이블 접근 권한이 없는 것이다.

```
ERROR 1045 (28000): Access denied for user 'bighave'@'%' (using password:
YES)
MariaDB [sirendb]>
```

이런 경우에는 먼저 root로 mysql 셸에 접속한 후 다음과 같은 명령어로 접속하려는 MySQL 사용자(bighave)에게 권한을 부여해야 한다.

```
mysql> grant all privileges on sirendb.* to 'bighave'@'%' identified by
'password';
<- password는 여러분이 임의로 지정하면 된다.

mysql> flush privileges;
<- 권한이 DBMS에 반영되도록 한다.

MariaDB [(none)]> flush privileges;
Query OK, 0 rows affected (0.001 sec)
```

가끔 권한 이슈로 에러가 발생하는 경우가 있는데 mysql>show grants를 실행시켜 어떤 권한이 현재 사용자에게 부여돼 있는지 확인할 수 있다.

```
MariaDB [sirendb]> show grants;
+---------------------------------------------------------------------+
| Grants for bighave@%
|
+---------------------------------------------------------------------+
| GRANT FILE ON *.* TO 'bighave'@'%' IDENTIFIED BY PASSWORD '*4FCC5BD822D78
EFA9021059C8A2E2B2F47F29C02' |
| GRANT ALL PRIVILEGES ON 'sirendb'.* TO 'bighave'@'%'                 |
+---------------------------------------------------------------------+
2 rows in set (0.000 sec)
```

---

1 https://www.heidisql.com/

sirendb의 모든 테이블 접근 권한이 bighave 사용자에게 부여돼 있는 점이 확인된다.

8.1.3 쿼리 결과를 CSV 파일로 저장하기

이 데이터는 2022년 1월 1일~1월 31일의 기간 동안 특정 요양시설에서 사용된 사이렌케어 IoT 센서를 통해 감지된 노약자의 움직임 활동을 기록한 것이다. 'into outfile' 키워드를 사용하면 쿼리 결과를 로컬 파일로 저장할 수 있어 편리하게 데이터를 관리할 수 있다.

```
mysql> select 'timestamp','X','Y','Z' -- CSV 파일 헤더
union all
select A.eventTime, B.xPosCm, yPosCm, zPosCm
from events_2201 as A, trackertargets_2203 as B
where A.eventId = B.events_eventId
and B.targetId  = 0 and A.type = 'presence'
and A.deviceId = 'id_MzQ6QUI6OTU6NzE6OTg6QzA'
into outfile 'C:/works/healthcare_bigdata/OTg6QzA_activities.csv'
character set utf8
fields terminated by ',' OPTIONALLY ENCLOSED BY '"'
ESCAPED BY '\\'
LINES TERMINATED BY '\n'
```

TIP

파일 경로 지정 시 ₩가 아니라 /를 사용해야 한다. '₩'는 특수문자로 인식된다. 즉 'C:₩works₩healthcare_bigdata₩OTg6QzA_activities.csv'는 MySQL에서 'C:workshealthcare_bigdataOTg6QzA_activities.csv'로 인식된다.

C:\works\healthcare_bigdata 디렉터리에 'OTg6QzA_activities.csv' 파일이 생성된 점이 확인된다.

그림 8-1 OTg6QzA_activities.csv 파일

8.2 히트맵 그래프로 시각화해 보기

앞에서 DBMS로부터 분석 대상 데이터를 획득했으므로(원본 데이터 수집) 이제 데이터 분석 과정을 진행할 차례이다. 중간 단계로 데이터 전처리 과정이 필요하지만, 이미 정제된 데이터이므로 이 과정은 생략한다.

8.2.1 CSV 파일 내용 살펴보기

분석을 위해 우선 데이터 확인을 시작해 보자. CSV 파일을 텍스트 에디터(gvim)로 열어보면 이 파일에 IoT 센서가 감지한 '이벤트 발생 시간'과 'X 위치', 'Y 위치', 'Z 위치' 값이 저장돼 있는 점이 확인된다. 이 파일은 총 66,281행으로 구성돼 있으며, 약 1개월 동안 특정 IoT 센서가 감지한 움직이는 사물, 즉 노약자의 위치 값이 센서 위치를 기준으로 치환된 X, Y, Z값으로 저장된 데이터이다.

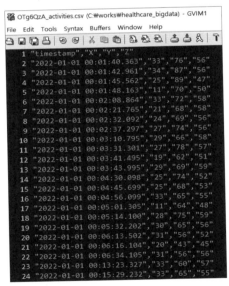

그림 8-2 gvim으로 OTg6QzA_activities.csv 파일을 불러온 화면

66,281행에 달하는 데이터를 사람이 일일이 살펴보며 의미를 파악하는 것은 현실적으로 불가능하다고 할 수 있다. 1개월간 부지런히 센서가 사물을 감지한 후 위치 값을 서버로 전달했고, 서버는 전달받은 데이터를 정상적으로 저장했다는 사실 정도는

확인할 수 있지만, 텍스트 에디터에서 페이지를 넘기며 데이터를 살펴봐도 직관적으로 데이터의 특성과 성질을 파악하는 것은 여간 어려운 일이 아니다.

데이터 모델링 및 특성 파악은 과학보다 예술에 가까운 면이 있다. 숙련된 전문가라면 단숨에 데이터 모델링 및 특성을 직관적으로 파악할 수 있겠지만, 초보자에게는 결코 쉽지 않은 일이다. 전문가들은 시행착오와 다양한 실전 경험을 통해 자신만의 직관력과 통찰력을 길러왔기 때문에 가능한 일이다.

우선 노약자가 주로 위치한 지점을 파악하기 위해 어떤 시각화 그래프를 사용하는 것이 좋을까? 산점도 또는 산포도^{scatter} 그래프를 생각해 볼 수 있다. 산점도 그래프는 두 변수 간의 상관관계를 파악하는 데 주로 이용되는데 그래프의 X축에는 X 위치 값, Y축에는 Y 위치 값을 매핑해 그래프를 만들어 보자.

8.2.2 시각화해 보기

두 변수 간에 어떤 관계(상관관계)가 있는지를 한눈에 파악하기 위해 우선 산점도(산포도) 그래프를 만들어 보자.

```
 In [1]: import numpy as np
         import pandas as pd
         import matplotlib.pyplot as plt

         plt.rcParams['figure.figsize'] = [10, 8]
         act = pd.read_csv('OTg6QzA_activities.csv')
         act.shape # 데이터 구조, 행과 열 크기 알아보기
Out [1]: (66281, 4)
 In [2]: act.head(5) # 서두의 5행 데이터 표시
Out [2]:                 timestamp   X   Y   Z
         0  2022-01-01 00:01:40.363  33  76  56
         1  2022-01-01 00:01:42.961  34  87  56
         2  2022-01-01 00:01:45.562  25  89  47
         3  2022-01-01 00:01:48.163  11  70  50
         4  2022-01-01 00:02:08.864  33  72  58
 In [3]: X = act.X.to_numpy()
         Y = act.Y.to_numpy()
 In [4]: X # X값을 표시
Out [4]: array([ 33,  34,  25, ..., -93, -93, -91], dtype=int64)
 In [5]: Y # Y값을 표시
```

```
Out [5]: array([ 76,  87,  89, ..., 138, 131, 129], dtype=int64)
 In [6]: plt.style.use('grayscale')
         plt.figure(facecolor='white')

         plt.scatter(X, Y) # 산점도 그래프 그리기
         plt.show()
```

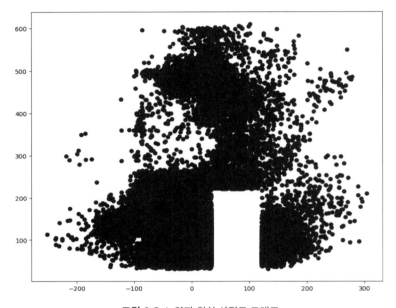

그림 8-3 노약자 위치 산점도 그래프

그림 8-3과 같이 생성된 산점도 그래프를 분석해 보면 다음과 같은 특성을 파악할
수 있다.

1. X 위치: 40~120[cm]와 Y 위치: 30~220[cm] 사이의 공백을 확인할 수 있
   다. 이는 침대 위치가 감지 영역 외로 설정돼 있어 해당 위치 정보가 DBMS에
   저장되지 않았기 때문이다.

2. 노약자가 주로 침대 왼쪽(9시 방향) 및 발치 방향(12시 방향)에 위치한 점을 확인
   할 수 있다.

하지만 산점도 그래프로는 빈도와 밀도를 구분하기 어렵다. 따라서 약 1개월간 노약자가 동일한 지점에 위치한 횟수를 산점도로 파악하기는 어렵다. 이를 해결하기 위해서는 어떤 그래프를 사용하면 좋을까? 이런 경우에 대표적으로 사용되는 그래프가 히트맵^{heatmap}이다. matplotlib 라이브러리에서도 히트맵을 지원한다. 하지만 일반적인 히트맵은 X축 값에 대한 빈도 정도를 시각적으로 나타낸다. 우리가 원하는 것은 X축 값과 Y축 값에 대한 빈도를 알아보는 것이므로 2차원 히스토그램을 활용해 히트맵을 생성해 보는 것이 좋다. matplotlib에서는 2차원 히스토그램을 생성하는 hist2d() 함수를 제공한다.

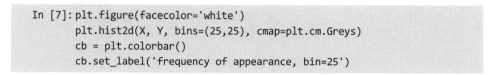

```
In [7]: plt.figure(facecolor='white')
        plt.hist2d(X, Y, bins=(25,25), cmap=plt.cm.Greys)
        cb = plt.colorbar()
        cb.set_label('frequency of appearance, bin=25')
```

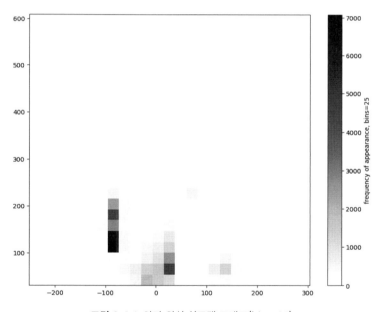

그림 8-4 노약자 위치 히트맵 그래프(bins=25)

그림 8-4를 통해 침대 왼쪽에서 주로 노약자의 움직임이 감지됐음을 확인할 수 있다. 이는 그림 8-3에서는 알 수 없었던 새로운 정보이다.

코드셀 In [7]의 cmap=plt.cm.Greys는 컬러가 아닌 흑백 처리를 의미하며, bins 는 히스토그램의 구간 수를 지정하는 매개변수이다. bins값이 높아질수록 구간이 작 아져 세밀한 분포를 확인할 수 있다. 이번에는 bins 인자 값을 40으로 변경해 그래 프를 다시 만들어 보자.

```
In [8]: plt.figure(facecolor='white')
        plt.hist2d(X, Y, bins=(40,40), cmap=plt.cm.Greys)
        cb = plt.colorbar()
        cb.set_label('frequency of appearance, bins=40')
```

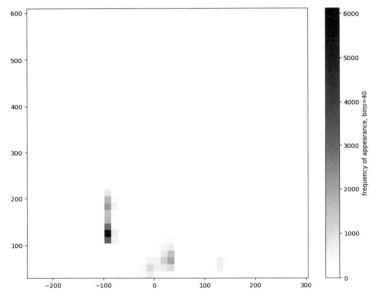

그림 8-5 노약자 위치 히트맵 그래프(bins=40)

그림 8-5에서는 그림 8-4보다 그래프가 더 조밀하게 표현된 것을 확인할 수 있다. 이처럼 매개변수 및 인자 값을 점차 조정하면서 데이터의 특성이 파악될 때까지 미 세 조절해 보면 된다. 이번에도 침대의 9시 방향에서 물체 인식 횟수가 압도적으로 많음이 관측됐다. 이런 경우 전체 데이터를 절반으로 줄여서 그래프를 다시 생성해 볼 수 있다.

또한 hist2d() 함수의 점point은 사각형이지만, 점을 육각형으로 시각화하려면 hexbin() 함수를 사용하면 된다. 다음 코드를 실행한 결과 그림 8-6이 생성된다.

```
In [9]: plt.figure(facecolor='white')
        plt.hexbin(X, Y, gridsize=20, cmap=plt.cm.Greys)
        cb = plt.colorbar()
        cb.set_label('frequency of appearance, gridsize=20')
```

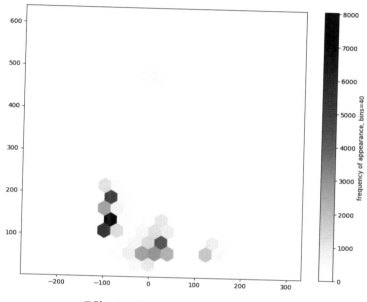

그림 8-6 노약자 위치 히트맵 그래프(hexbin)

hist2d() 함수 결과와 큰 차이는 없어 보인다. 그러므로 자신이 선호하는 방식을 사용하면 될 것 같다.

앞에서 생성한 산점도와 2차원 히스토그램(히트맵) 그래프를 통해 노약자가 주로 침대의 왼쪽(9시 방향)과 발치 방향(12시 방향)으로 이동하는 것을 확인할 수 있었다. 상대적으로 침대의 오른쪽(3시 방향)과 발치 왼쪽(11시 방향)으로의 이동은 적은 것으로 나타났다.

실제로 그런지 센서가 설치된 위치를 확인해 보자. 해당 센서는 병실 출입구 바로 옆에 위치하며, 그림 8-7과 같은 설치 레이아웃에서 Sensor#1 위치에 설치돼 있다. 음영 처리된 상자는 센서의 감지 영역으로 노약자가 휠체어를 이용해 출입구를 이동하는 경로가 한눈에 파악된다.

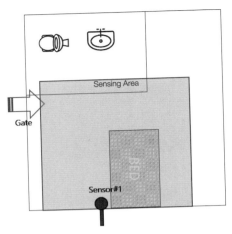

그림 8-7 노약자 병실 레이아웃

8.2.3 여러 그래프를 만들어 보기

데이터를 더 자세히 살펴보기 위해 데이터를 네 부분으로 분할해 분석해 보자. 분할 범위는 순전히 저자의 주관적인 판단에 따른 것이다. 일반적으로 서브플롯을 4개로 나누는 것이 시각적으로 효과적이기 때문에 저자는 네 부분으로 나누는 시각화를 선호하는 편이다. 이번에도 네 부분으로 나눈 시각화를 통해 결과를 살펴보자.

```
In [10]:    x1 = X[:16570]
        x2 = X[16570:16570*2]
        x3 = X[16570*2:16570*3]
        x4 = X[16570*3:]


        y1 = Y[:16570]
        y2 = Y[16570:16570*2]
        y3 = Y[16570*2:16570*3]
        y4 = Y[16570*3:]
In [11]:    plt.figure(facecolor='white')
        # 1등분
        plt.subplot(2,2,1)
        plt.hist2d(x1, y1, bins=20, cmap=plt.cm.Greys)
        plt.title('1-Q')
        plt.colorbar()


        # 2등분
```

```
    plt.subplot(2,2,2)
    plt.hist2d(x2, y2, bins=20, cmap=plt.cm.Greys)
    plt.title('2-Q')
    plt.colorbar()

    # 3등분
    plt.subplot(2,2,3)
    plt.hist2d(x3, y3, bins=20, cmap=plt.cm.Greys)
    plt.title('3-Q')
    plt.colorbar()

    # 4등분
    plt.subplot(2,2,4)
    plt.hist2d(x4, y4, bins=20, cmap=plt.cm.Greys)
    plt.title('4-Q')
    plt.colorbar()

    plt.show()
```

한 화면에 여러 개의 그래프를 만들 때는 pyplot.subplot2grid(), pyplot.subplots(), pyplot.subplot(), figure.add_subplot() 등의 함수를 사용할 수 있다. 8장에서는 pyplot.subplot() 함수를 사용해 그래프를 만들었다.

---

subplot 함수

pyplot.subplot(행의 수, 열의 수, 인덱스)

인덱스는 1부터 시작한다. subplot() 함수의 인자 값을 설정하지 않으면 디폴트값으로 1, 1, 1이 전달된다. 즉 subplot(1,1,1)이 호출된다.

---

pyplot.subplot() 함수를 이용해 4개의 서브플롯을 만들고, 네 부분으로 분할된 데이터를 각 서브플롯에 pyplot.hist2d() 함수를 활용해 2차원 히스토그램 그래프를 만들고 pyplot.show() 함수를 호출해 그래프를 출력한다. 그림 8-8은 코드셀 In [10]과 In [11]을 실행한 결과물이다.

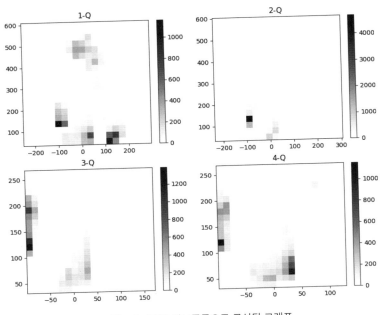

그림 8-8 4개의 서브플롯으로 구성된 그래프

그림 8-8에서 볼 수 있듯이 서브플롯은 위에서 아래로, 왼쪽에서 오른쪽 순으로 배열됐다. 1분할(1-Q) 구간에서는 침대 주변 골고루 노약자의 움직임이 나타나지만, 시간이 지남(2-Q→4-Q)에 따라 점점 왼쪽 가장자리와 침대 왼쪽에서 노약자의 움직임이 더 많이 감지된 점이 확인된다.

8.2.4 일부 데이터 제외한 그래프 만들어 보기

그렇다면 1분할(1-Q) 구간을 제외한 데이터로 다시 히트맵 그래프를 만들어 보자. 슬라이싱 기법으로 4분의 1 구간을 제외한 나머지 부분, 즉 인덱스 16570부터 끝까지의 데이터를 추출하고 pyplot.hist2d() 함수로 그래프를 생성해 보자.

```
In [12]: X_dash = X[16570:]
         Y_dash = Y[16570:]
         plt.hist2d(X_dash, Y_dash, bins=20, cmap=plt.cm.Greys)
         cb = plt.colorbar()
         cb.set_label('frequency of appearance, bins=20')
```

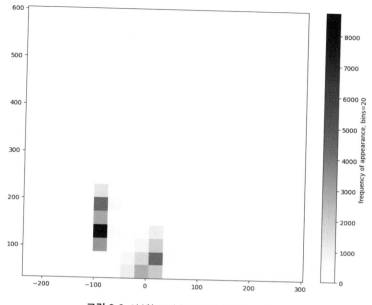

그림 8-9 1분할 구간을 제외한 히트맵 그래프

그림 8-9에서 주목할 만한 점은 X 위치: 0~100[cm]와 Y 위치: 400~500[cm]의 데이터가 제거된 것이다. 2022년 1월 초에는 화장실로 이동하는 빈도가 평소보다 높았거나 다인실 내에서 다른 노약자의 움직임이 더 자주 감지됐을 가능성이 있다. 또한 1월 초 이후로 모니터링 대상 노약자가 침대에 눕거나 일어날 때 항상 침대 왼쪽으로 이동하는 패턴이 확인됐다.

앞으로 모니터링 대상 노약자의 움직임이 침대 오른쪽(3시 방향)이나 발치 방향 (12시 방향)에서 감지된다면 노약자의 움직임 패턴에 변화가 생긴 것으로 판단해 요양시설 측은 이 정보를 "낙상 예방 활동"에 참고해야 할 것이다.

앞에서 살펴본 바와 같이 데이터 정제와 시각화를 통해 센서 동작 여부와 노약자의 행동 패턴을 파악할 수 있다. 여유를 갖고 차근차근 데이터를 정제하고 시각화해 나가다 보면 점차 빅데이터 전문가로 성장할 수 있으므로 처음부터 너무 조급해 하지 않아 천천히 진행해 나아가면 좋을 것이다.

마치며

8장에서는 원본 데이터를 수집 및 정제하고 가공해 시각화하는 방법을 살펴봤다. 그 과정을 통해 원하는 그래프를 생성하고 데이터로부터 다양한 현장 특성을 파악할 수 있었다. 이렇게 분석된 결과와 해석을 고객에게 전달하면 고객은 분명 만족할 것이다. 열정적인 고객이라면 "침대 오른쪽이나 발치 방향에서 움직임이 감지되면 알람으로 알려주세요." 등의 새로운 요구 사항을 제시할 수도 있다.

9장에서는 데이터 분석에서 가장 자주 사용되는 '시계열 데이터'를 다루는 방법을 알아볼 예정이다.

사례#2-시계열 데이터 다루기

아마 데이터 분석에서 가장 많이 접하게 되는 데이터는 '시계열time series 데이터'일 것이다. 시계열 데이터란 시간 순서대로 배열된 데이터 수열로 시간이 경과함에 따라 데이터의 구성 및 변화를 쉽게 추적할 수 있다. 예를 들어 시간별 및 계절별 온도 변화, 경제 지표, 주가 변동, 헬스케어 데이터 등이 대표적인 시계열 데이터라고 할 수 있다.

9장에서는 일반적으로 현업에서 가장 자주 다루는 시계열 데이터를 수집 및 정제, 가공한 후 우리가 원하는 정보를 추출할 수 있는 시계열 차트를 만들어 볼 것이다. 먼저 시계열 데이터에서 문자열 시간 정보를 날짜 데이터 타입으로 변환하는 방법과 시간 차분, 계산 속도와 같은 연산 처리를 효과적으로 수행하는 방법을 살펴보고, 이를 통해 '활동량'을 평가해 본다. 또한 날짜 데이터 타입을 기준으로 리샘플링resampling해 집계를 구하는 방법, 집계 데이터에서의 결측치를 다루는 방법, 집계한 '활동량' 데이터를 시각화하는 방법에 대해 알아본다. 이를 통해 시간 정보와 활동량을 시계열 차트로 표현해 노약자의 활동지수와 패턴을 한눈에 파악해 본다.

9.1 쿼리 결과를 CSV 파일로 저장하기

노약자의 '건강활동량'을 산출하는 데 8장의 샘플 데이터를 활용한다. 해당 데이터는 노약자 움직임 위치 X, Y, Z 좌푯값 정보를 포함한다. 상세한 내용은 "8장"을 참조하길 바란다.

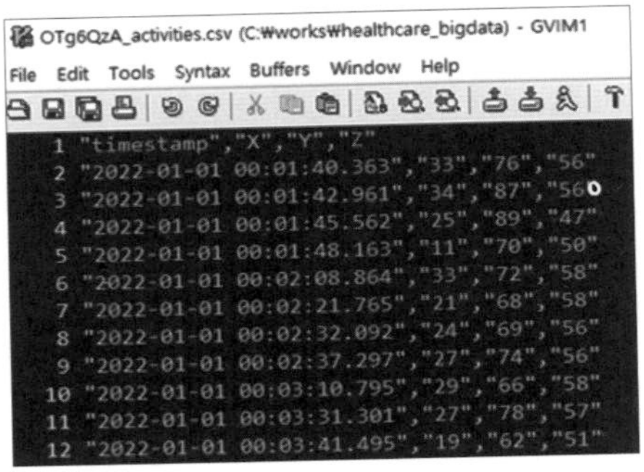

그림 9-1 gvim으로 OTg6QzA_activities.csv 파일을 불러온 화면

9.2 시계열 데이터 시각화

확보한 데이터를 활용해 노약자의 '활동량'을 평가하는 활동 점수를 어떻게 산출하면 좋을까? 우리는 노약자의 움직임 시간 정보와 무게 중심 좌푯값(X, Y, Z) 데이터를 갖고 있다. 이를 통해 첫째 전후 두 좌푯값을 이용해 '거리'를 측정하고, 둘째전후 두 데이터의 시간 차로 계산된 거리를 나눠 '속도'를 산출할 수 있다. 이렇게산출된 노약자의 움직임 속도를 활동 점수로 간주할 수 있지 않을까? 데이터를 시각화해 보자.

9.2.1 데이터의 정제

8장에서 생성한 'OTg6QzA_activities.csv' 파일을 데이터프레임으로 불러오자(코드셀 In [1]). 거리와 속도 계산을 위해 shift() 메서드를 이용해 현재 데이터(t)의 이전 데이터(t-1)를 데이터프레임의 새로운 열로 추가하자(코드셀 In [2]). 결측치가 존재하면 거리와 속도를 계산할 수 없으므로 dropna() 메서드로 삭제하자(코드셀 In [3]).

아마 첫 번째 행이 삭제될 것이다. 이는 shift() 메서드로 인해 첫 번째 데이터의 이전 데이터가 없기 때문이다. ch09_01이라는 새로운 노트북 파일을 만들어서 다음 코드를 실행해 보자.

```
In [1]: import numpy as np
        import pandas as pd
        import matplotlib.pyplot as plt

        # CSV 파일을 pandas의 DataFrame으로 저장하기
        act = pd.read_csv('OTg6QzA_activities.csv')
        act.shape # 데이터 구조, 행과 열 크기 알아보기
Out [1]: (66281, 3)
In [2]: # 거리 및 속도 산출을 위해 직전 데이터(t-1)를 새로운 열에 추가함
        # shift(1)로 timestamp열 값이 하나씩 아래로 이동된다.
        act['p_timestamp'] = act['timestamp'].shift(1)
        act['p_x'] = act['X'].shift(1)
        act['p_y'] = act['Y'].shift(1)
        act['p_z'] = act['Z'].shift(1)
        act.head(5)
Out [2]:                 timestamp   X   Y   Z  ...    p_x    p_y    p_z
        0  2022-01-01 00:01:40.363  33  76  56  ...    NaN    NaN    NaN
        1  2022-01-01 00:01:42.961  34  87  56  ...   33.0   76.0   56.0
        2  2022-01-01 00:01:45.562  25  89  47  ...   34.0   87.0   56.0
        3  2022-01-01 00:01:48.163  11  70  50  ...   25.0   89.0   47.0
        4  2022-01-01 00:02:08.864  33  72  58  ...   11.0   70.0   50.0
In [3]: # NaN값이 있는 행을 삭제하자. NaN이 있으면 거리 및 속도를 계산할 수 없다.
        # 첫 번째 행이 삭제될 것이다.
        cleaned = act.dropna()
        cleaned.head(5)
Out [3]:                 timestamp   X   Y   Z        p_x    p_y    p_z
        1  2022-01-01 00:01:42.961  34  87  56  ...   33.0   76.0   56.0
        2  2022-01-01 00:01:45.562  25  89  47  ...   34.0   87.0   56.0
        3  2022-01-01 00:01:48.163  11  70  50  ...   25.0   89.0   47.0
        4  2022-01-01 00:02:08.864  33  72  58  ...   11.0   70.0   50.0
        5  2022-01-01 00:02:21.765  21  68  58  ...   33.0   72.0   58.0
```

이전 데이터와의 거리를 계산하는 사용자 정의 함수 calc_dist()를 작성하고, 계산 결괏값을 데이터프레임의 dist열에 추가하자(코드셀 In [4]). 그다음 이전 데이터와의 시간 차를 계산하는 사용자 정의 함수 calc_timediff()를 작성하고, 계산 결괏값을 데이터프레임의 d_time열에 추가하자(코드셀 In [5]). apply() 메서드는 데이터프레임에 지정한 함수를 적용한 결괏값을 반환한다.

```
In [4]: # 직전 좌푯값으로 두 지점 간의 거리를 산출한 값을 dist열에 추가한다.

        # 두 좌푯값으로 거리를 계산하는 파이썬 함수
        def calc_dist(df):
            x_d = df['X'] - df['p_x']
            y_d = df['Y'] - df['p_y']
            z_d = df['Z'] - df['p_z']
            return np.sqrt(x_d**2 + y_d**2 + z_d**2)

        cleaned.loc[:,'dist'] = cleaned.loc[:, ['X','p_x', 'Y', 'p_y', 'Z',
        'p_z']].apply(calc_dist, axis=1)
        cleaned.head(5)
Out [4]:             timestamp   X   Y   Z  ...  p_y   p_z       dist
        1 2022-01-01 00:01:42.961  34  87  56  ... 76.0  56.0  11.045361
        2 2022-01-01 00:01:45.562  25  89  47  ... 87.0  56.0  12.884099
        3 2022-01-01 00:01:48.163  11  70  50  ... 89.0  47.0  23.790755
        4 2022-01-01 00:02:08.864  33  72  58  ... 70.0  50.0  23.494680
        5 2022-01-01 00:02:21.765  21  68  58  ... 72.0  58.0  12.649111
In [5]: # 시간 차분을 구한 다음 d_time열에 저장한다.
        from datetime import datetime

        # 시간 차분을 구하는 파이썬 함수
        def calc_timediff(df):
            d1 = datetime.strptime(df['timestamp'], "%Y-%m-%d %H:%M:%S.%f")
            d2 = datetime.strptime(df['p_timestamp'], "%Y-%m-%d %H:%M:%S.%f")
            return (d1 - d2).total_seconds()

        cleaned['d_time'] = cleaned[["timestamp","p_timestamp"]].
        apply(calc_timediff, axis=1)
        cleaned.head(5)
Out [5]:             timestamp   X   Y   Z ... p_z       dist  d_time
        1 2022-01-01 00:01:42.961  34  87  56 ... 56.0  11.045361   2.598
        2 2022-01-01 00:01:45.562  25  89  47 ... 56.0  12.884099   2.601
        3 2022-01-01 00:01:48.163  11  70  50 ... 47.0  23.790755   2.601
        4 2022-01-01 00:02:08.864  33  72  58 ... 50.0  23.494680  20.701
        5 2022-01-01 00:02:21.765  21  68  58 ... 58.0  12.649111  12.901
In [6]: """
        cleaned[["timestamp", "p_timestamp"]]는 cleaned.loc[:, ["timestamp",
        "p_timestamp"]]와 동일한 의미이다.
        cleaned.loc[:, ["timestamp", "p_timestamp"]]는 cleaned DataFrame에서
        timestamp열과 p_timestamp열의 모든 행을 뜻한다.
        """
```

```
cleaned.loc[:, ["timestamp", "p_timestamp"]]
# 데이터가 제대로 조작되고 있는지 이렇게 출력해 나가며 코드를 다루면 된다.
Out [6]:                          timestamp                  p_timestamp
       1      2022-01-01 00:01:42.961    2022-01-01 00:01:40.363
       2      2022-01-01 00:01:45.562    2022-01-01 00:01:42.961
       3      2022-01-01 00:01:48.163    2022-01-01 00:01:45.562
       4      2022-01-01 00:02:08.864    2022-01-01 00:01:48.163
       5      2022-01-01 00:02:21.765    2022-01-01 00:02:08.864
     ...                        ...                        ...
   66276    2022-01-31 23:28:00.481    2022-01-31 23:27:55.381
   66277    2022-01-31 23:28:41.683    2022-01-31 23:28:00.481
   66278    2022-01-31 23:28:49.383    2022-01-31 23:28:41.683
   66279    2022-01-31 23:32:36.426    2022-01-31 23:28:49.383
   66280    2022-01-31 23:32:44.126    2022-01-31 23:32:36.426
```

---

apply 메서드

apply(함수, axis=0 or 1)

axis=0은 행을 기준으로, axis=1은 열을 기준으로 함수를 적용한다. 디폴트는 axis=0이다.

코드셀 In [5]에서의 cleaned[["timestamp", "p_timestamp"]].apply(calc_timediff, axis=1)에서는 timestamp, p_timestamp열 데이터를 처리하기 때문에 axis=1이 적합하다. 또한 코드셀 In [6]에서의 cleaned[["timestamp", "p_timestamp"]]는 cleaned.loc[:, ["timestamp", "p_timestamp"]]와 동일한 의미이다. cleaned. loc[:, ["timestamp", "p_timestamp"]]는 cleaned 데이터프레임에서 timestamp열과 p_timestamp열의 모든 행을 선택하라는 의미이다.

9.2.2 활동지수 평가 함수 만들기

거리와 시간 정보를 확보한 후에는 거리를 시간으로 나눠 속도를 구하는 일종의 활동지수 평가 사용자 정의 함수 calc_act()를 작성하고, 그 결괏값을 데이터프레임의 calc_act열에 추가하자(코드셀 In [7]).

```
In [7]: """
        속도를 구한 다음 activity열에 저장한다.
        """

        # 거리/시간 차분으로 속도를 구하는 파이썬 함수
        def calc_act(df):
          if df['d_time'] != 0:
            return np.abs(df['dist'] / df['d_time'])
          else:
            # 정상적인 수가 아님
            return 0

        cleaned['calc_act'] = cleaned[["dist", "d_time"]].apply(calc_act,
        axis=1)
        cleaned.head(5)
Out [7]:                  timestamp   X   Y  ...      dist  d_time  calc_act
         1  2022-01-01 00:01:42.961  34  87  ...  11.045361   2.598  4.251486
         2  2022-01-01 00:01:45.562  25  89  ...  12.884099   2.601  4.953517
         3  2022-01-01 00:01:48.163  11  70  ...  23.790755   2.601  9.146772
         4  2022-01-01 00:02:08.864  33  72  ...  23.494680  20.701  1.134954
         5  2022-01-01 00:02:21.765  21  68  ...  12.649111  12.901  0.980475
```

거리(dist열)와 속도(calc_act열)가 모두 계산됐다. 속도의 분포 확인을 위해 데이터프레임의 plot() 메서드를 사용해 그래프로 시각화해 보자.

```
In [8]: # 그래프 사이즈 설정, (가로, 세로 길이)
        plt.rcParams['figure.figsize'] = [10, 8]

        cleaned.plot(y="calc_act", color="0.3", title="calculation of
        activity", ylabel="activity [cm/sec]", xlabel="time series")
```

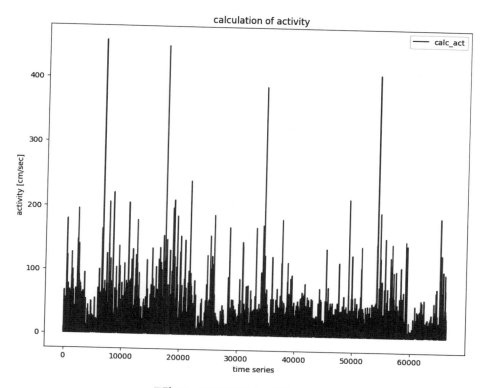

그림 9-2 한 달간 활동량 시각화 그래프

그림 9-2를 통해 대부분의 움직임이 50[cm/sec] 이하임을 확인할 수 있으나, 구체적인 특성을 분석하기에는 어렵다. 대개 이런 경우 데이터 포인트가 과도하게 많은 것이 원인이 된다. 그렇다면 각 순간별 데이터 대신 10분 간격의 평균값으로 분석해 보는 것은 어떨까? 노약자들은 침대에서 천천히 일어나 이동하는 경향이 있으니 말이다.

전체 움직임 중 50[cm/sec] 이하 비율은 다음과 같이 객체의 길이 및 항목 수를 반환하는 파이썬 내장 함수인 len()을 이용해 간단하게 구할 수 있다.

```
In [9]: # 전체에서 움직임이 50[cm/sec] 이하의 비율을 구해보자
        len(cleaned[cleaned['calc_act'] < 50.0])/len(cleaned)
Out [9]: 0.9916113458056729
```

계산 결과 99% 이상이 50[cm/sec]인 점이 확인된다.

9.2.3 10분 단위로 그룹화하기

6장에서 우리는 시계열 데이터의 그룹화 및 집계를 구하는 데 유용한 `resample()` 메서드에 대해 알아봤다. `resample()` 메서드를 사용하기 위해서는 해당 데이터프레임에 DatetimeIndex 또는 TimedeltaIndex, PeriodIndex가 필요하므로 먼저 인덱스를 생성하자.

먼저 cleaned 데이터프레임의 dtypes 속성을 사용해 데이터 타입을 확인하자.

```
In [10]: cleaned.dtypes
Out [10]: timestamp       object
         X               int64
         Y               int64
         Z               int64
         p_timestamp     object
         p_x             float64
         p_y             float64
         p_z             float64
         dist            float64
         d_time          float64
         calc_act        float64
         dtype: object
```

timestamp열이 문자열, 즉 object 데이터 타입인 점이 확인된다. timestamp열의 데이터 타입을 astype() 메서드를 사용해 datetime64 데이터 타입으로 변경하고, 그룹화 및 시각화에 필요하지 않은 '속도(calc_act)'열을 제외한 나머지 열을 제거해 보자.

```
In [11]: # 먼저 cleaned 데이터프레임을 복사하고,
         cleaned2 = cleaned.copy()
         # 필요한 열만 추출하고,
         cleaned2 = cleaned2[['timestamp', 'calc_act']]
         # timestamp를 datetime 데이터 타입으로 변경
         cleaned2['timestamp'] = cleaned2['timestamp'].
         astype('datetime64[ns]')
         cleaned2
Out [11]:                    timestamp  calc_act
         1    2022-01-01 00:01:42.961  4.251486
         2    2022-01-01 00:01:45.562  4.953517
```

```
3      2022-01-01 00:01:48.163    9.146772
4      2022-01-01 00:02:08.864    1.134954
5      2022-01-01 00:02:21.765    0.980475
...                   ...            ...
66276  2022-01-31 23:28:00.481    3.167744
66277  2022-01-31 23:28:41.683    0.084076
66278  2022-01-31 23:28:49.383    1.055070
66279  2022-01-31 23:32:36.426    0.030831
66280  2022-01-31 23:32:44.126    0.389610

[66280 rows x 2 columns]
In [12]: cleaned2.dtypes
Out[12]: timestamp       datetime64[ns]
         calc_act               float64
         dtype: object
```

마지막으로 set_index() 메서드를 사용해 timestamp열을 '열'이 아닌 '인덱스'로 변경해 resample() 메서드가 동작하도록 하자.

```
In [13]: cleaned2 = cleaned2.set_index('timestamp')
         cleaned2.dtypes
Out[13]: calc_act               float64
         dtype: object
In [14]: cleaned2
Out[14]:                         calc_act
         timestamp
         2022-01-01 00:01:42.961  4.251486
         2022-01-01 00:01:45.562  4.953517
         2022-01-01 00:01:48.163  9.146772
         2022-01-01 00:02:08.864  1.134954
         2022-01-01 00:02:21.765  0.980475
         ...                           ...
         2022-01-31 23:28:00.481  3.167744
         2022-01-31 23:28:41.683  0.084076
         2022-01-31 23:28:49.383  1.055070
         2022-01-31 23:32:36.426  0.030831
         2022-01-31 23:32:44.126  0.389610

         [66280 rows x 1 columns]
```

이제 resample() 메서드 사용에 필요한 모든 준비를 마쳤다. 10분 단위로 리샘플링해 보자.

```
In [15]: tenmin = cleaned2.resample('10min')
         result = tenmin['calc_act'].agg(['mean', 'min', 'max'])
         result
Out [15]:
                              mean        min         max
         timestamp
         2022-01-01 00:00:00   2.359774    0.205775    9.146772
         2022-01-01 00:10:00   3.804910    0.011198   12.985407
         2022-01-01 00:20:00   1.204413    0.176624    3.200697
         2022-01-01 00:30:00   0.065608    0.065608    0.065608
         2022-01-01 00:40:00        NaN         NaN         NaN
         ...                        ...         ...         ...
         2022-01-31 22:50:00   5.271830    0.174116   16.061886
         2022-01-31 23:00:00        NaN         NaN         NaN
         2022-01-31 23:10:00  11.671627    0.090195   31.025631
         2022-01-31 23:20:00   3.598816    0.032785   23.493043
         2022-01-31 23:30:00   0.210221    0.030831    0.389610

         [4462 rows x 3 columns]
```

레코드 수가 66,280에서 4,462로 크게 감소했으며, agg() 메서드를 사용해 속도(calc_act)열의 평균값mean, 최솟값min, 최댓값max 집계를 성공적으로 구했다. 이제 산출된 평균값을 이용해 그래프를 그려보자.

```
In [16]: result.plot(y="mean", color="0.3", title="resample by
         10-minute", ylabel="Average activity [cm/sec]",
         xlabel="timestamp")
```

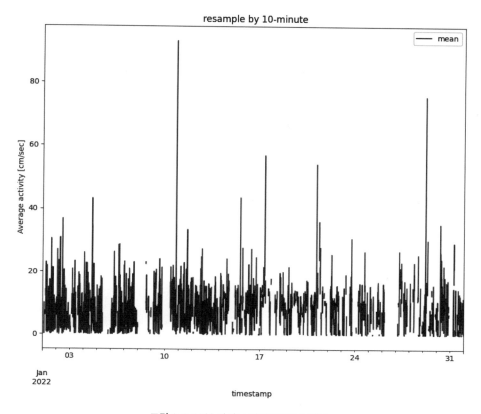

그림 9-3 10분 단위로 리샘플링한 그래프

그림 9-3에서는 그림 9-2에서 파악하기 어려웠던 새로운 정보가 발견된다. 그림 9-2에서는 대체로 50[cm/sec] 이하의 움직임으로 나타났지만, 그림 9-3의 그래프에서는 20[cm/sec] 이하의 움직임이 주를 이루는 점을 확인할 수 있다. 10분간의 평균값을 구함으로써 데이터의 최댓값이 평균값으로 수렴된 것으로 보인다. 그렇다면 10분 단위가 아닌 1시간 단위 또는 하루 단위로 데이터를 시각화해 보는 것은 어떨까?

9.2.4 1시간 단위로 그룹화하기

비슷한 방식으로 resample() 메서드의 rule 인자 값에 '1H'를 부여해 1시간 단위로 리샘플링해 보자. pandas의 주기 약어는 "6.14 시계열 데이터 다루기"절을 참조하길 바란다.

```
In [17]: oneHour = cleaned2.resample('1H')
         result = oneHour['calc_act'].agg(['mean', 'min', 'max'])
         result
Out [17]:                           mean        min        max
         timestamp
         2022-01-01 00:00:00    3.025915    0.011198   14.338601
         2022-01-01 01:00:00    3.948859    0.013024    7.813303
         2022-01-01 02:00:00    1.965045    0.006504    9.646105
         2022-01-01 03:00:00    9.173303    0.065512   67.447458
         2022-01-01 04:00:00    6.503876    0.000000   28.781980
         ...                         ...         ...         ...
         2022-01-31 19:00:00    3.453507    0.014785   39.131190
         2022-01-31 20:00:00    0.052261    0.005667    0.112500
         2022-01-31 21:00:00    8.707639    0.076334   43.773557
         2022-01-31 22:00:00    5.980594    0.000000   37.328848
         2022-01-31 23:00:00    7.525590    0.030831   31.025631

         [744 rows x 3 columns]
```

레코드 수가 66,280에서 744로 대폭 줄었다. 이제 산출된 평균값에 대한 그래프를
작성해 보자. 이번에는 pyplot.hlines() 메서드를 사용해 1시간 평균 속도(8.57[cm/
sec])에 해당하는 수평선을 그래프에 추가했다. 평균값 및 편차 값 등을 그래프에 표
시하면 데이터 분석에 도움이 된다.

```
In [18]: plt.plot( result['mean'], color='0.3')

         # 속도(활동) 평균선
         plt.hlines(result['mean'].mean(),  min(result.index), max(result.
         index),  color='0.1', linestyle='--', linewidth=2)

         plt.title("Average Activities Hourly")
         plt.xlabel("timestamp")
         plt.ylabel("Average activity [cm/sec]")

         plt.show()
```

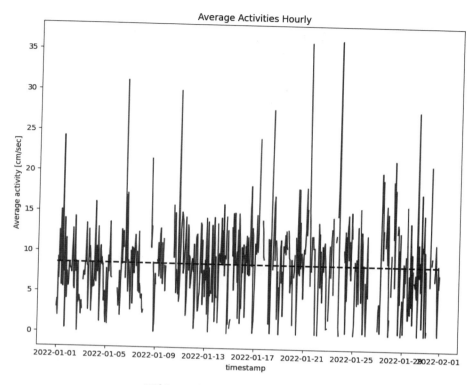

그림 9-4 1시간 단위로 리샘플링한 그래프

그림 9-3의 10분 간격 데이터 그래프에 비해 그림 9-4와 같이 1시간 간격 데이터 그래프가 더 보기 편해 보인다. 마지막으로 1일 단위로 데이터를 시각화해 보자.

9.2.5 1일 단위로 그룹화하기

```
In [19]: oneDay = cleaned2.resample('D')
         result = oneDay['calc_act'].agg(['mean', 'min', 'max'])
         result
Out [19]:              mean       min         max
         timestamp
         2022-01-01   8.801942   0.000000   180.000000
         2022-01-02   6.869050   0.000000   196.279481
         2022-01-03   7.388244   0.000000   458.448986
         2022-01-04   8.304327   0.000000   221.561886
         2022-01-05   7.711977   0.005796   110.315326
```

```
2022-01-06  10.305163   0.000000   206.091424
                     ...
2022-01-29   6.078631   0.000000   151.004826
2022-01-30   8.418037   0.000000   188.379184
2022-01-31   7.920260   0.000000   104.271121
```

레코드 수가 31개로 줄었으며, 전반적으로 평균값이 커진 것으로 보인다. 동일한 방식으로 산출된 평균값에 대한 그래프를 시각화해 보자.

```
In [20]: plt.plot( result['mean'], color='0.3')

         # 속도(활동) 평균선
         plt.hlines(result['mean'].mean(),  min(result.index), max(result.
         index),  color='0.1', linestyle='--', linewidth=2)

         plt.title("Average Activities Daily")
         plt.xlabel("timestamp")
         plt.ylabel("Average activity [cm/sec]")

         plt.show()
```

그림 9-5를 통해 2022년 1월 1일부터 31일까지 일별로 노약자의 활동지수를 한눈에 파악할 수 있다. 때때로 예상치 못한 결과가 도출될 수 있으므로 주저하지 말고 X축 눈금을 조절하거나 데이터 범위를 변경하거나 데이터를 그룹화하는 등 다양한 방법으로 데이터 특성을 파악하는 데 노력을 기울여야 할 것이다.

전체 속도의 평균값을 확인해 보면 1시간 단위로 리샘플링한 경우에는 평균이 8.57[cm/sec]인 반면에 1일 단위로 리샘플링한 경우에는 9.05[cm/sec]로 증가했다.

```
In [21]: # 평균값의 평균값
         result['mean'].mean()
Out [21]: 9.05568759014742
```

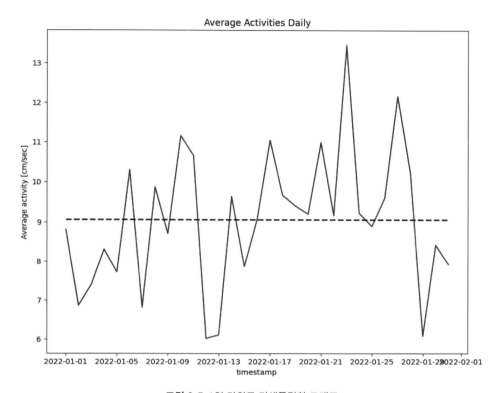

그림 9-5 1일 단위로 리샘플링한 그래프

그래프가 더 깔끔해 보이기는 하지만, 분명한 패턴이나 데이터 특성이 눈에 띄지 않는다. 이는 데이터가 많아서 우리 눈에 잘 드러나지 않았던 것일 수 있다. 그렇다면 데이터 범위를 한 달이 아닌 하루로 한정해 시각화해 보는 것은 어떨까?

9.3 1일 데이터 시각화

새로운 노트북 파일 ch09_02를 만들어 작업을 계속 진행해 보자. 먼저 2022년 1월 1일 자정부터 1월 2일 자정까지의 데이터를 추출해 보자.

```
In [1]: import numpy as np
        import pandas as pd
        import matplotlib.pyplot as plt
```

```
        act = pd.read_csv('OTg6QzA_activities.csv')
        act.shape # 데이터 구조, 행과 열 크기 알아보기
Out [1]: (66281, 4)
 In [2]: # 22년 1월 1일 데이터만 추출해서 시각화를 해보자.
        # 깊은 복사(deep copy)한다.
        # 얕은 복사(shallow copy)는 복사본이 변경되면 원본 데이터도 함께 변경된다.
        # 반대로 깊은 복사는 새로운 복사본을 만듦으로 복사본을 변경해도 원본에는 아무런 변경이
        발생하지 않는다.
        data220101 = act[ (act['timestamp'] >= '2022-01-01 00:00:00.000')
        & (act['timestamp'] < '2022-01-02 00:00:00.000') ].copy()

        data220101['p_timestamp'] = data220101.timestamp.shift(1)
        data220101['p_x'] = data220101['X'].shift(1)
        data220101['p_y'] = data220101['Y'].shift(1)
        data220101['p_z'] = data220101['Z'].shift(1)
        data220101.head(5)
Out [2]:                  timestamp   X   Y   Z  ...    p_x    p_y    p_z
        0  2022-01-01 00:01:40.363  33  76  56  ...    NaN    NaN    NaN
        1  2022-01-01 00:01:42.961  34  87  56  ...   33.0   76.0   56.0
        2  2022-01-01 00:01:45.562  25  89  47  ...   34.0   87.0   56.0
        3  2022-01-01 00:01:48.163  11  70  50  ...   25.0   89.0   47.0
        4  2022-01-01 00:02:08.864  33  72  58  ...   11.0   70.0   50.0
```

데이터프레임의 copy() 메서드를 사용해 깊은 복사Deep Copy를 할 수 있다. 얕은 복사Shallow Copy에서는 복사본이 변경되면 원본 데이터도 함께 변경되지만, 깊은 복사를 통해 생성된 복사본은 원본에 영향을 주지 않는다. 얕은 복사와 깊은 복사의 사용 방법은 다음과 같다.

TIP

얕은 복사의 예: copied_obj = act
깊은 복사의 예: copied_obj = act.copy()

코드셀 In [3]~In [10]은 이전 코드와 유사하므로 설명을 생략하겠다.

```
 In [3]:  # NaN값이 있는 행을 삭제하자.
        cleaned = data220101.dropna()
        cleaned.head(5)
Out [3]:                  timestamp   X   Y   Z  ...    p_x    p_y    p_z
        1  2022-01-01 00:01:42.961  34  87  56  ...   33.0   76.0   56.0
        2  2022-01-01 00:01:45.562  25  89  47  ...   34.0   87.0   56.0
```

```
        3   2022-01-01 00:01:48.163   11   70   50   ...   25.0   89.0   47.0
        4   2022-01-01 00:02:08.864   33   72   58   ...   11.0   70.0   50.0
        5   2022-01-01 00:02:21.765   21   68   58   ...   33.0   72.0   58.0
```

In [4]: cleaned.dtypes

Out [4]:
```
timestamp        object
X                int64
Y                int64
Z                int64
p_timestamp      object
p_x              float64
p_y              float64
p_z              float64
dtype: object
```

In [5]:
```python
# 거리 계산
def calc_dist(df):
    x_d = df['X'] - df['p_x']
    y_d = df['Y'] - df['p_y']
    z_d = df['Z'] - df['p_z']
    return np.sqrt(x_d**2 + y_d**2 + z_d**2)

cleaned['dist'] = cleaned[["X","p_x", "Y", "p_y", "Z", "p_z"]].
apply(calc_dist, axis=1)
cleaned.head(5)
```

Out [5]:
```
                 timestamp   X    Y  ...     utime      hm        dist
        1   2022-01-01 00:01:42.961  34   87  ...   2734938   00:00   11.045361
        2   2022-01-01 00:01:45.562  25   89  ...   2734938   00:00   12.884099
        3   2022-01-01 00:01:48.163  11   70  ...   2734938   00:00   23.790755
        4   2022-01-01 00:02:08.864  33   72  ...   2734938   00:00   23.494680
        5   2022-01-01 00:02:21.765  21   68  ...   2734938   00:00   12.649111
```

In [6]:
```python
# 시간 차분을 구한 후 d_time열에 저장한다.
from datetime import datetime

def calc_timediff(df):
    d1 = datetime.strptime(str(df['timestamp']), "%Y-%m-%d
%H:%M:%S.%f")
    d2 = datetime.strptime(str(df['p_timestamp']), "%Y-%m-%d
%H:%M:%S.%f")
    return (d1 - d2).total_seconds()

cleaned['d_time'] = cleaned[["timestamp", "p_timestamp"]].
apply(calc_timediff, axis=1)
cleaned.head(5)
```

Out [6]:
```
                 timestamp   X    Y    Z  ...         dist   d_time
```

```
    1  2022-01-01 00:01:42.961   34  87  56  ...   11.045361    2.598
    2  2022-01-01 00:01:45.562   25  89  47  ...   12.884099    2.601
    3  2022-01-01 00:01:48.163   11  70  50  ...   23.790755    2.601
    4  2022-01-01 00:02:08.864   33  72  58  ...   23.494680   20.701
    5  2022-01-01 00:02:21.765   21  68  58  ...   12.649111   12.901
```

In [7]:
```python
# 속도를 구한 후 calc_act 열에 저장한다.
def calc_act(df):
  if df['d_time'] != 0:
    return np.abs(df['dist'] / df['d_time'])
  else:
    # 정상적인 수가 아님
    return 0


cleaned['calc_act'] = cleaned[["dist", "d_time"]].apply(calc_act,
axis=1)
cleaned.head(5)
```

Out [7]:
```
                 timestamp   X   Y      d_time   calc_act
    1  2022-01-01 00:01:42.961   34  87  ...    2.598   4.251486
    2  2022-01-01 00:01:45.562   25  89  ...    2.601   4.953517
    3  2022-01-01 00:01:48.163   11  70  ...    2.601   9.146772
    4  2022-01-01 00:02:08.864   33  72  ...   20.701   1.134954
    5  2022-01-01 00:02:21.765   21  68  ...   12.901   0.980475
```

In [8]:
```python
# timestamp를 datetime 데이터 타입으로 변경
cleaned['timestamp'] = cleaned['timestamp'].
astype('datetime64[ns]')
```

In [9]:
```python
# 필요한 열만 추출한다.
cleaned = cleaned[['timestamp', 'calc_act']]
cleaned
```

Out [9]:
```
                 timestamp   calc_act
    1     2022-01-01 00:01:42.961    4.251486
    2     2022-01-01 00:01:45.562    4.953517
    3     2022-01-01 00:01:48.163    9.146772
    4     2022-01-01 00:02:08.864    1.134954
    5     2022-01-01 00:02:21.765    0.980475
   ...                      ...         ...
 1257  2022-01-01 23:48:54.680    1.262926
 1258  2022-01-01 23:48:57.273   24.693884
 1259  2022-01-01 23:49:20.376    0.621248
 1260  2022-01-01 23:49:25.476   13.362137
 1261  2022-01-01 23:49:48.684    2.683281

[1261 rows x 2 columns]
```

In [10]:
```python
cleaned = cleaned.set_index('timestamp')
cleaned
```

```
Out [10]:                      calc_act
        timestamp
        2022-01-01 00:01:42.961   4.251486
        2022-01-01 00:01:45.562   4.953517
        2022-01-01 00:01:48.163   9.146772
        2022-01-01 00:02:08.864   1.134954
        2022-01-01 00:02:21.765   0.980475
        ...                            ...
        2022-01-01 23:48:54.680   1.262926
        2022-01-01 23:48:57.273  24.693884
        2022-01-01 23:49:20.376   0.621248
        2022-01-01 23:49:25.476  13.362137
        2022-01-01 23:49:48.684   2.683281

        [1261 rows x 1 columns]
```

10분 단위로 속도의 평균값, 최솟값, 최댓값을 계산하고 그 결과를 시각화해 살펴보자.

```
In [11]: tenmin = cleaned.resample('10min')
         result = tenmin['calc_act'].agg(['mean', 'min', 'max'])
         result
Out [11]:                      mean       min        max
         timestamp
         2022-01-01 00:00:00  2.359774  0.205775   9.146772
         2022-01-01 00:10:00  3.804910  0.011198  12.985407
         2022-01-01 00:20:00  1.204413  0.176624   3.200697
         2022-01-01 00:30:00  0.065608  0.065608   0.065608
         2022-01-01 00:40:00       NaN       NaN        NaN
         ...                       ...       ...        ...
         2022-01-01 23:00:00  4.334201  0.210261  28.526284
         2022-01-01 23:10:00  4.610322  0.038909  16.299708
         2022-01-01 23:20:00  1.577668  0.157481   5.650899
         2022-01-01 23:30:00  7.753006  0.047096  36.495127
         2022-01-01 23:40:00  7.176995  0.132364  37.738044

         [143 rows x 3 columns]
In [12]: fig = plt.figure(figsize=(10,8))
         ax = fig.add_subplot(1,1,1)

         plt.plot(result['mean'], c='0.25', marker='o')

         # 활동 평균선
         plt.hlines(result['mean'].mean(), min(result.index), max(result.
```

```
        index), color='0.1', linestyle='--', linewidth=2)

    plt.title("Average Activities per 10min")
    plt.xlabel("Time")
    plt.ylabel("Activities")

    plt.show()
```

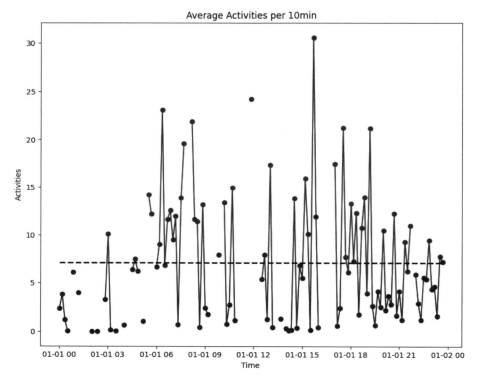

그림 9-6 2022년 1월 1일 데이터를 10분 단위로 리샘플링한 그래프

그림 9-6에서 X축은 00:00부터 24:00까지이며, Y축은 각 10분 단위의 평균 속도를 나타낸다. 밤 9시부터 아침 6시까지 활동 수준이 낮으며, 아침식사 후 및 점심식사 전후로 활동량이 증가하는 것으로 보인다. 그러나 마커^{marker}(●)의 개수가 약간 부족해 보이고, 중간에 마커와 선이 연결되지 않는 현상이 있다. 특히 0시부터 6시까지 이 현상이 두드러진다. 왜 이런 현상이 일어나는지 데이터를 살펴보자.

```
In [13]: result.head(10)
Out [13]:                        mean      min       max
         timestamp
         2022-01-01 00:00:00  2.359774  0.205775   9.146772
         2022-01-01 00:10:00  3.804910  0.011198  12.985407
         2022-01-01 00:20:00  1.204413  0.176624   3.200697
         2022-01-01 00:30:00  0.065608  0.065608   0.065608
         2022-01-01 00:40:00       NaN       NaN        NaN  # 결측치
         2022-01-01 00:50:00  6.089196  0.070434  14.338601
         2022-01-01 01:00:00       NaN       NaN        NaN  # 결측치
         2022-01-01 01:10:00  3.948859  0.013024   7.813303
         2022-01-01 01:20:00       NaN       NaN        NaN  # 결측치
         2022-01-01 01:30:00       NaN       NaN        NaN  # 결측치
```

새벽 시간대에 노약자 움직임이 없어서 데이터가 누락된 점이 확인된다. 센서는 노약자의 움직임이 감지된 정보만 백엔드로 송신하기 때문에 움직임 정보가 없을 경우 DBMS에 등록된 데이터가 없었던 것이다. 그럼 어떻게 하면 좋을까?

우리는 앞서 "6.4 누락된 데이터 다루기"절에서 결측치를 처리하는 방법을 알아봤다. fillna() 메서드를 사용해 결측치를 0으로 채우고 다시 시각화해 보자.

9.3.1 데이터 정제 및 시각화

```
In [14]: tenmin2 = cleaned.resample('10min')
         result2 = tenmin2['calc_act'].agg(['mean', 'min', 'max'])
         result2
Out [14]:                        mean      min       max
         timestamp
         2022-01-01 00:00:00  2.359774  0.205775   9.146772
         2022-01-01 00:10:00  3.804910  0.011198  12.985407
         2022-01-01 00:20:00  1.204413  0.176624   3.200697
         2022-01-01 00:30:00  0.065608  0.065608   0.065608
         2022-01-01 00:40:00       NaN       NaN        NaN
         ...                       ...       ...        ...
         2022-01-01 23:00:00  4.334201  0.210261  28.526284
         2022-01-01 23:10:00  4.610322  0.038909  16.299708
         2022-01-01 23:20:00  1.577668  0.157481   5.650899
         2022-01-01 23:30:00  7.753006  0.047096  36.495127
         2022-01-01 23:40:00  7.176995  0.132364  37.738044

         [143 rows x 3 columns]
```

```
In [15]: result2.fillna(0, inplace=True)
         result2.head(10)
Out [15]:                          mean        min        max
         timestamp
         2022-01-01 00:00:00   2.359774   0.205775    9.146772
         2022-01-01 00:10:00   3.804910   0.011198   12.985407
         2022-01-01 00:20:00   1.204413   0.176624    3.200697
         2022-01-01 00:30:00   0.065608   0.065608    0.065608
         2022-01-01 00:40:00   0.000000   0.000000    0.000000 # 결측치가 0으로 대체
         2022-01-01 00:50:00   6.089196   0.070434   14.338601
         2022-01-01 01:00:00   0.000000   0.000000    0.000000 # 결측치가 0으로 대체
         2022-01-01 01:10:00   3.948859   0.013024    7.813303
         2022-01-01 01:20:00   0.000000   0.000000    0.000000 # 결측치가 0으로 대체
         2022-01-01 01:30:00   0.000000   0.000000    0.000000 # 결측치가 0으로 대체

In [16]: # 정제된 데이터 평균값의 평균값
         result2['mean'].mean()
Out [16]: 5.1162063544499095
In [17]: # 이전 평균값의 평균값
         result['mean'].mean()
Out [17]: 7.103082608605214
```

코드셀 Out [15]에서 00시 40분, 01시 00분, 01시 20분, 01시 30분 결측치가 0
으로 대체된 점이 확인된다. 그리고 2022년 1월 1일의 평균 속도는 5.11[cm/sec]
로 확인된다. 결측치 처리가 잘 됐는지 다시 그래프를 만들어 확인해 보자.

```
In [18]: fig = plt.figure(figsize=(10,8))
         ax = fig.add_subplot(1,1,1)

         plt.plot(result2['mean'], c='0.25', marker='o')

         # 활동 평균선
         plt.hlines(result2['mean'].mean(), min(result2.index),
         max(result2.index), color='0.1', linestyle='--', linewidth=2)

         # 초당 평균 속도 18cm/sec 이상이라면 상체가 움직인다고 간주하고
         ax.hlines(18, min(result2.index), max(result2.index), color='0.5',
         linestyle=':', linewidth=2)

         # 초당 평균 속도 5cm/sec 이하라면 거의 움직임이 없다고 간주
         ax.hlines(3, min(result2.index), max(result2.index), color='0.75',
         linestyle='--', linewidth=2)
```

```
plt.title("Average Activities per 10min with fillna")
plt.xlabel("Time")
plt.ylabel("Activities")

plt.show()
```

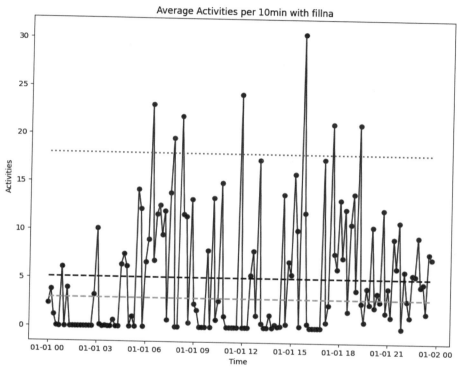

그림 9-7 2022년 1월 1일 데이터를 10분 단위로 리샘플링하고 정제한 그래프

코드셀 Out [16], Out [17]에서 확인할 수 있듯이 속도 평균값이 이전 평균값 7.10(result['mean'].mean() 명령어로 확인 가능함)에서 5.11(result2 ['mean'].mean() 명령어로 확인 가능함)로 변경됐다. 이 차이는 결측치 데이터를 데이터 범위로 포함했기 때문이며, 활동이 감지되지 않은 정보를 데이터 범위로 포함할지 말지는 분석가의 판단에 달려 있다. 그러나 이번 경우에는 포함하는 것이 적절하며, 그래프는 보는 사람의 이해를 돕고자 포함한 점을 명시하는 것이 바람직하다.

그림 9-7은 그림 9-6의 그래프에 비해 노약자의 활동량이 더욱 명확하게 나타난다. 자정부터 새벽 6시까지는 거의 활동량이 없으나, 새벽 3시에 노약자가 화장실을 사용한 것으로 추정된다. 또한 정오 12시부터 13시까지와 오후 3시경에 활동량이 많아진 것은 점심식사 시간과 요양시설의 레크리에이션 활동 때문이라고 생각된다. 이후 다시 활동이 줄다가 저녁 6시경 활동량이 급증하고, 밤 9시경 취침 상태에서도 작은 움직임이 감지됐다. 이는 깊은 숙면을 취하지 못하고 침대 밖으로 다리를 내밀거나 같은 방 옆의 노약자와 대화를 나누는 경향이 있음을 나타낸다.

이제 막대그래프를 사용하면 라인그래프보다 더 예쁘게 나타낼 수 있는지 확인해 보자. plot() 메서드 대신 bar() 메서드를 사용하면 막대그래프를 생성할 수 있다.

```
In [19]: fig = plt.figure(figsize=(10,8))
         ax = fig.add_subplot(1,1,1)

         # 막대그래프 그리기
         ax.bar(result2.index, result2['mean'], width=0.8/len(result2),
         align='edge', color='0.3')

         # 전체 평균
         ax.hlines(result2['mean'].mean(),  min(result2.index),
         max(result2.index), color='0.1', linestyle='--', linewidth=2)

         # 초당 평균 속도 18cm/sec 이상이라면 상체가 움직인다고 간주한다.
         ax.hlines(18,  min(result2.index), max(result2.index),
         color='0.5', linestyle=':', linewidth=2)

         # 초당 평균 속도 5cm/sec 이하라면 거의 움직임이 없다고 간주한다.
         ax.hlines(3,  min(result2.index), max(result2.index),
         color='0.75', linestyle='--', linewidth=2)

         # X, Y축 레이블 정하기
         plt.title("Average Activities per 10min")
         plt.xlabel('Time', labelpad=10)
         plt.ylabel('Activities', labelpad=10)

         plt.show()
```

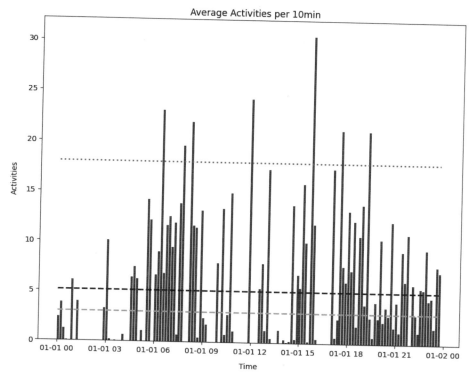

그림 9-8 2022년 1월 1일 데이터를 10분 단위로 리샘플링한 막대그래프

저자는 개인적으로 마커가 있는 라인그래프가 보기 편한 것 같다. 여러 그래프를 한 눈에 비교하고 싶을 때가 있다. 이런 경우 단일 플롯에 4개의 그래프를 만들어 볼 수 있다. 새로운 노트북 파일 ch09_03을 만들어 작업을 계속 이어가자.

9.3.2 그래프를 4개로 나열하기

4개의 그래프를 만들기 위해 2022년 1월 1일, 1월 2일, 1월 3일, 1월 4일자 데이터를 깊은 복사로 추출하고, 각각 data220101, data220102, data220103, data220104 데이터프레임에 할당했다. 나머지 코드는 이전 코드와 유사하므로 설명을 생략하겠다.

```
In [1]: import numpy as np
        import pandas as pd
        import matplotlib.pyplot as plt
        from datetime import datetime

        act = pd.read_csv('OTg6QzA_activities.csv')
        act.shape # 데이터 구조, 행과 열 크기 알아보기
Out [1]: (66281, 4)
 In [2]: from datetime import datetime

        # 거리 계산
        def calc_dist(df):
          x_d = df['X'] - df['p_x']
          y_d = df['Y'] - df['p_y']
          z_d = df['Z'] - df['p_z']
          return np.sqrt(x_d**2 + y_d**2 + z_d**2)

        # 시간 차분 단위: sec
        def calc_timediff(df):
          d1 = datetime.strptime(str(df['timestamp']), "%Y-%m-%d
          %H:%M:%S.%f")
          d2 = datetime.strptime(str(df['p_timestamp']), "%Y-%m-%d
          %H:%M:%S.%f")
          return (d1 - d2).total_seconds()

        # 속도를 구함
        def calc_act(df):
          if df['d_time'] != 0:
            return np.abs(df['dist'] / df['d_time'])
          else:
            # 정상적인 수가 아님
            return 0

 In [3]: # 22년 1월 1일 데이터만 추출해서 시각화해 보자.
        data220101 = act[ (act['timestamp'] >= '2022-01-01 00:00:00.000')
        & (act['timestamp'] < '2022-01-02 00:00:00.000') ].copy()
        data220101['p_timestamp'] = data220101['timestamp'].shift(1)
        data220101['p_x'] = data220101['X'].shift(1)
        data220101['p_y'] = data220101['Y'].shift(1)
        data220101['p_z'] = data220101['Z'].shift(1)

        # 22년 1월 2일 데이터만 추출해서 시각화해 보자.
        data220102 = act[ (act['timestamp'] >= '2022-01-02 00:00:00.000')
        & (act['timestamp'] < '2022-01-03 00:00:00.000') ].copy()
        data220102['p_timestamp'] = data220102['timestamp'].shift(1)
```

```
data220102['p_x'] = data220102['X'].shift(1)
data220102['p_y'] = data220102['Y'].shift(1)
data220102['p_z'] = data220102['Z'].shift(1)


# 22년 1월 3일 데이터만 추출해서 시각화해 보자.
data220103 = act[ (act['timestamp'] >= '2022-01-03 00:00:00.000')
& (act['timestamp'] < '2022-01-04 00:00:00.000') ].copy()
data220103['p_timestamp'] = data220103['timestamp'].shift(1)
data220103['p_x'] = data220103['X'].shift(1)
data220103['p_y'] = data220103['Y'].shift(1)
data220103['p_z'] = data220103['Z'].shift(1)


# 22년 1월 4일 데이터만 추출해서 시각화해 보자.
data220104 = act[ (act['timestamp'] >= '2022-01-04 00:00:00.000')
& (act['timestamp'] < '2022-01-05 00:00:00.000') ].copy()
data220104['p_timestamp'] = data220104['timestamp'].shift(1)
data220104['p_x'] = data220104['X'].shift(1)
data220104['p_y'] = data220104['Y'].shift(1)
data220104['p_z'] = data220104['Z'].shift(1)
```

In [4]:
```
# NaN값이 있는 행을 삭제하자. NaN이 있으면 거리 및 속도를 계산할 수 없다.
# 첫 번째 행이 삭제될 것이다.
cleaned1 = data220101.dropna()
cleaned2 = data220102.dropna()
cleaned3 = data220103.dropna()
cleaned4 = data220104.dropna()
```

In [5]:
```
cleaned1['dist'] = cleaned1[["X","p_x", "Y", "p_y", "Z", "p_z"]].
apply(calc_dist, axis=1)
cleaned1['d_time'] = cleaned1[["timestamp", "p_timestamp"]].
apply(calc_timediff, axis=1)
cleaned1['calc_act'] = cleaned1[["dist", "d_time"]].apply(calc_act,
axis=1)


# 필요한 열만 추출한다.
cleaned1['timestamp'] = cleaned1['timestamp'].
astype('datetime64[ns]')
cleaned1 = cleaned1[['timestamp', 'calc_act']]
```

In [6]:
```
cleaned2['dist'] = cleaned2[["X","p_x", "Y", "p_y", "Z", "p_z"]].
apply(calc_dist, axis=1)
cleaned2['d_time'] = cleaned2[["timestamp", "p_timestamp"]].
apply(calc_timediff, axis=1)
cleaned2['calc_act'] = cleaned2[["dist", "d_time"]].apply(calc_act,
axis=1)


cleaned2['timestamp'] = cleaned2['timestamp'].
```

```
              astype('datetime64[ns]')

              # 필요한 열만 추출한다.
              cleaned2 = cleaned2[['timestamp', 'calc_act']]
In [7]:  cleaned3['dist'] = cleaned3[["X","p_x", "Y", "p_y", "Z", "p_z"]].
         apply(calc_dist, axis=1)
         cleaned3['d_time'] = cleaned3[["timestamp", "p_timestamp"]].
         apply(calc_timediff, axis=1)
         cleaned3['calc_act'] = cleaned3[["dist", "d_time"]].apply(calc_act,
         axis=1)

         cleaned3['timestamp'] = cleaned3['timestamp'].
         astype('datetime64[ns]')

         # 필요한 열만 추출한다.
         cleaned3 = cleaned3[['timestamp', 'calc_act']]
In [8]:  cleaned4['dist'] = cleaned4[["X","p_x", "Y", "p_y", "Z", "p_z"]].
         apply(calc_dist, axis=1)
         cleaned4['d_time'] = cleaned4[["timestamp", "p_timestamp"]].
         apply(calc_timediff, axis=1)
         cleaned4['calc_act'] = cleaned4[["dist", "d_time"]].apply(calc_act,
         axis=1)

         cleaned4['timestamp'] = cleaned4['timestamp'].
         astype('datetime64[ns]')

         # 필요한 열만 추출한다.
         cleaned4 = cleaned4[['timestamp', 'calc_act']]
In [9]:  # 인덱스 만들고, 10분 단위로 리샘플링하기
         cleaned1 = cleaned1.set_index('timestamp')
         result1 = cleaned1.resample('10min')
         result1 = result1['calc_act'].agg(['mean', 'min', 'max'])
         result1.fillna(0, inplace=True)

         cleaned2 = cleaned2.set_index('timestamp')
         result2 = cleaned2.resample('10min')
         result2 = result2['calc_act'].agg(['mean', 'min', 'max'])
         result2.fillna(0, inplace=True)

         cleaned3 = cleaned3.set_index('timestamp')
         result3 = cleaned3.resample('10min')
         result3 = result3['calc_act'].agg(['mean', 'min', 'max'])
         result3.fillna(0, inplace=True)
```

```
        cleaned4 = cleaned4.set_index('timestamp')
        result4 = cleaned4.resample('10min')
        result4 = result4['calc_act'].agg(['mean', 'min', 'max'])
        result4.fillna(0, inplace=True)
```

이제 시각화하는 데 필요한 모든 준비를 마쳤다. matplotlib으로 4개의 데이터프레임을 하나의 그래프에 시각화해 보자.

```
In [10]: import matplotlib.dates as mdates

        # 22.01.01 ~ 22.01.04 데이터를 4개 그래프로 동시에 그리기
        plt.rcParams['figure.figsize'] = [12, 12]

        # 2행, 2열 총 4개의 하위 그래프를 생성한다.
        fig, ((ax1, ax2), (ax3, ax4)) = plt.subplots(2, 2)
        fig.suptitle('Average Activities per 10min')

        ax1.set_title('Activities on 2022-01-01')
        ax1.plot( result1.index, result1['mean'], c='0.25', marker='o')
        ax1.xaxis.set_major_formatter(mdates.DateFormatter('%H:%M'))
        ax1.hlines(result1['mean'].mean(), min(result1.index),
        max(result1.index), color='0.1', linestyle='--', linewidth=2)

        ax2.set_title('Activities on 2022-01-02')
        ax2.plot( result2.index, result2['mean'], c='0.25', marker='o')
        ax2.xaxis.set_major_formatter(mdates.DateFormatter('%H:%M'))
        ax2.hlines(result2['mean'].mean(), min(result2.index),
        max(result2.index), color='0.1', linestyle='--', linewidth=2)

        ax3.set_title('Activities on 2022-01-03')
        ax3.plot( result3.index, result3['mean'], c='0.25', marker='o')
        ax3.xaxis.set_major_formatter(mdates.DateFormatter('%H:%M'))
        ax3.hlines(result3['mean'].mean(), min(result3.index),
        max(result3.index), color='0.1', linestyle='--', linewidth=2)

        ax4.set_title('Activities on 2022-01-04')
        ax4.plot( result4.index, result4['mean'], c='0.25', marker='o')
        ax4.xaxis.set_major_formatter(mdates.DateFormatter('%H:%M'))
        ax4.hlines(result4['mean'].mean(), min(result4.index),
        max(result4.index), color='0.1', linestyle='--', linewidth=2)

        plt.show()
```

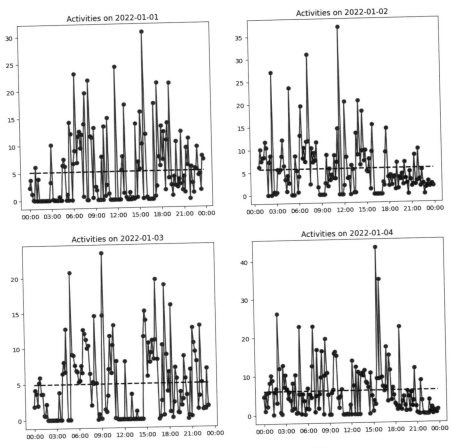

Average Activities per 10min

그림 9-9 4개의 서브 플롯으로 구성된 그래프

그림 9-9를 통해 노약자의 활동 특성이 요일별로 약간 다른 활동량을 보이지만, 큰 패턴은 유사하다는 점을 파악할 수 있다. 새벽 3시 전후로 가벼운 활동이 있고, 새벽 6시 이후 활동량이 급등한다. 또한 점심 시간과 오후 3시경에는 다시 활동량이 많아지고, 밤 9시 이후로는 활동량이 거의 없다는 점을 알 수 있다. 이를 통해 노약자가 취침하는 시간이 대략 밤 9시경으로 해석된다.

그렇다면 좀 더 전체적으로 노약자의 활동을 한눈에 볼 수 있는 방법은 없을까? 그림 9-9와 같이 독립된 4개의 그래프가 아닌 여러 일자별로 동일한 시간대(Y축은 일자, X축은 각 일자의 시간대로 구성된 차트)의 활동량을 나타내는 간트 차트^{Gantt Chart} 또는 타임라인 차트^{Timeline Chart}가 있다. 이를 구현하기 위해서는 matplotlib의 barh() 메서드[1]를 사용할 수 있으며, Altair[2], Plotly[3] 라이브러리로도 유사한 차트를 만들 수 있다. 이런 차트의 사용법은 공식 홈페이지 또는 구글 검색을 통해 쉽게 접할 수 있다.

실제 저자가 기술 개발한 '사이렌케어'에서는 빅데이터 분석에 기초해 병실별 또는 센서별로 노약자의 활동량을 모니터링하며, 이를 그림 9-10과 같은 타임라인으로 상세하게 시각화해 고객에게 제공하고 있다. 이를 통해 밤 9시부터 오전 5시 이전까지는 노약자가 화장실을 사용하거나 보건 의료 종사자의 점검 방문을 제외하고는 노약자의 활동이 거의 없는 것으로 파악된다. 만약 해당 시간대에 활동량이 현저하게 증가하거나 반대로 낮 시간대에 활동량이 너무 적다면 이상 현상으로 판단해 현장 방문이 필요하다.

이와 같이 IoT 센서로부터 얻은 활동량 정보에 기초해 다양한 데이터 분석과 해석이 가능하며, 위험을 감지해 예방 및 대처 방안을 마련할 수 있다는 장점이 있다.

---

1   https://matplotlib.org/3.1.1/gallery/lines_bars_and_markers/horizontal_barchart_distribution.html
2   https://altair-viz.github.io/
3   https://plotly.com/python/gantt/

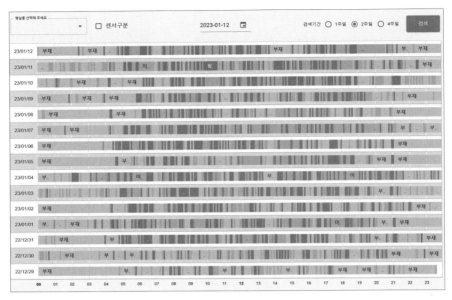

그림 9-10 사이렌케어의 활동지수 빅데이터 분석 타임라인 그래프

마치며

9장에서는 시계열 데이터의 수집 및 정제, 가공, 시각화하는 방법을 살펴봤다. 또한 pandas 라이브러리의 shift(), fillna(), dropna(), agg(), apply(), resample() 등의 고급 함수를 예제를 통해 익혔으며, 이를 통해 데이터 분석에 관해 자신감을 얻었을 것이다. 시계열 데이터를 능숙하게 다룰 수만 있다면 데이터 분석 작업의 절반 이상을 해낸 것으로 생각할 수 있다.

10장에서는 원시 데이터에서 고차원 데이터를 도출하고, 이들의 상관관계를 차트로 나타내 데이터의 특성을 더욱 명확하게 파악하는 방법을 다룰 예정이다.

사례#3-누적 막대그래프와 회귀 분석해 보기

데이터 분석 전문가는 원시 데이터로부터 독창적이고 가치 있는 결과를 도출해 고객의 만족을 이끌어 내고 싶어 한다. 이는 탁월한 분석 능력을 통해 고객으로부터 인정을 받고, 전문가로서 가치를 높이기 위함이다.

10장에서는 우선 다양한 센서로부터 얻은 노약자의 활동 및 상태 데이터를 깔끔하게 정제해 낙상 데이터의 전반적인 특성을 파악하고, 누적 막대그래프를 활용해 데이터를 직관적으로 시각화하고 분석한다. 또한 사이렌케어 알고리듬으로 도출된 '주의: 낙상과 유사한 저자세'와 '낙상' 사이의 상관관계를 산점도 그래프로 표현하고, 회귀 분석을 통해 간략한 예측 모델을 구축해 본다.

10.1 CSV 파일 살펴보기

10장에서 데이터로 사용되는 파일 'stacked_ratio.csv', 'stacked_not_absence. csv', 'fall_summary_cleaned.csv' 등은 실제 운영되는 사이렌케어 내부 DBMS에서 추출한 자료다.

표 10-1은 각 활동 상태의 정의가 나열돼 있다. 사실 사이렌케어에서는 2가지 추가 상태가 존재하지만, 10장에서는 편의상 5가지 상태만을 다루도록 한다.

상태	정의
부재	센서 감지 영역에 아무도 없는 경우
미활동	사람이 있으나 거의 움직임이 없는 경우: 재실의 일종
활동	사람이 적극적으로 활동하는 경우: 재실의 일종
주의	낙상과 유사한 저자세
낙상	낙상 감지

표 10-1 사이렌케어의 각 상태 정의

사이렌케어 내부에서 한 달 동안 29개 센서를 통해 얻은 노약자의 활동 및 상태별 누적 집계를 구했으며, 그 결과는 표 10-2와 같다.

센서ID	부재	미활동	활동	주의	낙상
#01	2793	843	664	20	0
#02	3906	175	236	3	0
#03	2827	275	1042	174	2
#04	1046	613	2647	14	0
#05	1046	650	2606	17	1
...					
#25	2080	655	1141	438	6
#26	2374	95	1851	0	0
#27	4150	80	89	1	0
#28	891	456	2918	55	0
#29	1435	671	2153	60	1

표 10-2 센서 29개의 한 달간 노약자 활동 상태별 누적

10.2 센서 29개의 한 달간 상태별 집계 데이터 시각화

ch10_load_csv라는 새로운 노트북 파일을 만들어서 다음 코드를 실행해 보자.

```
In [1]: import numpy as np
        import pandas as pd
        import matplotlib.pyplot as plt

        # 부재 정보를 포함해서 살펴보자.
        df_ratio = pd.read_csv('stacked_ratio.csv', encoding="CP949")
        df_ratio.head()
Out [1]:    deviceId   부재  미활동   활동   주의  낙상
        0      #01   2793   843   664    20    0
        1      #02   3906   175   236     3    0
        2      #03   2827   275  1042   174    2
        3      #04   1046   613  2647    14    0
        4      #05   1046   650  2606    17    1
In [2]: plt.rc('font', family='Malgun Gothic')
        plt.rcParams['figure.figsize'] = [10, 8]
        ax = df_ratio.plot.bar(stacked=True)
        ax.set_xticklabels(df_ratio['deviceId'])

        handles, labels = ax.get_legend_handles_labels()
        ax.legend(reversed(handles), reversed(labels), loc='best')  #
        reverse both handles and labels
```

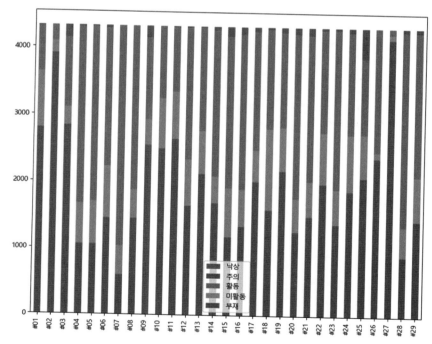

그림 10-1 29개 센서별 노약자 활동 및 상태 누적 막대그래프

코드 실행 결과 그림 10-1과 같이 29개 센서별 누적 상태 정보를 한눈에 쉽게 파악할 수 있다. 컬러 대신 패턴으로 누적 막대를 시각화하려면 다음 코드셀에서와 같이 hatch 옵션을 사용해 다양한 기호(/, -, * 등)를 부여해 누적 막대를 생성할 수 있다. 기호를 여러 개 사용하면 더욱 세밀한 패턴이 만들어진다. 그러나 이 경우에는 bottom값을 수동으로 지정해야 하는 불편함이 있다. 예를 들어 '낙상' 상태의 경우 나머지 상태들의 누적 합계를 bottom값으로 지정해야 한다. plt.legend(loc='best')를 사용하면 범례^{legend}를 최적의 위치에 자동으로 표시할 수 있다.

```
In [3]: plt.style.use('default')
        plt.rc('font', family='Malgun Gothic')
        plt.rcParams['figure.figsize'] = [10, 8]

        deviceId = df_ratio['deviceId']
        fall = df_ratio['낙상']
        caution = df_ratio['주의']
        action = df_ratio['활동']
        non_action = df_ratio['미활동']
        absent = df_ratio['부재']

        plt.bar(deviceId, absent, edgecolor='black', color='w',
        hatch="///", label='부재')
        plt.bar(deviceId, non_action, bottom=absent, edgecolor='black',
        color='0.9', hatch="---", label='미활동')
        plt.bar(deviceId, action, bottom=absent+non_action,
        edgecolor='black', color='0.8', hatch="...", label='활동')
        plt.bar(deviceId, caution, bottom=absent+non_action+action,
        edgecolor='black', color='0.7', hatch="ooo", label='주의')
        plt.bar(deviceId, fall, bottom=absent+non_action+action+caution,
        edgecolor='black', color='0.1', hatch='\\\\\\\\', label='낙상')

        plt.legend(loc='best')
        plt.show()
```

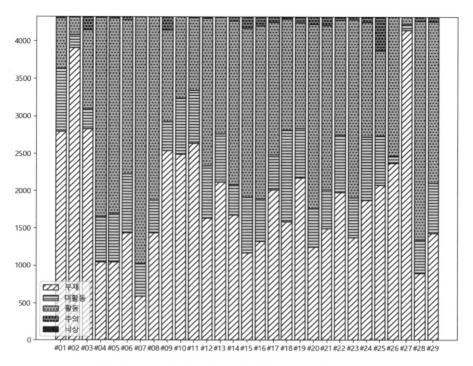

그림 10-2 29개 센서별 노약자 활동 및 상태 누적 막대그래프 패턴

그림 10-2에서 확인할 수 있는 주요 분석 결과로 센서#02, 센서#27에서는 노약자의 움직임이 거의 없고, 대부분 부재 상태인 점을 알 수 있다. 이는 해당 병실은 1인실로 노약자가 재실하지 않는 경우가 상당히 많았기 때문으로 확인됐다. 만약 알츠하이머형 치매 환자가 가정이나 병실에서 자주 '부재' 상태라면 의료진의 주의가 필요하다. 그림 10-2의 그래프처럼 '부재', '미활동', '활동' 상태를 집계하면 원격으로 노약자의 활동 수준을 대략적으로 모니터링할 수 있다. 여기서 '미활동'과 '활동'은 '재실'의 일종으로 간주할 수 있다. 또한 분석 결과를 통해 활동량이 적은 노약자의 건강 상태를 의료 데이터와 비교해 재확인할 수 있으며, 이를 통해 담당자는 노약자의 상태를 더욱 세심하게 관리할 수 있다.

이번에는 활동 상태를 더 명확하게 이해하기 위해 표 10-3과 같이 상대적으로 중요도가 낮은 '부재' 데이터를 0으로 처리한 후 누적 막대그래프를 다시 작성해 살펴보도록 하자.

센서ID	부재	미활동	활동	주의	낙상
#01	0	843	664	20	0
#02	0	175	236	3	0
#03	0	275	1042	174	2
#04	0	613	2647	14	0
#05	0	650	2606	17	1
...					
#25	0	655	1141	438	6
#26	0	95	1851	0	0
#27	0	80	89	1	0
#28	0	456	2918	55	0
#29	0	671	2153	60	1

표 10-3 부재 데이터를 0으로 처리한 상태별 누적

부재 데이터를 0으로 처리한 누적 데이터는 stacked_not_absence.csv 파일에 저장돼 있다.

```
In [4]: plt.style.use('default')
        plt.rc('font', family='Malgun Gothic')
        plt.rcParams['figure.figsize'] = [10, 8]

        # 부재 정보를 뺀 누적 막대그래프를 그려보자.
        df_not_absence = pd.read_csv('stacked_not_absence.csv',
        encoding="CP949")

        deviceId = df_not_absence['deviceId']
        fall = df_not_absence['낙상']
        caution = df_not_absence['주의']
        action = df_not_absence['활동']
        non_action = df_not_absence['미활동']

        plt.bar(deviceId, non_action, edgecolor='black', color='w',
        hatch="---", label='미활동')
        plt.bar(deviceId, action, bottom=non_action, edgecolor='black',
        color='0.9', hatch="...", label='활동')
        plt.bar(deviceId, caution, bottom=non_action+action,
        edgecolor='black', color='0.8', hatch="ooo", label='주의')
```

```
plt.bar(deviceId, fall, bottom=non_action+action+caution,
edgecolor='black', color='0', hatch='\\\\', label='낙상')

plt.legend(loc='best')
plt.show()
```

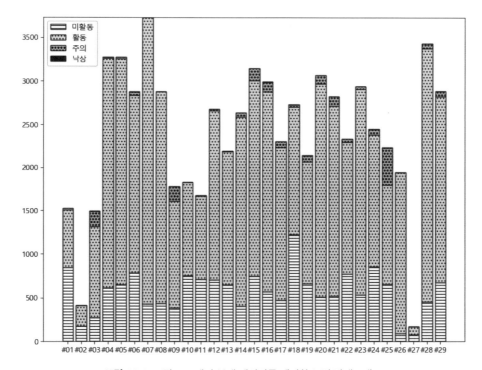

그림 10-3 그림 10-2에서 부재 데이터를 제거한 누적 막대그래프

그림 10-3은 그림 10-2에 비해 가독성이 향상된 것으로 보인다. 이처럼 점차 개선하면서 시각화를 최적화해 나갈 수 있다.

10.3 특정 센서의 활동 누적 데이터 비교

29개 센서별 활동 누적 데이터를 살펴봤으므로 이제 '주의'와 '낙상'이 높게 감지된 센서 데이터와 그렇지 않은 센서 데이터를 상세하게 비교 분석해 보도록 하자. 그림 10-2의 센서#25에서 '주의' 감지가 가장 빈번하게 발생했다. 그렇다면 센서#25와 센서#19의 누적 막대그래프를 작성해 비교해 보자. 우선 센서#25의 일자별 활동 누적 막대그래프를 만들어 보자.

ch10_load_csv_one_25라는 새로운 노트북 파일을 만들어서 다음 코드를 실행해 보자.

```
In [1]: import numpy as np
        import pandas as pd
        import matplotlib.pyplot as plt


        # 부재 정보를 포함해서 살펴보자.
        df_ratio = pd.read_csv('stacked_one_25.csv', dtype={'day':object,
        '부재':int, '미활동':int,'활동':int,'주의':int,'낙상':int},
        encoding="CP949")
        df_ratio.head()
Out [1]:       day   부재   미활동   활동   주의   낙상
        0   09/01    0    27    37    20    0
        1   09/02    0    26    47     8    0
        2   09/03    0    34    44    15    0
        3   09/04    0    17    30    15    0
        4   09/05    0    24    43    14    0
In [2]: plt.style.use('default')
        plt.rc('font', family='Malgun Gothic')
        plt.rcParams['figure.figsize'] = [10, 8]

        day = df_ratio['day']
        fall = df_ratio['낙상']
        caution = df_ratio['주의']
        action = df_ratio['활동']
        non_action = df_ratio['미활동']

        plt.bar(day, non_action, edgecolor='black', color='w', hatch="---",
        label='미활동')
        plt.bar(day, action, bottom=non_action, edgecolor='black',
        color='0.9', hatch="...", label='활동')
        plt.bar(day, caution, bottom=non_action+action, edgecolor='black',
        color='0.5', hatch="ooo", label='주의')
        plt.bar(day, fall, bottom=non_action+action+caution,
        edgecolor='black', color='0', hatch='\\\\', label='낙상')

        plt.legend(loc='best')
```

```
        plt.xticks(rotation=45)
        plt.show()
```

plt.xticks(rotation=45)를 사용해 X축 눈금 레이블을 회전시킬 수 있다. pandas
의 read_csv() 함수에서 dtype 옵션으로 각 칼럼의 데이터형을 지정할 수 있다. day
는 일자 정보이므로 문자열, 즉 object형으로 지정하고 나머지는 정수, 즉 int형으
로 지정했다.

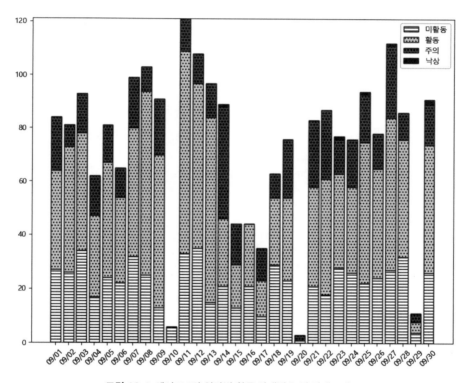

그림 10-4 센서#25의 일자별 활동 상태별 누적 막대그래프

그림 10-4의 분석 결과를 통해 센서#25에서 9월 한 달 동안 전체적으로 노약자의
'주의' 활동이 빈번하게 감지됐음을 확인할 수 있다. 그 원인을 조사한 결과 노약자
들이 하반신이 불편해 바닥에 자주 앉았던 것으로 파악됐다.

이번에는 센서#19의 일자별 활동 누적 막대그래프를 만들어 보자. ch10_load_csv_one_19라는 새로운 노트북 파일을 만들어서 다음 코드를 실행해 보자.

```python
In [1]: import numpy as np
        import pandas as pd
        import matplotlib.pyplot as plt

        # 부재 정보를 포함해서 살펴보자.
        df_ratio = pd.read_csv('stacked_one_19.csv', dtype={'day':object,
        '부재':int, '미활동':int,'활동':int,'주의':int,'낙상':int},
        encoding="CP949")
        df_ratio.head()
Out [1]:      day  부재  미활동    활동  주의  낙상
        0  09/01   0   19    82   3   0
        1  09/02   0    3    13   0   0
        2  09/03   0   39    64   0   0
        3  09/04   0   22   100   3   0
        4  09/05   0   19    94  11   1
In [2]: plt.style.use('default')
        plt.rc('font', family='Malgun Gothic')
        plt.rcParams['figure.figsize'] = [10, 8]

        day = df_ratio['day']
        fall = df_ratio['낙상']
        caution = df_ratio['주의']
        action = df_ratio['활동']
        non_action = df_ratio['미활동']

        plt.bar(day, non_action, edgecolor='black', color='w', hatch="---",
        label='미활동')
        plt.bar(day, action, bottom=non_action, edgecolor='black',
        color='0.9', hatch="...", label='활동')
        plt.bar(day, caution, bottom=non_action+action, edgecolor='black',
        color='0.5', hatch="ooo", label='주의')
        plt.bar(day, fall, bottom=non_action+action+caution,
        edgecolor='black', color='0', hatch='\\\\', label='낙상')

        plt.legend(loc='best')
        plt.xticks(rotation=45)
        plt.show()
```

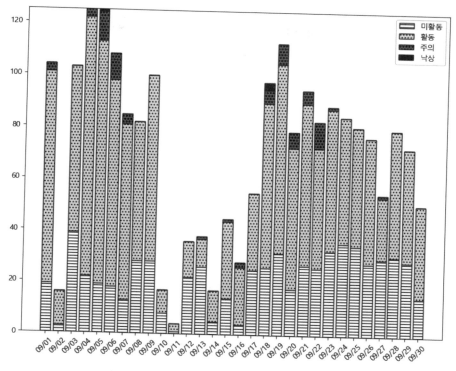

그림 10-5 센서#19의 일자별 활동 상태별 누적 막대그래프

그림 10-5에서 확인할 수 있는 점은 센서#25에 비해 '주의' 및 '낙상'이 전반적으로 적게 감지됐는데 9월 18일에는 '낙상'이 여러 번 감지됐다. 데이터 분석에 있어서 무엇보다 중요한 점은 다른 데이터와 비교해 보는 일이다. 다른 노약자에 비해 '주의' 또는 '낙상'이 특히 많이 발생한다면 해당 노약자의 움직임과 자세 등이 다른 사람들에 비해 위험하다는 의미로 해석될 수 있다. 이런 패턴이 보인다면 보건 의료 종사자는 해당 노약자의 낙상 예방에 주의를 기울여야 한다.

10.4 주의와 낙상의 상관관계

저자세 '주의'와 '낙상' 간에 상관관계가 존재할까? 직관적으로 생각해 보면 노약자의 저자세 '주의'가 많을수록 낙상이 더 자주 발생할 것으로 예상된다. 이 두 변수 간의 상관관계를 알아보는 가장 잘 알려진 방법은 '상관 분석'과 '회귀 분석'이다. 상관 분석은 산점도(산포도)를 그려봄으로써 시작하면 된다. 총 287개의 샘플 데이터를 사용해 '주의'를 X축으로, '낙상'을 Y축으로 하는 산점도를 그려보자.

새로운 노트북 파일인 ch10_load_linear를 만들어서 다음 코드를 실행해 보자. 이번에 사용할 데이터 파일 fall_summary_cleaned.csv는 센서별, 월별, '주의', '낙상'을 집계한 파일이다.

```
In [1]: import numpy as np
        import pandas as pd
        import matplotlib.pyplot as plt

        df_summary = pd.read_csv('fall_summary_cleaned.csv',
        encoding="CP949")
        df_summary
Out [1]:      deviceId    mon  caution  fall
        0         #01  23/01     35.0   1.0
        1         #01  23/07    130.0   6.0
        2         #01  23/08     94.0   3.0
        3         #01  23/11     48.0   1.0
        4         #01  23/12     54.0   1.0
        ...       ...    ...      ...   ...
        282       #41  23/08    754.0  18.0
        283       #41  23/09    218.0   1.0
        284       #41  23/10     86.0   0.0
        285       #41  23/11     30.0   0.0
        286       #41  23/12     47.0   2.0

        [287 rows x 4 columns]
In [2]: plt.rc('font', family='Malgun Gothic')

        fig = plt.figure(figsize=(10,8))
        ax = fig.add_subplot(1,1,1)
        ax.scatter(df_summary['caution'], df_summary['fall'])
        ax.set_xlabel('주의')
        ax.set_ylabel('낙상')

        plt.title('주의와 낙상의 상관관계')
        plt.show()
```

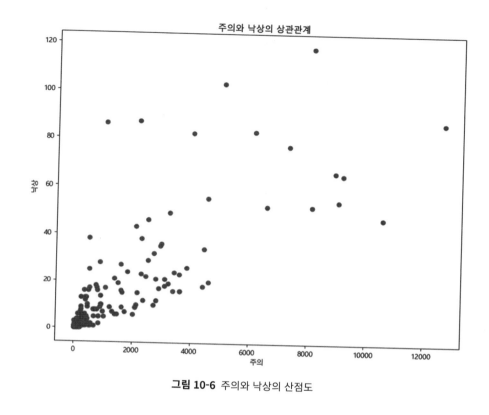

그림 10-6 주의와 낙상의 산점도

그림 10-6에서 '주의'가 많이 감지된 노약자일수록 '낙상'도 많이 감지되는 경향을 확인할 수 있다. 이제 이 두 변수 간의 관계를 선형 방정식으로 표현해 보자. 데이터를 통해 일차 방정식을 도출하는 방법을 사용하면 된다.

10.5 주의와 낙상 회귀 분석해 보기

고대인들은 별자리와 경험, 직관 등으로 미래를 예측해 왔다. 아직도 몽골 지역 유목민들은 앞으로 이동할 방향을 정하거나 점칠 때 동물 뼈에 구멍을 뚫고 불에 태워 갈라진 모양을 갖고 방향을 정하곤 한다. 이 형태가 상형문자의 '점 복(卜)'자가 됐고, 이를 입으로 풀이한 것이 '점칠 점(占)'자가 됐다고 한다. 이와 같이 인류는 앞으로 일어날 일을 늘 불안해 하며 예측하고 싶어 한다. 고대인과 달리 현대인들은 컴퓨터가 진화한 덕분에 많은 디지털 데이터를 갖게 됐고, 데이터를 수집 및 분석하고 나면

응당 앞으로 어떤 일이 일어날지 예측하고 싶어 한다. 이제 데이터를 갖고 특정값을 예측하는 데 가장 강력하고 널리 사용되는 회귀 분석에 대해 알아보자. 참고로 간혹 회귀 분석 등을 활용해 주가 변동을 예측하고 투자하려는 사람들이 있다. 하지만 공급과 수요 그리고 사람들의 심리가 주가 변동에 더 큰 영향을 미친다는 점을 고려하면 과거 데이터만으로 예측하는 것은 결코 쉬운 일이 아니다. 앙드레 코스톨라니도 "주식 투자 시 차트를 맹신하지 않는다."라고 말한 바 있다.

우선 scikit-learn(사이킷런) 라이브러리를 설치해야 한다. 만약 scikit-learn이 설치돼 있지 않다면 명령 프롬프트에서 다음 명령어를 사용해 설치하자.

```
$> pip install -U scikit-learn
```

```
In [3]: # 주의, 낙상값 추출
        X = df_summary.caution.values
        Y = df_summary.fall.values

        # X, Y를 2d array로 변경
        X = X.reshape(-1,1)
        Y = Y.reshape(-1,1)
In [4]: # 회귀 분석하기
        from sklearn.linear_model import LinearRegression
        lr = LinearRegression()

        lr.fit(X, Y)

        # r계수
        print (lr.coef_[0])
        # y절편
        print (lr.intercept_)
Out [4]: [0.0080895]
        [1.80248273]
```

Out [4]에서와 같이 회귀선 일차 방정식이 계산됐다.

```
y = 0.008 x + 1.8024
```

여기서 0.008은 방정식의 기울기로 두 변수 간의 상관 정도를 나타내는 상관계수이다. 상관계수 r의 범위는 -1부터 1까지인데 -1이나 1에 가까울수록 두 변수 간의 연관성이 크고, 0에 가까울수록 낮다고 볼 수 있다. 1.8024는 y축 절편이다. 이제 계산된 회귀선을 그래프에 추가해 보자.

```
In [5]: NewY = lr.coef_[0]*X +lr.intercept_

        fig = plt.figure(figsize=(10,8))
        ax = fig.add_subplot(1,1,1)
        ax.scatter(X, Y)
        ax.set_xlabel('주의')
        ax.set_ylabel('낙상')

        plt.plot(X, NewY, color='red')
        plt.title('y = {}*x + {}'.format(lr.coef_[0], lr.intercept_))
        plt.show()
```

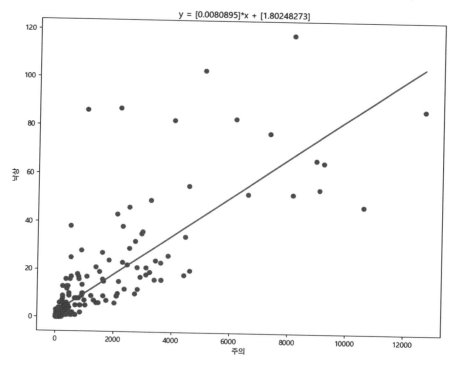

그림 10-7 주의와 낙상의 산점도에 회귀선 추가

그림 10-7에서 회귀선을 통해 산점도 그래프 상의 점 분포에서 일정한 패턴을 확인할 수 있으며, 상관계수를 이용해 두 변수 간의 선형 관계를 명확히 파악할 수 있다. 이를 통해 '주의'값이 주어졌을 때 '낙상'이 발생할 확률 또한 예측할 수 있다. 예를 들어 주의가 50회 발생한 경우 낙상은 2.2회 발생할 것으로 예측할 수 있다. 이는 산출된 회귀 방정식을 통해 계산할 수 있다.

```
0.0080895 * 50 + 1.80248273 = 2.20695773
```

회귀선이 직선이 아닌 비선형으로 계산되는 경우도 종종 있으나, 그 복잡성 때문에 10장에서는 다루지 않는다. 딥러닝을 도입하기 전에도 선형회귀$^{Linear\ Regression}$ 및 최소제곱법$^{Least\ Squares\ Method}$을 이용해 간단한 예측 모델을 만들 수 있다는 점을 기억하자.

이제 산출된 회귀 방정식을 검증해 보자. 먼저 statsmodels 라이브러리를 설치하자.

```
$> pip install statsmodels
```

```
In [6]: import statsmodels.api as sm

        res = sm.OLS(Y, sm.add_constant(X)).fit()
        res.summary()
```

OLS Regression Results

Dep. Variable:	y	R-squared:	0.662
Model:	OLS	Adj. R-squared:	0.661
Method:	Least Squares	F-statistic:	559.0
Date:	Fri, 20 Jan 2023	Prob (F-statistic):	3.75e-69
Time:	11:44:50	Log-Likelihood:	-1085.0
No. Observations:	287	AIC:	2174.
Df Residuals:	285	BIC:	2181.
Df Model:	1		
Covariance Type:	nonrobust		

	coef	std err	t	P>|t|	[0.025	0.975]
const	1.8025	0.700	2.575	0.011	0.425	3.180
x1	0.0081	0.000	23.643	0.000	0.007	0.009

Omnibus:	254.970	Durbin-Watson:	1.949
Prob(Omnibus):	0.000	Jarque-Bera (JB):	5762.432
Skew:	3.562	Prob(JB):	0.00
Kurtosis:	23.764	Cond. No.	2.28e+03

그림 10-8 OLS 회귀 분석 결과

Prob (F-statistic)값이 3.75e-69로 0.05보다 작은 것으로 확인돼 '주의'와 '낙상' 간의 상관관계가 유의미하다는 점 또한 확인된다. 다시 말해 산출된 회귀 방정식은 실제적으로 사용할 수 있다는 것을 의미한다.

마치며

10장에서는 각 센서의 활동 상태 데이터를 이용해 누적 막대그래프를 작성하고, '주의'와 '낙상'의 상관관계를 산점도 그래프로 분석했다. 또한 선형 회귀 분석을 통해 '주의'와 '낙상' 간의 일차 방정식을 도출해 간단한 예측 모델을 만들어 봤다. 이제 여러분은 빅데이터 분석에서의 기본 기술을 익혔다고 할 수 있다. MySQL에서 CSV 파일 생성, NumPy와 pandas 기본 사용법, 산점도, 히트맵, 시계열, 누적 막대그래 프, 회귀 분석 등을 다뤘기 때문이다. 데이터 분석가 사이에서는 "데이터 분석은 과학이 아니라 기술과 예술에 가깝다."라는 말이 유명하다. 실제 데이터에는 잡음과 오류가 많이 포함돼 있어 완벽한 데이터는 존재하지 않는다. 가능한 한 많은 원시 데이터를 수집 및 정제하고 가공한 후 시각화를 통해 일부 특성과 특징을 파악해 우리의 삶과 업무에 도움을 준다면 가치 있는 결과가 아닐까?

11장에서는 지금까지의 데이터 분석 결과물을 매일 자동으로 산출하도록 스케줄링 및 배치 프로그램을 구축해 볼 것이다. 이와 더불어 매일 새롭게 분석된 데이터를 웹 대시보드에서 실시간으로 확인할 수 있도록 HTML과 chart.js를 활용해 구현해 볼 것이다.

자동화 및 웹 대시보드 만들어 보기

데이터 분석 작업 및 결과물을 매일 생성해, 상사와 고객에게 제공하는 것은 매우 불편할 뿐만 아니라 실수와 스트레스를 유발한다. 저자는 과거 일본의 A사에서 직원들이 매일 아침 DBMS에서 SQL 구문을 수동으로 조회해, 월간 이용자 수[MAU, Monthly Active User]와 일간 이용자 수[DAU, Daily Active User] 등의 데이터를 일일이 엑셀로 정리해 내부에 공유하는 모습을 목격했었고, 그 과정이 상당히 비효율적이라고 생각했다. 그래서 저자는 매일 아침 소중한 시간을 들여 SQL문으로 수동 조회한 후 엑셀로 정리하는 대신 배치[batch] 프로그램을 만들어 자동화할 것을 제안했지만, 반응이 미온적이어서 결국 그냥 넘어갔다. 여러분은 이에 대해 어떻게 생각하는가?

11장에서는 파이썬을 활용해 8~10장에서 수동으로 수행한 분석 작업이 매일 오전 0시 10분에 자동 실행되도록 배치 프로그램을 작성해 볼 것이다. 또한 이렇게 자동화된 분석 결과를 실시간으로 누구나 확인할 수 있도록 웹 대시보드를 HTML과 자바스크립트[JavaScript], Chart.js를 이용해 구축해 보려고 한다. 최근에는 React.js와 Vue를 활용해 웹 대시보드를 구축하는 경우(사이렌케어도 React.js로 웹 대시보드가 구현돼 있음)가 많지만, 11장에서는 책의 범위를 고려해 자바 스크립트 위주로 구현할 계획이다.

먼저 파이썬을 사용해 배치 프로그램을 작성하고, 데이터 분석을 자동화한 후 분석 결과를 저장하는 프로그램을 구현할 예정이다. 이후에는 Chart.js 라이브러리를 이용해 분석된 데이터를 그래프로 시각화하는 웹 대시보드를 만들어 볼 것이다.

웹 앱^{webapp}에서 그래프를 표시하는 방법 중 하나는 파이썬의 matplotlib 라이브러리를 이용해 그래프를 생성한 후 클라우드 서버에 업로드하고, 웹 앱에서 해당 그래프를 불러와 표시하는 방법이다. 또 다른 방법으로는 웹 앱(프론트엔드)에서 클라우드 서버의 데이터를 직접 읽어와 그래프를 생성하는 방법이다. 이는 네트워크 부하와 호출 빈도 수 등을 고려해 개발자가 가장 적합한 방법을 선택하면 된다. 다만, HTML, CSS, JavaScript, Node.js 등의 배경 지식이 없다면 이해하기 어려울 수 있으므로 관련 서적을 참조하길 바란다. 11장에서는 웹 앱에서 데이터를 읽어와 그래프를 생성하는 방법에 초점을 맞춰 살펴보겠다. 11장을 마친다면 여러분은 빅데이터 분석가 및 중급 이상의 소프트웨어 개발자로 성장하게 될 것이다.

11.1 배치 프로그램이란?

배치 프로그램^{Batch Program}이라는 용어는 낯설지 않은 단어일 것이다. 배치 프로그램의 사전적 정의는 다음과 같다.

> "배치 프로그램이란 사전에 정의된 일단의 작업을 절차에 따라 일괄적으로 처리하는 것을 의미한다."

배치 프로그램은 정해진 시간(스케줄링), 특정 조건이 충족(이벤트)될 때 실행되는데 보통 스케줄링(매일, 매주, 매시간 등)을 통해 구현된다.

파이썬으로 배치 프로그램을 호출하는 방법은 다양하나, 11장에서는 2가지 방법에 초점을 맞출 것이다. 우선 파이썬을 이용해 데이터 분석 작업 코드를 작성한 후 이 코드를 2가지 방식으로 호출하는 방법을 소개한다. 첫 번째 방법은 리눅스 작업 스케줄러인 크론탭^{crontab}으로 실행하는 전통적인 방식이고(윈도우에서는 '작업 스케줄러'가 있음), 두 번째 방법은 파이썬 scheduler 라이브러리를 활용하는 것이다. 저자도 최근에는 크론탭보다 파이썬 scheduler 라이브러리로 배치 프로그램을 더 많이 작성하는 편이다.

우선 분석된 결과를 저장할 클라우드 데이터베이스가 필요하다. 11장에서는 구글 파이어베이스 실시간 데이터베이스^{Google Firebase Realtime Database}를 사용한다.

11.2 구글 파이어베이스 다루기

먼저 구글 파이어베이스 콘솔^{Google Firebase Console}에 접속한다. 만약 계정이 없다면 일반적으로 구글 계정을 사용해 구글 파이어베이스 계정을 생성할 수 있다. 그림 11-1과 같이 구글 파이어베이스 콘솔 화면에서 + Add project 버튼을 클릭한다.

그림 11-1 구글 파이어베이스 콘솔 화면

그림 11-2와 같은 화면이 표시되면 프로젝트 이름을 적절히 설정한 후 화면 하단의 체크박스를 선택하고 Continue 버튼을 클릭한다. 저자는 프로젝트 이름을 "healthcareBigdataPlaybook"으로 정했다.

그림 11-2 프로젝트 이름 정하기

그림 11-3 화면에서 특별한 사항이 없다면 디폴트 옵션을 유지하고 Continue 버튼을 클릭한다.

그림 11-3 옵션 변경 화면

구글 애널리틱스 계정을 선택하거나 새로 생성한 후 그림 11-4와 같이 애널리틱스 위치를 선택하고 동의 체크박스를 선택한다. 그런 다음 Create project 버튼을 클릭한다.

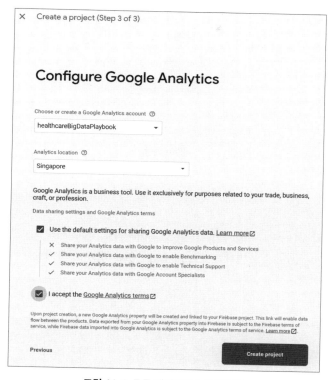

그림 11-4 구글 애널리틱스 구성하기

그림 11-5와 같이 프로젝트 생성 과정 진행 상황이 표시된다.

그림 11-5 프로젝트 생성 화면

곧이어 그림 11-6과 같이 프로젝트 생성이 완료됐다는 메시지가 표시된다.
Continue 버튼을 클릭해 생성한 Firebase 프로젝트로 이동해 보자.

그림 11-6 프로젝트 생성 완료 화면

그림 11-7과 같이 왼쪽 메뉴 바에서 Build 〉 Realtime Database를 선택한 후 나타나
는 Realtime Database 화면에서 Create Database 버튼을 클릭한다.

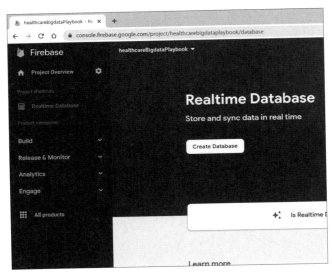

그림 11-7 구글 파이어베이스 실시간 데이터베이스 생성하기

그림 11-8과 같이 위치를 "싱가포르"로 선택한 후 Next 버튼을 클릭한다. 이 글이 작성된 2023년 1월 시점에서는 미국, 벨기에, 싱가포르 세 곳의 위치만 제공된다. 한국과 가장 가까운 싱가포르를 선택하면 지연이 적게 발생한다.

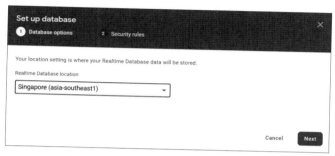

그림 11-8 실시간 데이터베이스 구성의 첫 번째 단계

이후에 데이터베이스 보안 규칙을 설정해야 하는데 초보자에게는 어려울 수 있으므로 일단 Start in test mode를 선택해 테스트 모드로 활성화해 보자.

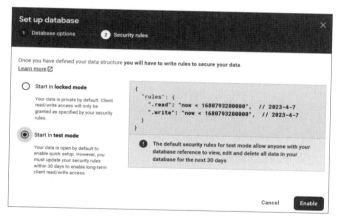

그림 11-9 실시간 데이터베이스 구성의 두 번째 단계

그림 11-9에서 Enable 버튼을 클릭하면 그림 11-10과 같이 파이어베이스 실시간 데이터베이스와 해당 URL이 생성된다.

그림 11-10 실시간 데이터베이스 생성 완료

저자가 생성한 실시간 데이터베이스의 URL은 다음과 같다.

https://healthcarebigdataplaybook-default-rtdb.asia-southeast1.
firebasedatabase.app/

11.2.1 파이어베이스 실시간 DB 프로젝트 설정하기

먼저 그림 11-11과 같이 왼쪽 메뉴에서 "Project Overview" 바로 오른쪽에 위치한 톱니바퀴 아이콘을 클릭해 팝업 메뉴에서 Project settings를 선택한다. 그림 11-12와 같이 "Project settings" 화면이 표시되면 Service accounts 탭을 클릭한다. "Firebase Admin SDK"의 Admin SDK configuration snippet 라디오 버튼에서 "Python"을 선택한 후 Generate new private key 버튼을 클릭하면, 비공개 키가 생성되고 로컬 PC로 다운로드된다.

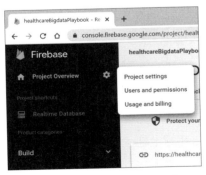

그림 11-11 Project Overview 메뉴

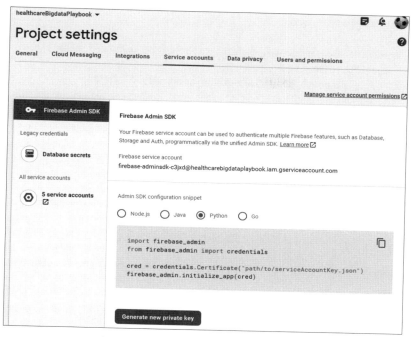

그림 11-12 파이어베이스 관리자 SDK와 private key

저자의 경우에는 healthcarebigdataplaybook-firebase-adminsdk-c3jxd-3b5240908d.json과 같은 파일이 다운로드됐다. 해당 파일을 C:\works\healthcare_bigdata\ch11 디렉터리로 이동한다.

ch11\upload.py 파일을 생성한 후 "Admin SDK configuration snippet"에서 제공된 파이썬 예제 코드를 복사해 붙여넣는다. 이렇게 생성된 코드로 명령 프롬프트에서 upload.py 파일을 실행해 보자.

먼저 firebase_admin 라이브러리를 설치하자.

```
$> pip install firebase_admin
```

다음 코드는 ch11/upload.py 파일 내용이다.

```
import firebase_admin
from firebase_admin import credentials
```

```
from firebase_admin import db

cred = credentials.Certificate('healthcarebigdataplaybook-firebase-adminsdk-
c3jxd-3b5240908d.json')
default_app = firebase_admin.initialize_app(cred, {
    'databaseURL' : 'https://healthcarebigdataplaybook-default-rtdb.asia-
southeast1.firebasedatabase.app/'
})

dbRef = db.reference()
print(dbRef.get())
```

```
C:\works\healthcare_bigdata\ch11>python upload.py
None
```

파이썬과 파이어베이스 실시간 DB(데이터베이스) 연동이 성공적으로 이뤄졌다. 다만,
실시간 DB 루트에 등록된 데이터가 없어 None이 출력됐다. 이제 파이어베이스 실
시간 DB를 사용할 준비가 완료됐으므로 분석한 결과를 실시간 DB에 등록해 보자.

11.2.2 분석한 데이터를 파이어베이스 실시간 DB에 업로드하기

먼저 디바이스 OTg6QzA의 2022년 1월 한 달간 활동 상태를 집계한 CSV 파일
(OTg6QzA_activities.csv)을 파이어베이스 실시간 DB에 등록한다. 볼드체가 아닌 코
드 대부분은 9장에서 살펴본 코드와 매우 유사하다. 이처럼 IPython에서 파이썬 코
드를 작성하고 테스트한 후 영구 파일로 저장하면 작업이 효율적으로 진행된다.

다음 예제 코드는 ch11/upload_RTDB_linechart.py 파일 내용이다.

```
import firebase_admin
from firebase_admin import credentials
from firebase_admin import db
import numpy as np
import pandas as pd
from datetime import datetime

cred = credentials.Certificate('healthcarebigdataplaybook-firebase-adminsdk-
c3jxd-3b5240908d.json')
default_app = firebase_admin.initialize_app(cred, {
```

```
     'databaseURL' : 'https://healthcarebigdataplaybook-default-rtdb.asia-
southeast1.firebasedatabase.app/'
})


def calc_dist(df):
  """
  calculation of distance
  """
  x_d = df['X'] - df['p_x']
  y_d = df['Y'] - df['p_y']
  z_d = df['Z'] - df['p_z']
  return np.sqrt(x_d**2 + y_d**2 + z_d**2)


def calc_timediff(df):
  """
  The time difference is calculated and then stored in the d_time column.
  """
  d1 = datetime.strptime(str(df['timestamp']), "%Y-%m-%d %H:%M:%S.%f")
  d2 = datetime.strptime(str(df['p_timestamp']), "%Y-%m-%d %H:%M:%S.%f")
  return (d1 - d2).total_seconds()


def calc_act(df):
  """
  Calculate the velocity and store it in the calc_act column.
  """
  if df['d_time'] != 0:
    return np.abs(df['dist'] / df['d_time'])
  else:
    # 정상적인 수가 아님
    return 0


dbRef = db.reference()

act = pd.read_csv('OTg6QzA_activities.csv')

# 22년 1월 1일 데이터만 추출해서 시각화를 해보자.
data220101 = act[ (act['timestamp'] >= '2022-01-01 00:00:00.000') &
(act['timestamp'] < '2022-01-02 00:00:00.000') ].copy()

data220101['p_timestamp'] = data220101.timestamp.shift(1)
data220101['p_x'] = data220101['X'].shift(1)
data220101['p_y'] = data220101['Y'].shift(1)
data220101['p_z'] = data220101['Z'].shift(1)
```

```
# NaN값이 있는 행을 삭제하자. NaN이 있으면 거리 및 속도를 계산할 수 없다.
# 첫 번째 행이 삭제될 것이다.
tenmin = data220101.dropna().copy()

tenmin['dist'] = tenmin[["X","p_x", "Y", "p_y", "Z", "p_z"]].apply(calc_
dist, axis=1)
tenmin['d_time'] = tenmin[["timestamp", "p_timestamp"]].apply(calc_
timediff, axis=1)
tenmin['calc_act'] = tenmin[["dist", "d_time"]].apply(calc_act, axis=1)
tenmin['timestamp'] = tenmin['timestamp'].astype('datetime64[ns]')

cleaned = tenmin[['timestamp', 'calc_act']]
cleaned = cleaned.set_index('timestamp')

# 10분 단위로 리샘플링
tenmin = cleaned.resample('10min')
result = tenmin['calc_act'].agg(['mean'])

# 칼럼 이름 변경하기
result['hm'] = result.index.values
result['hm'] = result['hm'].dt.strftime('%H:%M')

# NaN값을 zero로 채우기
result.fillna(0, inplace=True)

updates = result.to_dict(orient='records')

# device 노드 찾기
dbDevice = dbRef.child('OTg6QzA')
dbDevice.child('2022-01-01').set( updates )
```

그림 11-13에서 확인할 수 있듯이 분석 결과 데이터가 파이어베이스 실시간 DB에
성공적으로 등록됐다.

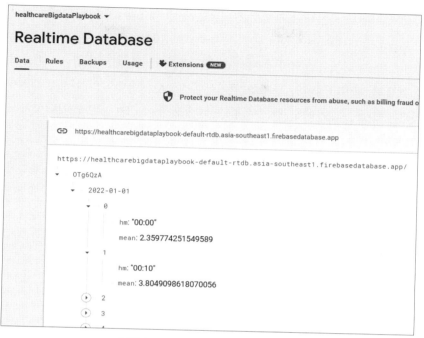

그림 11-13 실시간 DB에 등록된 데이터

11.3 웹 대시보드 만들기

예전에는 ASP, JSP, PHP, Perl/CGI와 같은 스크립트 프로그래밍 언어^{Script}

Programming Language로 웹 애플리케이션^{Web Application}을 개발했었다. 흔히 이런 언어를 서
버 사이드 스크립트^{Server Side Script} 언어라고 하는데 코드가 서버 측에서 실행되므로
서버에 부하가 발생하는 문제가 있었다. 이를 해결하고자 최근에는 클라이언트 사이
드 스크립트^{Client Side Script} 언어로 웹 애플리케이션을 개발하는데 자바스크립트와 그
파생 언어인 jQuery, React, Vue, Angular 등이 대표적이다. 웹 페이지에 접근하
면 레이아웃이 먼저 표시되고 데이터가 순차적으로 로딩되는 페이지는 클라이언트
사이드 스크립트로 작성된 것이다.

그러나 클라이언트 사이드 스크립트 언어로는 서버 내부의 DBMS로 직접 접근할 수 없으므로(보안상 데이터베이스 접근 정보를 클라이언트에 공개하지 않는다. 공개되면 정보 누출 및 해킹의 요인이 됨) 별도로 서버 측에서 RESTful API를 구축해서 클라이언트가 해당 API를 호출해 데이터베이스 정보를 얻어야 한다. 파이어베이스 실시간 DB처럼 직접 접근할 수 있는 경우에도 반드시 인증 절차를 통해 사용자의 데이터베이스 접근을 제한해야 한다.

11장에서는 최근 업계에서 가장 많이 사용되는 Chart.js 라이브러리를 활용해 빅데이터 분석 결과를 시각화해 보겠다. 실제로 빅데이터 분석 서비스를 제공하는 기업들은 React.js 및 Vue로 웹 애플리케이션을 개발할 때 차트 도구로 주로 Chart.js와 ApexCharts.js를 사용하는 편이다. 따라서 11장에서도 Chart.js 무료 라이브러리를 이용해 분석된 데이터를 시각화해 보겠다.

11.3.1 자바스크립트에서 파이어베이스 연동하기

11장 시작부에서 살펴본 firebase console 왼쪽 메뉴에서 "Project Overview" 바로 오른쪽에 위치한 톱니바퀴 아이콘을 클릭해 "Project settings" 화면을 연다. 그런 다음 그림 11-14와 같이 아래쪽에 있는 **Your apps** 탭에서 세 번째 "⟨/⟩" 아이콘을 클릭한다.

그림 11-14 파이어베이스에서 애플리케이션 선택

그림 11-15에서 "healthcarebigdataplaybook"과 같은 적절한 이름을 입력하고, Register app 버튼을 클릭하면 그림 11-16과 같이 "Add Firebase to your web app" 화면이 표시된다.

그림 11-15 웹 애플리케이션 등록

그림 11-16과 같은 화면 표시된 자바스크립트 코드를 복사한다. 11장에서는 HTML과 자바스크립트를 사용할 예정이므로 Use a <script> tag를 선택해 표시된 코드를 복사해서 앞으로 만들 HTML 파일에 붙여넣는다.

그림 11-16 실시간 DB 연동 자바스크립트 태그 코드

11.3.2 라인 차트 그래프 만들기

이제 HTML과 자바스크립트를 이용해 라인 차트를 만들어 보자. 우선 ch11 디렉터리에 linechart.html 파일을 만든 후 html, head, body 태그를 적절히 입력한 다음 앞에서 복사한 파이어베이스 관련 스크립트를 붙여넣는다. 먼저 파이어베이스 실시간 DB에 접근이 잘 되는지 자바스크립트의 콘솔^{console}로 출력해 보도록 하자.

다음 예제 코드는 ch11/linechart.html 파일 내용이다.

```html
<!DOCTYPE html>
<html lang="en">

<head>
  <meta charset="UTF-8" />
  <meta name="viewport" content="width=device-width, initial-scale=1.0" />
  <meta http-equiv="X-UA-Compatible" content="ie=edge" />
  <title>Line Chart</title>
</head>

<body>

  <div style="width: 900px; height: 900px;">
    <!-- 차트가 그려지는 부분 -->
    <canvas id="myChart"></canvas>
  </div>

  <script src="https://cdn.jsdelivr.net/npm/chart.js"></script> <!-- chart.
js@4.2.0 -->

  <script type="module">
    // Import the functions you need from the SDKs you need
    import { initializeApp } from "https://www.gstatic.com/
firebasejs/9.16.0/firebase-app.js";
    import { getDatabase, ref, onValue } from "https://www.gstatic.com/
firebasejs/9.16.0/firebase-database.js";
    // TODO: Add SDKs for Firebase products that you want to use
    // https://firebase.google.com/docs/web/setup#available-libraries

    // Your web app's Firebase configuration
    // For Firebase JS SDK v7.20.0 and later, measurementId is optional
    const firebaseConfig = {
      apiKey: "AIzaSyBInWfWqfssz0HdjYnu0XnStPcPqQTpl5c",
      authDomain: "healthcarebigdataplaybook.firebaseapp.com",
      databaseURL: "https://healthcarebigdataplaybook-default-rtdb.asia-
southeast1.firebasedatabase.app",
      projectId: "healthcarebigdataplaybook",
      storageBucket: "healthcarebigdataplaybook.appspot.com",
      messagingSenderId: "1004662512132",
      appId: "1:1004662512132:web:be38ffc42f53af23347351",
      measurementId: "G-GW7YGGSHDM"
    };
```

```
    // Initialize Firebase
    const app = initializeApp(firebaseConfig);
    // Initialize Realtime Database and get a reference to the service
    const database = getDatabase(app);
    console.log(database);
    const deviceDayRef = ref(database, "OTg6QzA/2022-01-01"); // firebase
 RTDB 위치
    console.log(deviceDayRef);
  </script>

</body>
</html>
```

엣지^{Edge} 및 크롬^{chrome} 등 웹 브라우저에서 linechart.html을 열어 F12키를 눌러 콘솔창을 확인해 보자. 파이어베이스와 정상적으로 연동됐다면 그림 11-17과 같이 콘솔창에 파이어베이스 실시간 DB 관련 정보가 출력될 것이다.

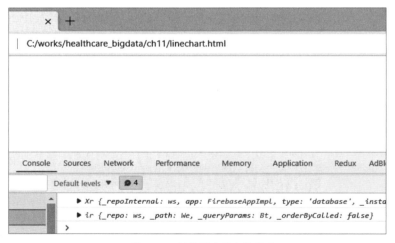

그림 11-17 실행 결과 콘솔창 확인

이제 앞에서 데이터를 분석한 후 파이어베이스에 등록한 시계열 데이터를 라인 차트로 시각화할 차례이다. Chart 객체를 만들고 라인 차트 레이아웃을 정의해야 한다. 다음 코드를 코드의 </script>와 </body> 사이에 넣은 후 실행해 보면 그림 11-18과 같이 라인 차트가 정상적으로 출력된다.

```html
<script type="text/javascript">
    const data = {
      datasets: [
        {
          label: 'OTg6QzA',
          pointStyle: 'circle',
          pointRadius: 3,
          pointHoverRadius: 5,

          backgroundColor: 'lightgray',
          borderColor: 'gray',
          pointBackgroundColor: 'dimgray',
          pointBorderColor: '#fff',
          pointHoverBackgroundColor: '#fff',
          pointHoverBorderColor: 'rgb(191, 191, 191)'
        }
      ]
    };

    var context = document.getElementById('myChart').getContext('2d');
    var myChart = new Chart(context, {
      type: 'line', // 차트의 형태
      data: data,
      options: {
        responsive: true,
        plugins: {
          title: {
            display: true,
            text: (ctx) => '`22.01.01 Activities',
          },
          colors: {
            // enabled: false,
          }
        },
        scales: {
          y: {
            beginAtZero: true,
          },
          x: {
            ticks: {
              maxTicksLimit: 20,
              stepSize: 5,
            }
          }
```

```
      },
    }
  });
</script>
```

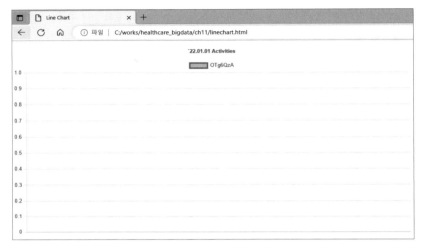

그림 11-18 실시간 DB에 연동된 라인 차트 그래프

라인 차트의 레이아웃이 완성됐다. 마지막으로 파이어베이스 실시간 DB의 레코드를
라인 차트로 전달해 완성해 보자. 다음 코드를 앞 코드의 〈script type="module"〉
블록의 console.log(deviceDayRef);과 〈/script〉 사이에 추가한 후 실행해 보자.

```
onValue(deviceDayRef, (snapshot) => {
  const data = snapshot.val();
  data.forEach((child) => {
    addData(myChart, child.hm, child.mean);
  });

  myChart.update();
});

// 차트에 데이터를 동적으로 추가함
function addData(chart, label, data) {
  chart.data.labels.push(label);
  chart.data.datasets.forEach((dataset) => {
    dataset.data.push(data);
```

```
    });
  }
```

위의 코드에서 onValue()는 파이어베이스 실시간 DB에 접근하거나 데이터 내용이 변경되면 호출되는 함수이다. 실시간 DB에서 'OTg6QzA/2022-01-01' 노드의 모든 자식child 노드를 읽고(forEach 부분), 이를 Chart 객체의 data 속성에 하나씩 추가하는 코드(addData 함수 부분)이다.

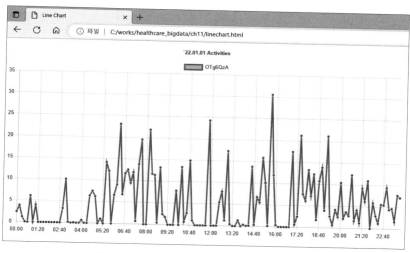

그림 11-19 실시간 DB와 연동 완료된 라인 차트 그래프

그림 11-19와 같이 표시된다면 파이어베이스 실시간 DB에 등록된 데이터에 기초한 라인 차트를 만드는 데 성공한 것이다. 그림 11-19는 9장에서 살펴본 그림 9-7과 매우 유사한 그래프이다. 이와 같이 matplotlib이 아니더라도 Chart.js 등을 사용해 분석 데이터를 충분히 시각화할 수 있다. 일반적으로 웹 대시보드는 여러 차트와 테이블로 구성된 주요 지표를 나타낸다. 이 코드를 활용하면 간단한 웹 대시보드를 구축할 수 있다.

ch11/linechart.html 파일의 전체 내용은 다음과 같다.

```
<!DOCTYPE html>
<html lang="en">
```

```html
<head>
  <meta charset="UTF-8" />
  <meta name="viewport" content="width=device-width, initial-scale=1.0" />
  <meta http-equiv="X-UA-Compatible" content="ie=edge" />
  <title>Line Chart</title>
</head>

<body>

  <div style="width: 900px; height: 900px;">
    <!-- 차트가 그려지는 부분 -->
    <canvas id="myChart"></canvas>
  </div>

  <script src="https://cdn.jsdelivr.net/npm/chart.js"></script> <!-- chart.
js@4.2.0 -->

  <script type="module">
    // Import the functions you need from the SDKs you need
    import { initializeApp } from "https://www.gstatic.com/
firebasejs/9.16.0/firebase-app.js";
    import { getDatabase, ref, onValue } from "https://www.gstatic.com/
firebasejs/9.16.0/firebase-database.js";
    // TODO: Add SDKs for Firebase products that you want to use
    // https://firebase.google.com/docs/web/setup#available-libraries

    // Your web app's Firebase configuration
    // For Firebase JS SDK v7.20.0 and later, measurementId is optional
    const firebaseConfig = {
      apiKey: "AIzaSyBInWfWqfssz0HdjYnu0XnStPcPqQTpl5c",
      authDomain: "healthcarebigdataplaybook.firebaseapp.com",
      databaseURL: "https://healthcarebigdataplaybook-default-rtdb.asia-
southeast1.firebasedatabase.app",
      projectId: "healthcarebigdataplaybook",
      storageBucket: "healthcarebigdataplaybook.appspot.com",
      messagingSenderId: "1004662512132",
      appId: "1:1004662512132:web:be38ffc42f53af23347351",
      measurementId: "G-GW7YGGSHDM"
    };

    // Initialize Firebase
    const app = initializeApp(firebaseConfig);
    // Initialize Realtime Database and get a reference to the service
    const database = getDatabase(app);
```

```
    console.log(database);

    const deviceDayRef = ref(database, "OTg6QzA/2022-01-01"); // firebase
RTDB 위치
    console.log(deviceDayRef);

  onValue(deviceDayRef, (snapshot) => {
    const data = snapshot.val();
    data.forEach((child) => {
      addData(myChart, child.hm, child.mean);
    });

    myChart.update();
  });

    // 차트에 데이터를 동적으로 추가함
  function addData(chart, label, data) {
    chart.data.labels.push(label);
    chart.data.datasets.forEach((dataset) => {
      dataset.data.push(data);
    });
  }

</script>

<script type="text/javascript">
  const data = {
    datasets: [
      {
        label: 'OTg6QzA',
        pointStyle: 'circle',
        pointRadius: 3,
        pointHoverRadius: 5,

        backgroundColor: 'lightgray',
        borderColor: 'gray',
        pointBackgroundColor: 'dimgray',
        pointBorderColor: '#fff',
        pointHoverBackgroundColor: '#fff',
        pointHoverBorderColor: 'rgb(191, 191, 191)'
      }
    ]
  };
```

```
    var context = document.getElementById('myChart').getContext('2d');
    var myChart = new Chart(context, {
      type: 'line', // 차트의 형태
      data: data,
      options: {
        responsive: true,
        plugins: {
          title: {
            display: true,
            text: (ctx) => '`22.01.01 Activities',
          },
          colors: {
            // enabled: false,
          }
        },
        scales: {
          y: {
            beginAtZero: true,
          },
          x: {
            ticks: {
              maxTicksLimit: 20,
              stepSize: 5,
            }
          }
        },
      }
    });
  </script>

</body>
</html>
```

11.3.3 누적 막대그래프 만들기

앞에서 살펴본 파일 ch11/upload_RTDB_linechart.py와 달리 이번에는 이미 집
계 계산된 데이터 CSV 파일(stacked_ratio_en.csv)을 읽고 파이어베이스 실시간 DB
에 등록해 보자.

데이터 CSV 파일인 ch11/stacked_not_absence_en.csv의 내용은 다음과 같다.

deviceId	absence	not_act	act	caution	fall
#01	0	843	664	20	0
#02	0	175	236	3	0
…	…	…	…	…	…
#28	0	456	2918	55	0
#29	0	671	2153	60	1

다음 코드는 ch11/upload_RTDB_barchart.py 파일 내용이다.

```python
import firebase_admin
from firebase_admin import credentials
from firebase_admin import db
import pandas as pd

cred = credentials.Certificate('healthcarebigdataplaybook-firebase-adminsdk-
c3jxd-3b5240908d.json')
default_app = firebase_admin.initialize_app(cred, {
    'databaseURL' : 'https://healthcarebigdataplaybook-default-rtdb.asia-
southeast1.firebasedatabase.app/'
})

dbRef = db.reference()

df_ratio = pd.read_csv('stacked_ratio_en.csv', encoding="CP949")
updates = df_ratio.to_dict(orient='records')

# device 노드 찾기
dbDevice = dbRef.child('stackedbar')
dbDevice.set( updates )
```

위의 코드 파일을 다음과 같은 명령어로 실행하면 그림 11-20과 같이 파이어베이스 실시간 DB에 등록된다.

```
$>python upload_RTDB_barchart.py
```

그림 11-20 실시간 DB에 등록된 데이터

누적 막대그래프를 만들기 위해서는 Chart 객체의 stacked 옵션을 부여하면 된다.
ch11/linechart.html 파일에서 누적 막대그래프에 적합한 코드로 변경(볼드체 코드
블록)한 html 파일(stackedbarchart.html)의 내용은 다음과 같다.

다음 예제 코드는 ch11/stackedbarchart.html 파일 내용이다.

```html
<!DOCTYPE html>
<html lang="en">

<head>
  <meta charset="UTF-8" />
  <meta name="viewport" content="width=device-width, initial-scale=1.0" />
  <meta http-equiv="X-UA-Compatible" content="ie=edge" />
  <title>Stacked Bar Chart</title>
</head>

<body>
  <div style="width: 900px; height: 900px;">
    <!--차트가 그려지는 부분-->
    <canvas id="myChart"></canvas>
  </div>

  <!-- chart.js 파일 -->
  <script src="https://cdn.jsdelivr.net/npm/chart.js"></script>
```

```
<script type="module">
    // Import the functions you need from the SDKs you need
    import { initializeApp } from "https://www.gstatic.com/
firebasejs/9.16.0/firebase-app.js";
    import { getDatabase, ref, onValue } from "https://www.gstatic.com/
firebasejs/9.16.0/firebase-database.js";
    // TODO: Add SDKs for Firebase products that you want to use
    // https://firebase.google.com/docs/web/setup#available-libraries

    // Your web app's Firebase configuration
    // For Firebase JS SDK v7.20.0 and later, measurementId is optional
    const firebaseConfig = {
        apiKey: "AIzaSyBInWfWqfssz0HdjYnu0XnStPcPqQTpl5c",
        authDomain: "healthcarebigdataplaybook.firebaseapp.com",
        databaseURL: "https://healthcarebigdataplaybook-default-rtdb.asia-
southeast1.firebasedatabase.app",
        projectId: "healthcarebigdataplaybook",
        storageBucket: "healthcarebigdataplaybook.appspot.com",
        messagingSenderId: "1004662512132",
        appId: "1:1004662512132:web:be38ffc42f53af23347351",
        measurementId: "G-GW7YGGSHDM"
    };

    // Initialize Firebase
    const app = initializeApp(firebaseConfig);
    // Initialize Realtime Database and get a reference to the service
    const database = getDatabase(app);

    export const deviceDayRef = ref(database, "/stackedbar");

    onValue(deviceDayRef, (snapshot) => {
      const data = snapshot.val();
      data.forEach((child) => {
        addData(myChart, child.deviceId, child.absence, child.not_act,
child.act, child.caution, child.fall);
      });
      myChart.update();
    });

    // 차트에 데이터를 동적으로 추가함
    function addData(chart, label, absence, not_act, act, caution, fall) {
      chart.data.labels.push(label);
      chart.data.datasets[0].data.push(absence);
```

```
      chart.data.datasets[1].data.push(not_act);
      chart.data.datasets[2].data.push(act);
      chart.data.datasets[3].data.push(caution);
      chart.data.datasets[4].data.push(fall);
  }

</script>

<script type="text/javascript">

  const data = {
    datasets: [
      {
        label: '부재',
        backgroundColor: 'lightgray',
      },
      {
        label: '미활동',
        backgroundColor: 'silver',
      },
      {
        label: '활동',
        backgroundColor: 'darkgray',
      },
      {
        label: '주의',
        backgroundColor: 'gray',
      },
      {
        label: '낙상',
        backgroundColor: 'dimgray',
      }
    ]
  };

  var context = document.getElementById('myChart').getContext('2d');
  var myChart = new Chart(context, {
    type: 'bar', // 차트의 형태
    data: data,
    options: {
      responsive: true,
      plugins: {
        title: {
          display: true,
```

```
                text: (ctx) => 'StackedBar Activity Status',
            },
        },
        scales: {
          y: {
            stacked: true,
          },
          x: {
            stacked: true,
          }
        },
      }
    });
  </script>

</body>
</html>
```

브라우저에서 stackedbarchart.html 파일을 실행하면 그림 11-21과 같은 누적 막대그래프를 볼 수 있다. 10장의 그림 10-1과 유사한 그래프 생성에 성공했다.

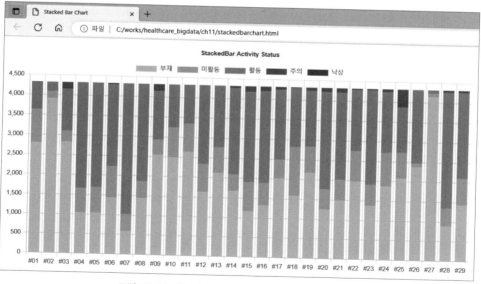

그림 11-21 실시간 DB와 연동 완료된 누적 막대그래프

하지만 여기서 의문이 든다. 매일 또는 주기적으로 데이터를 분석하고 분석된 결과를 수동으로 일일이 파이썬 스크립트 파일(upload_RTDB_linechart.py 등)을 실행해 파이어베이스 실시간 DB에 등록하는 것은 매우 비효율적일 수밖에 없다. 이 작업을 자동화할 수 있는 방법은 없을까? 당연히 있다. 이제 자동화하는 방법을 알아보자.

11.4 자동화 시스템 구축하기

자동화하는 방법은 크게 2가지로 나눌 수 있다. 하나는 리눅스상의 크론탭^{crontab}을 이용해 원하는 시간에 특정 작업을 실행하도록 하는 것이다. 또 다른 하나는 파이썬의 scheduler 라이브러리를 이용해 원하는 시간에 특정 작업을 실행하는 방법이다. 예제 코드를 살펴보면서 그 사용 방법을 알아보자.

11.4.1 크론탭으로 자동화하기

우선 리눅스의 크론탭으로 작업을 등록해 자동화해 보자. 다음 명령어로 crontab을 편집해 보자.

```
$>crontab -e
10 0 * * * /home/ec2-user/sirencare/upload_RTDB_linechart.py
```

실행할 파일 경로 앞의 애스터리스크(*) 5개는 분, 시, 일, 월, 요일을 뜻한다. 위의 코드의 "10 0 * * *"는 매일 0시 10분을 의미한다. 매 10분마다 파일 실행을 원할 경우에는 "*/10 * * * *"와 같이 지정하면 된다. 요일은 일요일이 0이고, 토요일이 6이다. 예를 들어 "10 0 * * 0"은 "매주 일요일 오전 0시 10분"에 실행하라는 뜻이다.

crontab -l 명령어로 등록된 스케줄 작업 리스트를 확인할 수 있다.

```
$> crontab -l
```

11.4.2 파이썬 scheduler 라이브러리로 자동화하기

파이썬 scheduler를 활용하면 크론탭과 유사한 방식으로 작업의 스케줄링이 가능하다. 우선 scheduler 라이브러리를 설치하자.

```
$> pip install scheduler
```

upload_RTDB_barchart.py 파일 내용이 자동화될 수 있도록 다음과 같이 코드를 수정해 보자.

다음 예제 코드는 ch11/py_scheduler.py 파일 내용이다.

```python
#-*- coding: utf-8 -*-

import schedule
import time

import firebase_admin
from firebase_admin import credentials
from firebase_admin import db
import pandas as pd

cred = credentials.Certificate('healthcarebigdataplaybook-firebase-adminsdk-
c3jxd-3b5240908d.json')
default_app = firebase_admin.initialize_app(cred, {
    'databaseURL' : 'https://healthcarebigdataplaybook-default-rtdb.asia-
southeast1.firebasedatabase.app/'
})

def doUpload_barchart():
  print("do doUpload_barchart")

  dbRef = db.reference()

  df_ratio = pd.read_csv('stacked_ratio_en.csv', encoding="CP949")
  updates = df_ratio.to_dict(orient='records')

  # device 노드 찾기
  dbDevice = dbRef.child('stackedbar')
  dbDevice.set( updates )
```

```
    print('done doUpload_barchart')

# 매일 오전 0시 10분에 한 번 실행
schedule.every().day.at("00:10").do(doUpload_barchart)

def main():

  while True:
    schedule.run_pending()
    time.sleep(1)

if __name__ == '__main__':
  main()
```

그리고 'python py_scheduler.py &' 명령어를 사용하면 백그라운드에서 강제 종료될 때까지 매일 오전 0시 10분에 파이어베이스 실시간 DB에 데이터가 등록될 것이다. 다른 백그라운드로 실행하는 방법으로는 nohup 명령어 등이 있다.

11.4.3 윈도우 작업 스케줄러로 자동화하기

윈도우 서버 사용자라면 윈도우의 '작업 스케줄러'를 이용해 크론탭과 유사하게 설정할 수 있다. 사용 방법은 인터넷에서 많이 소개돼 있으므로 참조하길 바란다. 다만, 윈도우 서버는 리눅스보다 메모리 및 리소스 소모가 많기 때문에 빅데이터 분석 및 머신러닝용으로는 추천하지 않는다.

앞에서 살펴본 ch11/linechart.html 파일을 웹 서버에 배포한 후 매일 오전 0시 10분에 파이어베이스 실시간 DB가 최신 정보로 갱신되도록 크론탭 등으로 자동화해 둔다면 관리자는 웹 서버상의 linechart.html에 접근해 매일 최신 데이터에 기초한 차트를 볼 수 있을 것이다.

마치며

11장에서는 구글 파이어베이스를 만들고 데이터를 등록하는 방법과 HTML, 자바스크립트, Chart.js를 사용해 파이어베이스 실시간 DB를 시각화하는 방법을 알아봤다. 또한 매일 반복되는 분석 작업을 크론탭 및 파이썬 scheduler 라이브러리를 이용해 자동화하는 방법도 살펴봤다. 이는 전문가다운 배치 프로그램을 작성하는 예시이다.

일반적으로 빅데이터 분석 전문 기업에서는 HTML과 자바스크립트로 차트 그래프를 구현하지 않고 React.js, Vue 등 프로그래밍 언어로 웹 앱을 구현한다. 다만, 11장에서는 독자 여러분의 이해를 돕고자 가장 기초적인 기법으로 구현했을 뿐이다. 그리고 React.js, Vue 등으로 웹 대시보드를 구현하더라도 차트 그래프를 만들 때는 Chart.js나 ApexCharts.js 라이브러리를 주로 사용한다. 더 진보된 기능을 구현하기 위해서는 타블로^{Tableau} 등 고급 차트 소프트웨어를 사용하는 방법도 있다. 책을 쓰는 시점인 2023년 1월의 타블로 이용 요금은 월 70달러이다.

독자 여러분이 11장까지의 내용을 충분히 이해하고 습득했다면 데이터 분석 결과물을 상업적으로 활용할 수 있는 수준에 도달했다고 할 수 있을 것이다.

찾아보기

기호

%memit 103
%%timeit 115
%timeit 287

ㄱ

가상 인간 61
간트 차트 343
강화학습 60
개인 정보 30
갤럭시 워치 38
걱정 28
결측치 289, 290, 335
결측치 관련 메서드 156
계층적 인덱스 165
구글 딥마인드 58
구글 파이어베이스 실시간 데이터베이스 365
구조화된 배열 133
국방고등연구계획국 62
깊은 복사 328

ㄴ

나누기 112
난수 생성 124
넘파이 74, 103
넘파이 어레이 103
누적값 123
뉴럴 네트워크 59
뉴럴링크 32
뉴로 심볼릭 AI 55

ㄷ

다르파 62
단축키 72
단항 유니버설 함수 116
데이터 과학자 49
데이터 마이닝 41
데이터 분석 51, 278
데이터 수집 50
데이터 시각화 51
데이터 저장 51
데이터 전처리 50
데이터 처리 51
데이터 타입 139
데이터프레임 148
디지털 헬스케어 31
디지털 헬스케어 기술 27
딕셔너리 95
딥러닝 54
딥블루 56

ㄹ

라벨링 60
람다 함수 80
리샘플링 246, 313
리스트 88, 101
리스트 정렬 90

ㅁ

마스킹 113, 146, 154, 238
만보계 29
매직 명령어 68
매핑형 자료형 87

맷플롯립 75
머신러닝 54, 278
멀티인덱스 165
명시적 인덱싱 144
모양새 132
몬테카를로 트리 탐색 알고리듬 57
무경칠서 46
문자열 234
미드웨이 해전 47
민스미트 작전 47
밀도 305

ㅂ

반정형 데이터 279
배열 101
배열 모양새 바꾸기 110
배열 추출 113
배열 합치기 112
배치 프로그램 364
범주 256
베리칩 33
벡터 연산 114, 146
벡터화 114
별표식 94
병원정보시스템 40
보간 290
보간법 160
보트뉴로 38
분류 256
분산 123
분할 정복 알고리듬 57
불러오기 129
불면증 29
브로드캐스팅 131
비정형 데이터 279
비지도 변환 60
비지도학습 60
비트코인 59
빅데이터 40, 45
빅데이터 분석 31, 41, 46, 47

빅데이터 분석가 49
빅데이터 처리 과정 50
빈도 305

ㅅ

사물 인터넷 31
사용자 정의 함수 315
사이렌케어 29, 36
사이킷런 75, 358
사전 95
산점도 303, 356
산포도 303, 356
삼항 연산식 85
상관관계 355
상관 분석 355
선형보간법 160
선형회귀 360
속성 108
손자병법 46
솜즈 29, 35
수면장애 29
수치형 자료형 87
스마트 렌즈 32
스마트 벨트 34
스마트 워치 31
스마트폰 31
스칼라형 87
스태츠모델스 76
스트라이드 92
스티브 잡스 28
스티븐 스필버그 62
슬라이싱 91, 109, 152
슬리프 사이클 35
시계열 데이터 313
시리즈 141
시퀀스 87
신경망 59
신체 인터넷 31
심볼릭 AI 55

ㅇ

아나콘다 65
아이오 36
아이파이썬 66
아인슈타인 61
알고리듬 51
알츠하이머 진단 솔루션 38
알파고 54, 56
알파고 리 56
알파스타 58
암묵적 인덱싱 144
암호화폐 59
앙드레 코스톨라니 61
애스터리스크 138
애플 워치 38
얕은 복사 328
언패킹 94
열거형 256
오자병법 46
@외부변수명 238
웹 크롤링 282
윈도우 작업 스케줄 394
유니버설 함수 111, 114
의사 결정 51
이더리움 59
이상치 289
이상치 탐지 60
이항 유니버설 함수 120
익명 함수 80
인공 심장 박동기 32
인공지능 54
인덱싱 109

ㅈ

자료 구조 87
자료형 86
자바스크립트 363
자율주행차 62
작업 스케줄러 364
잡음 289

저장하기 129
전염병 26
전자눈 32
전자의무기록 40
전체 요소 수 108
전치 108
정규표현식 237, 290
정렬 125
정형 데이터 279
제임스 카메론 61
존 매카시 54
주석 78
주피터 67
주피터 노트북 71, 72
주피터 랩 69
지도학습 59
집계 204
집합 97, 127
집합형 자료형 87

ㅊ

차원 변경 함수 130
차원 수와 모양새 108
차원 축소 60
챗GPT 61
처방전달시스템 40
천보노 62
최댓값 160
최소제곱법 360
치매 환자 25, 38
칭기즈칸 62

ㅋ

카테고리(범주형) 256
컨테이너 시퀀스 87
컬렉션 87
케라스 54
케어 로봇 36
코로나19 26
크론탭 364, 392

클러스터링 60

ㅌ

타블로 395
타임라인 차트 343
텐서플로 54
토스 30
통계 204
튜플 93

ㅍ

파이썬 65
파이토치 54
판다스 74
팬시 인덱싱 110
펄 237
페르난도 페레즈 66
평균 123
평균값 160
표준편차 123
필캠 34

ㅎ

함수 79
합 123
험비 62
헬스케어 23, 31
헬스케어 빅데이터 분석 42
회귀 분석 355
히트맵 305

A

abs 116
absolute 116
add 120
add() 97, 161
add_categories 262
add_subplot 309, 331

aeo 36
agg 219, 331, 340, 374
agg() 322
aggregate() 219
AI 31, 54
algorithm 51
all 270
allclose() 134
AlphaStar 58
Anaconda 65
any() 270
ApexCharts.js 376
append 88
append() 183
apply 316, 317, 329, 339, 374
apply() 220, 315
applymap 221
arange 105
arange() 141
argmax 116
argmin 116
argsort 126
around 116
array 101, 105, 113
Artificial Intelligence 54
asfreq() 247
assign() 269
ASTERISK 138
astype 286, 330, 339, 374
astype() 140, 320
at[] 269
awk 297

B

backfill() 156, 159
bar() 336
Batch Program 364
BCI 31
bfill() 156
BigData 40

BigData Analysis 41
BigData Analyst 49
bool 139
bool_ 107
Bottneuro AG 38

C

calc_act() 317
capitalize() 235
cat.categories 258
cat.codes 258
category 139, 256
category 데이터 타입 258, 259
cbrt 116
ceil 116
Chart.js 363, 376
Chat Generative Pre-trained Transformer 61
classification 256
clear() 88, 96, 97
clustering 60
col.dtype 269
collection 87
columns 269
columns 속성 151
combine() 198
combine_first() 200
complex_ 107
complex64 107
complex128 107
concat() 178
concatenate 112
conj 116
conjugate 116
Container Sequence 87
contains 235
copy() 328, 338
corr() 223
corrwith() 224
count 235
count() 156, 158, 204, 217

cov() 225
crontab 364, 392
CSV 299
cummax() 206
cummin() 206
cumprod 123
cumprod() 206
cumsum 123
cumsum() 206
Cython 135

D

DARPA 62
DataFrame 148
DataFrameGroupBy 216, 219
Data Mining 41
Data Scientist 49
date_range 242
datetime 329
datetime64 139, 320
DatetimeIndex 243, 250, 320
Deep Blue 56
Deep Copy 328
Deep Learning 54
Deep Mind 58
def 키워드 81
del 88, 96
describe() 217, 269
diff() 207
difference() 97
Dimensionality Reduction 60
divide 120
Divide and Conquer 57
drop 269
drop_duplicates() 227
dropna 156
dropna() 162, 314, 328, 339
dsplit 112
dtypes 140, 269, 320, 329
duplicated() 181, 227

E

elif 81

else 81

empty 105, 270

EMR 30, 40

endswith 235

enum 256

enum 클래스 259

eq 269

eqaul 120

eqauls 269

eval() 239, 240

EX1 36

exp 116

exp2 116

expanding() 207

extend 88

extract 236

eye 105

F

fabs 116

Fancy Indexing 110

ffill() 156

figure 331

fillna 156, 340, 374

fillna() 214, 333

fillna(method='bfill') 159

fillna(method='ffill') 159

filter() 219

find 235

findall 236

firebase_admin 371, 387

first 269

fit 358

fix 116

flatten() 130

float_ 107

float16 107

float32 107

float64 107, 139

floor 116

floor_divide 120

fmax 120

fmin 120

for 83

from_arrays() 167

from_frame() 167

from_product() 166

frompyfunc 125

full 105

G

Gantt Chart 343

gcd 120

ge 270

get 95

Google Firebase Realtime Database 365

GPT-4 48

GPU 59

greater 120

greater_equal 120

grep 297

groupby() 176, 205, 216

GroupBy 216

gt 270

H

hatch 348

head 269, 328

heatmap 305

HeidiSQL 300

hexbin() 306

Hierarchical Index 165

HIS 30, 40

hist2d() 305

hlines 331

hlines() 324

how 192

hsplit 112

hstack 112
HTML 363

I

iat[] 269
IBM 왓슨 26
idxmax() 205
idxmin() 205
if 81
iloc[] 144, 151, 168
in1d 128
index 269
Index 164
index 속성 142, 151
index_col 264
IndexSlice 170
indicator 매개변수 190
info() 166, 269
insert 88
insert() 186
int_ 107
int8 107
int16 107
int32 107
int64 107, 139
intc 107
interpolate() 160
intersect1d 128
intersection() 97
into outfile 284
intp 107
IoB 31
IoT 31
IPython 66
IPython 셀에서의 주요 단축키 68
IPython 주요 매직 명령어 69
isfinite 117
isin 270
isinf 117
isna() 156

isnan 117
isnull() 156
items() 95

J

JavaScript 363
join() 187, 196

K

keys() 95
kurt() 205
kurtosis() 205

L

labeling 60
last 269
le 270
Least Squares Method 360
left_index 194
left_on 192
legend 255, 347
legend() 211, 213
len 91
len() 319
less 120
less_equal 120
lexsort 126
linear 160
Linear Regression 360
LinearRegression 358
linspace 105
list 88
list() 88
load 129
loadtxt 129
loc[] 144, 151, 169
log 116
log1p 117
log2 117

log10 117

logical_and 120

logical_not 117

logical_or 120

logical_xor 120

lower() 235

lstrip() 235

lt 270

M

Machine Learning 54

map() 221

Masking 146

match 236

match~case 82

Mathematica 137

Matlab 137

matplotlib 75

max 116, 160

max() 160, 176, 204, 218

maximum 120

mean 123, 160

mean() 160, 176, 204, 218, 334

median 116

median() 176, 204, 218

melt() 233

memory_profiler 103

merge() 181, 187

min 116

min() 204, 218

min(), 176

Mincemeat 47

minimum 120

Missing Value 289

mod 120

modf 116

MultiIndex 165, 177

multiply 120

MySQL 299

N

name 속성 147

ndarray 103

ne 270

negative 116, 120

Neuralink 32

Neural Network 59

nlargest 269

nohup 394

Noise 289

normal 124

Notepad++ 291

not_equal 120

notna() 156

notnull() 156

NPU 59

nrows 266

nsmallest 269

Numba 125

NumPy 74, 103

NumPy 표준 데이터 타입들 107

nunique 228

O

object 139

OCS 40

on 매개변수 190

ones 105

Outlier 289

Outlier Detection 60

P

pad() 156, 159

pandas 74, 137

pandas 주기 약어 242

Panel 165

Panel4D 165

pass 84

pct_change() 207

percentile 116
PeriodIndex 244, 320
period_range() 244
Perl 237, 297
PillCam 34
pivot 228
pivot_table 230
plot 322, 331
plot() 318
pop 88
pop() 97
positive 116
power 120
prod() 204
product() 204
PyTorch 54

Q

quantile() 270
query() 170, 238

R

rand 105, 124
rand() 141
randint 124
randn 105, 124
range 83, 92
RangeIndex 180, 250
rank 269
ravel() 130
React.js 363
read_csv 347, 393
read_csv() 280
read_excel() 268
read_html() 268
read_json() 280
read_table() 268
reciprocal 117
Regular Expression 237
reindex() 174

remove 88
remove() 97
remove_categories 262
remove_unused_categories 262
rename() 269
replace 235
resample 246, 331, 333, 340, 374
resample() 251, 320, 321, 323
resampling 246, 313
reset_index() 173
reshape 130, 358
reshape() 110
right_index 매개변수 194
right_on 매개변수 192
rint 116
rolling() 207
round 116
rstrip() 235

S

save 129
savetxt 129
savez_compressed 129
Scalar Type 87
scatter 356
scheduler 393
scheduler 라이브러리 364
scikit-learn 75, 358
sed 297
select_dtypes() 270
sem() 205
sequence 87
Series 141
SeriesGroupBy 216
set 97
set_categories 262
setdiff1d 128
set_index 340
set_index() 174, 181, 250, 321
set_xticklabels 347

Shallow Copy 328

shape 132, 269

shift 338

shift() 253, 314

show() 309

sign 116

SirenCare 36

size() 217

skew() 205

skiprows 265

slice 91

slice() 170

Somzz 35

sort 126

sort() 88, 90

sorted() 90

sort_index 269

sort_index 메서드 168

sort_values 269

split 112, 235

sqrt 116, 316, 329

square 116

stack() 270

standard_normal 124

starred expression 94

startswith 235

statsmodels 76, 360

std 123

std() 204

strftime 374

stride 92

strip 235

strptime 338

subplot 309

subplot2grid 309

subplots 309

subtract 120

suffixes 매개변수 194

sum 123

sum() 158, 176, 204, 217

swapcase() 235

swaplevel() 175

switch 82

T

T 108

T(전치) 152

Tableau 395

tail 269

take([]) 269

Tensor Processing Unit 59

timedelta 139

TimedeltaIndex 245, 320

timedelta_range 245

time series 313

to_csv() 280

to_datetime() 140, 243, 250

to_dict 374, 393

total_seconds 338

TPU 56, 59

trunc 116

tshift() 253

tuple 93

U

ufunc 114

uint8 107

uint16 107

uint32 107

uint64 107

union() 97

union1d 128

unique 128, 228

universal function 114

unstack() 172, 232, 270

Unsupervised Transformation 60

update() 97, 201

upper() 235

usecols 264

V

validate 매개변수 189

value_counts 228

values() 95

values 속성 142, 151

var 123

var() 204

vectorization 114

Vectorized Operation 114

VeriChip 33

VSCode 72, 294

vsplit 112

vstack 112

Vue 363

W

where 113, 270

while 84

X

xs() 메서드 171

xticks 353

Z

zeros 105

헬스케어 빅데이터 분석의 정석

한 권으로 끝내는 실사례에 기초한 헬스케어 빅데이터 분석 기술

발 행 | 2023년 7월 31일

지은이 | 김 선 일

펴낸이 | 권 성 준
편집장 | 황 영 주
편 집 | 김 진 아
　　　　임 지 원
디자인 | 윤 서 빈

에이콘출판주식회사
서울특별시 양천구 국회대로 287 (목동)
전화 02-2653-7600, 팩스 02-2653-0433
www.acornpub.co.kr / editor@acornpub.co.kr